SUA ESTRATÉGIA PRECISA DE UMA ESTRATÉGIA

Como Eleger e Colocar em Prática a Melhor Abordagem

MARTIN REEVES : KNUT HAANÆS : JANMEJAYA SINHA

SUA ESTRATÉGIA PRECISA DE UMA ESTRATÉGIA
Como Eleger e Colocar em Prática a Melhor Abordagem

YOUR STRATEGY NEEDS A STRATEGY
How to Choose and Execute the Right Approach

Original work copyright © 2015 The Boston Consulting Group, Inc.
Published by arrangement with Harvard Business Review Press

DVS Editora 2015 - Todos os direitos para a território brasileiro reservados pela editora. Nenhuma parte deste livro poderá ser reproduzida, armazenada em sistema de recuperação, ou transmitida por qualquer meio, seja na forma eletrônica, mecânica, fotocopiada, gravada ou qualquer outra, sem a autorização por escrito do autor.

Tradução: Sieben Gruppe
Diagramação: Konsept Design & Projetos

```
Dados Internacionais de Catalogação na Publicação (CIP)
          (Câmara Brasileira do Livro, SP, Brasil)

    Reeves, Martin
       Sua estratégia precisa de uma estratégia : como
    eleger e colocar em prática a melhor abordagem /
    Martin Reeves, Knut Haanaes, Janmejaya Sinha ;
    [tradução Sieben Gruppe]. -- São Paulo : DVS
    Editora, 2015.

       Título original: Your strategy needs a strategy :
    how to choose and execute the right approach.
       Bibliografia
       ISBN 978-85-8289-110-0

       1. Administração de empresas 2. Estratégia
    empresarial 3. Negócios 4. Negócios e economia
    5. Planejamento estratégico I. Haanaes, Knut.
    II. Sinha, Janmejaya Kumar. III. Título.

 15-10325                          CDD-658.4012
```

Índices para catálogo sistemático:

1. Estratégias empresariais : Administração de
      empresas   658.4012

SUMÁRIO

CAPÍTULO 1
Introdução 1

CAPÍTULO 2
Clássica 27

CAPÍTULO 3
Adaptativa 63

CAPÍTULO 4
Visionária 97

CAPÍTULO 5
Formação 125

CAPÍTULO 6
Renovação 155

CAPÍTULO 7
Ambidestria 189

CAPÍTULO 8
Lições para líderes 209

EPÍLOGO
Dominando pessoalmente a paleta de estratégias 229

Apêndice A	233
Autoavaliação	233
Apêndice B	237
Leitura adicional	237
Apêndice C	243
Multi-Armed Bandit (MAB)	243
Notas	247
Agradecimentos	281
Sobre os autores	285

PREFÁCIO
Para a edição em português

Nos mundos acadêmico e de negócios têm ocorrido um amplo debate quanto à definição do termo **"estratégia"**. Na verdade, se alguém seleciona aleatoriamente uma apresentação corporativa – ou o currículo de um consultor na área de gestão – e busca pela palavra "estratégia", é bem provável que se surpreenda não apenas com o número de referências encontradas, mas também com a variedade de contextos em que o termo se aplica.

Da mesma maneira, há também ampla discussão quanto à estrutura mais adequada para o desenvolvimento de uma estratégia vencedora – entre elas a Matriz BCG, que tem sido ensinada e utilizada por décadas. Dezenas de estruturas têm sido desenvolvidas para oferecer aos gestores ferramentas que lhes possibilitem pensar a respeito do futuro de suas empresas, cada qual com seus respectivos pontos fortes e fragilidades. Tendo em vista que existem muitas maneiras diferentes de definir estratégias, e tantas outras formas de aplicá-las, os debates em torno deste assunto podem se tornar confusos e, às vezes, até mesmo frustrantes.

É justamente nessa questão que meus colegas Martin, Knut e Janmejaya se concentram de maneira objetiva em seu novo livro. Desde o início, eles oferecem uma definição simples e inclusiva para o termo "estratégia": "[...] um meio para se alcançar um fim: resultados favoráveis nos negócios." A verdadeira questão, é claro, é: "Como fazer para definir os meios?". Em *Sua Estratégia Precisa de Uma Estratégia*, os autores evitam nos levar por caminhos óbvios ou já trilhados – o que, tipicamente, envolveria a introdução de mais uma estrutura para o desenvolvimento estratégico. Na realidade, eles embarcam em uma jornada muito mais ambiciosa. Eles estabelecem uma "metaestrutura" que irá auxiliar o leitor na escolha da abordagem mais correta em termos de estratégia e execução. Eles o fazem por meio da aplicação de uma metáfora bastante útil, sugerindo a existência de cinco arquétipos

VI | Sua Estratégia Precisa de uma Estratégia

de estratégia – ou cores na paleta de estratégias de um administrador – que devem ser utilizados para que o caminho certo seja encontrado.

Com a leitura do capítulo sobre o arquétipo de abordagem **"clássica"**, é possível identificá-la como a mais apropriada em um ambiente previsível, embora não maleável. Todos nós já não pensamos em aprimorar os negócios no mundo "clássico"? Sentimo-nos confortáveis analisando, planejando e executando. Nessa abordagem começamos por estabelecer uma meta ambiciosa e, então, a disseminamos por toda a organização. Em seguida, "codificamos" os planos por meio de roteiros e planejamentos orçamentários detalhados e, a cada novo ano realizamos o mesmo processo, fazendo as alterações cabíveis na "janela móvel dos próximos 5-10 anos". Até aí tudo bem – trata-se da realização dos negócios da maneira habitual em ambientes "clássicos".

A partir daí começamos a aprender mais sobre as quatro outras cores na paleta de estratégias e, nesse momento, o real valor dessa prática torna-se evidente. A maneira inteligente como meus colegas discorrem sobre os arquétipos estratégicos permite que o leitor se relacione imediatamente a uma situação em seu trabalho onde já se deparou com um ambiente similar. Logo torna-se claro quão fundamentais são as diferenças entre o modelo "clássico" e os demais arquétipos apresentados. Dizem que, para um homem com um martelo, tudo se parece com um prego. Ou ainda, explicando de maneira simplificada, uma mesma solução não se aplica a todos os problemas.

Imagine que você está de volta à metade da década de 2000. Você trabalha numa empresa de tecnologia que está desenvolvendo seu modelo de negócios, e está encarregado de ajudar a administração a criar uma previsão para o empreendimento: algo que envolva os próximos 10 anos. Considerando-se as inovações tecnológicas – como, por exemplo, a Internet –, é bem provável que você passe semanas analisando e compreendendo a curva de adoção de seus produtos e/ou serviços. É bem possível que você utilize essas curvas como base para o desenvolvimento de um plano de negócios – que, por sua vez, será usado como fundação para a elaboração de um plano orçamentário. É claro que, nesse momento, você não poderia prever a profunda transformação que seu mercado teria de enfrentar com o lançamento do *iPhone*, apenas alguns anos mais tarde. Nesse sentido, é bem provável que uma estratégia adaptativa tivesse se revelado mais apropriada neste caso.

O livro *Sua Estratégia Precisa de Uma Estratégia* introduz na sequência os outros arquétipos em uma matriz dois-por-dois (afinal, este não seria um livro de negócios se não apresentasse uma matriz) e adiciona uma terceira dimensão – a "aridez" – para cobrir situações realmente críticas nos negócios. Para cada um dos arquétipos, os autores explicam o ambiente externo e a melhor abordagem para a estratégia, fornecendo informações sobre os meios eficazes para implementá-la.

Considero particularmente interessante a descrição pelos autores do arquétipo "renovação" – aquele em que uma empresa ou um setor enfrenta uma crise e, antes de qualquer outra coisa, precisa se concentrar em permanecer viável. As ideias apresentadas para garantir a sobrevivência em meio a tais desafios são bastante poderosas, em especial diante de um ambiente econômico difícil. Empresas que enfrentam esse tipo de realidade muitas vezes adotam medidas voltadas para o corte de custos. Todavia, este livro destaca o fato de que, mesmo sob tais condições, empresas precisam identificar áreas críticas do negócio que devem ser protegidas, bem como aquelas capazes de promover crescimento futuro. O fato é que sem fortalecer seus diferenciais no mercado essas companhias perderiam competitividade em todas as frentes, deixando de ser viáveis. A medida que você explorar os conceitos apresentados nesse livro e identificar situações que demandam respostas diferentes, um último – e poderoso – *insight* se revela. Grandes empresas tendem a estar em vários ambientes de negócios. Mas o que isso significa? Que dentro de cada um dos negócios da companhia pode ser necessária a implementação e a execução simultânea de diferentes abordagens. Além disso, se cada um desses tratamentos exercer um impacto diferente – e se diferentes abordagens puderem ser aplicadas simultaneamente em uma única companhia – torna-se evidente que uma única empresa poderá então contar com várias organizações, culturas e estilos diferentes de liderança, tudo ao mesmo tempo. Para essa realidade os autores cunharam um termo específico: "ambidestria". Trata-se da arte de ser policromático, ou seja, "a capacidade de usar uma combinação entre as cinco cores básicas da paleta", no sentido de explorar e aproveitar a melhor situação da maneira mais oportuna.

Realmente espero que você considere este livro útil e fascinante. Ele se destina a marcar o início de uma nova jornada. Ao longo de muitos anos, aplicamos de modo intuitivo diferentes estruturas para situações distintas, e trilhamos caminhos diversos. Neste livro parece que alguém desenhou um mapa que aponta todos os lugares já visitados. O objetivo é garantir que, da próxima vez, saibamos exatamente onde estamos e de que maneira seremos capazes de alcançar o destino desejado. Tudo com um único objetivo em mente – atingir "resultados favoráveis nos negócios".

Heitor Carrera
Sócio do The Boston Consulting Group no Brasil

CAPÍTULO 1

INTRODUÇÃO

Sua Estratégia Precisa de Uma Estratégia

Como Eleger e Colocar em Prática a Melhor Abordagem

A estratégia é um meio para se alcançar um determinado fim: resultados favoráveis para os negócios. Quando pensamos a respeito de estratégia, tendemos a pensar em planejamento: estudar uma situação específica, definir uma meta e elaborar um caminho, passo a passo, para se atingir esse objetivo. Por um longo tempo o planejamento tem sido a abordagem predominante na estratégia de negócios – tanto nas salas de reuniões quanto nas salas de aula. Todavia, uma estratégia de negócios eficaz nunca consistiu de fato em apenas uma única abordagem. Por exemplo, os planos de longo prazo adotados pelas empresas petrolíferas seriam inadequados para o CEO de uma empresa de *softwares*, que a cada dia enfrenta novos concorrentes e produtos e, portanto, precisa de uma estratégia cuja abordagem seja mais fluida e oportunista. Isso, em contrapartida, também não seria adequado para um empreendedor que está criando e trazendo um novo modelo de produto ou negócio para o mercado. Qual seria, então, esse conjunto mais amplo de maneiras pelas quais poderíamos abordar a estratégia correta, e que abordagem seria a mais eficaz em cada situação? Essa é justamente a questão central deste livro. Nele vamos mostrar que a resposta correta para essa questão poderá proporcionar valor palpável e significativo.

Atualmente, estamos diante de um ambiente de negócios em constante mutação e mais incerto do que nunca. Isso, entre outros fatores, se deve à globalização, à rápida transformação tecnológica e à interconexão econômica. Talvez nem todos percebam que a **diversidade** e a **variedade** dos ambientes de negócios que encaramos diariamente tenha também aumentado. As grandes corporações, mais especificamente, se espalham por um número crescente de espaços que se transformam cada vez mais rápido, à medida que o tempo passa (Figura 1-1), exigindo que as companhias não apenas escolham a abordagem certa em termos de estratégia – ou até mesmo a combinação certa de abordagens –, mas que também ajustem essa combinação conforme o próprio entorno se altera.

Não existe uma receita única para todos os casos.

Confrontados pelo aumento da incerteza e do dinamismo nos ambientes de negócios, alguns acadêmicos e líderes empresariais têm afirmado – ou indicado – que a vantagem competitiva e até mesmo as estratégias

FIGURA 1-1

Aumento da diversidade ambiental

Mapa da extensão dos ambientes estratégicos enfrentados pelas empresas

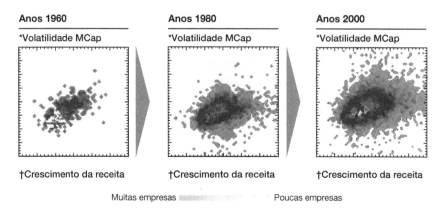

Fonte: Compustat (empresas públicas norte-americanas); Martin Reeves, Claire Love e Philipp Tillmanns, "Sua estratégia precisa de uma estratégia", *Harvard Business Review*, setembro de 2012.

Nota: MCap, capitalização de mercado.

* Desvio padrão de mais dez anos de crescimento anual em capitalização de mercado (MCap) (escala logarítmica).

† Porcentagem absoluta de crescimento da receita média ao longo da década (escala logarítmica).

mais amplas mostram-se menos relevantes.[1] Porém, a realidade é que a estratégia escolhida nunca foi tão importante. A frequência e a velocidade com que dirigentes estão sendo demitidos, assim como a diferença em termos de desempenho entre indivíduos bem-sucedidos e malsucedidos, nunca foram tão grandes (Figura 1-2). Muitos CEOs estão atentos em relação aos concorrentes iniciantes que, de uma hora para outra, poderão prejudicar a posição de suas empresas – até porque, é exatamente isso que muitas *startups* aspiram fazer. Portanto, nunca foi tão importante escolher a abordagem estratégica certa a ser adotada diante de uma determinada situação empresarial.

FIGURA 1-2

A crescente diferença entre bem-sucedidos e malsucedidos no que diz respeito às empresas norte-americanas

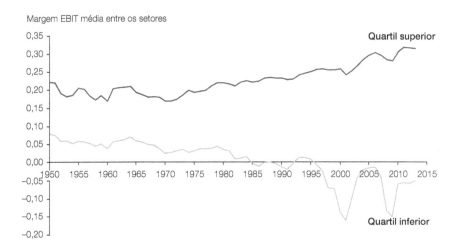

Fonte: Análise BCG (agosto de 2014), Compustat.

Nota: EBIT: *earnings before interest and taxes* (lucros antes de juros e impostos). A margem EBIT entre os setores baseia-se em uma análise, em sua maior parte, de cerca de 34 mil empresas norte-americanas listadas publicamente nos anos em que as vendas líquidas foram superiores a 50 milhões de dólares; no cálculo da média dos quartis para o setor industrial GICS de seis dígitos: *Global Industry Classification Standard* (não ponderada), depois, na média entre os setores (ponderada pelo número de empresas por setor por ano); na exclusão de valores extremos (margem superior a 100% ou inferior a menos 300%) e de setores em anos com pontos de dados insuficientes.

FIGURA 1-3

Proliferação dos modelos de estratégia

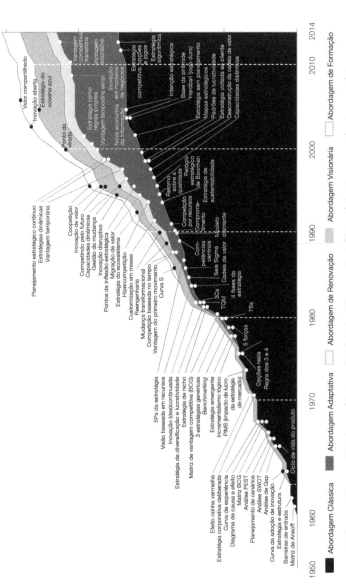

Fonte: Pankaj Ghemawat, "Competition and Business Strategy in Historical Perspective" [Estratégia de concorrência e negócios em perspectiva histórica], *Business History Review* 76 (primavera de 2002): 37-74; Lawrence Freedman, *Strategy: A History* [Estratégia: Uma história] (Nova York: Oxford University Press, 2013); pesquisa do instituto de estratégia do The Boston Consulting Group.

Nota: 3Cs, Customer, Competitors, Corporation (Cliente, Concorrentes, Corporação); 5Ps, Plan, Ploy, Pattern, Position, Perspective (Plano, Pretexto, Padrão, Posição, Perspectiva); 7Ss, Strategy, Structure, System, Shared Values, Skills, Staff, Style (Estratégia, Estrutura, Sistemas, Valores Compartilhados, Habilidades, Pessoas, Estilo); PEST, Political, Economic, Social, Technological (Política, Econômica, Social, Tecnológica); SWOT, Strengths, Weaknesses, Opportunities, Threats (Forças, Fraquezas, Oportunidades, Ameaças); *TQM*, total quality management (gestão de qualidade total).

Infelizmente, também nunca foi tão difícil escolher a abordagem correta. Desde o nascimento da estratégia de negócios nos anos 1960 (Figura 1-3), o número de ferramentas e modelos dentre os quais os líderes podem optar cresceu de maneira maciça. Em contrapartida, as respostas de como essas abordagens se relacionam entre si ou de quando devem ou não ser implantadas revelam-se bem pouco óbvias.

Não que nos faltem maneiras poderosas de abordarmos as estratégias; o que não dispomos é de uma maneira robusta e eficiente de selecionar a(s) mais adequada(s) para a(s) circunstância(s) correta(s). O Modelo de Cinco Forças de Porter para a estratégia pode ser válido em uma determinada área, os modelos do Oceano Azul ou de Inovação Aberta em outra, mas o fato é que cada abordagem estratégica tende a ser apresentada ou percebida como uma panaceia. Gerentes e outros líderes empresariais enfrentam um dilema: com um número cada vez maior de ambientes diversos para gerenciar, e com o aumento dos riscos envolvidos na busca pela solução mais correta, como esses profissionais serão capazes de identificar a abordagem mais eficaz e conduzir pensamentos e comportamentos adequados no sentido de conceber essa estratégia e colocá-la em prática, apoiados por modelos e ferramentas ideais?

Ao pesquisar e escrever este livro, conversamos com muitos líderes empresariais e, nesses diálogos, o dilema que enfrentavam foi confirmado. Alguns disseram que, enquanto disciplina, a estratégia tornou-se menos relevante em razão da mudança de circunstâncias. Outros explicaram como as abordagens tradicionais para a estratégia adotada precisaram ser substituídas por outras mais novas e eficazes. Um executivo informou ainda que o uso da palavra **estratégia** havia sido banido de sua companhia. Muitos nos disseram que em empresas tão grandes e diversas quanto a deles, não era possível utilizar uma abordagem única para o desenvolvimento e a execução de uma estratégia eficaz.

Para enfrentar o desafio combinado de maior dinamismo e diversidade dos ambientes de negócios, bem como a proliferação de abordagens, este livro propõe um modelo de escolha unificado: a **paleta de estratégias**. Esse modelo foi criado para ajudar os líderes empresariais a **correlacionarem** suas abordagens às estratégias conforme as circunstâncias vigentes, executando-as de maneira eficaz; a **combinarem** diferentes abordagens para lidar com ambientes múltiplos ou em mudança; e, na qualidade de líderes, a **darem vida** à colagem resultante dessas abordagens.

A paleta de estratégias consiste em cinco abordagens arquetípicas para estratégia – cores básicas, por assim dizer –, e pode ser aplicada a diferentes partes do seu negócio: desde a localização geográfica para o setor, passando pelos departamentos, até as fases do ciclo de vida da empresa, sendo adaptada à situação específica enfrentada por cada área do seu negócio.

EVIDÊNCIAS EM QUE ESTE LIVRO SE BASEIA

Este livro é construído a partir de um amplo conjunto de evidências. *Sua Estratégia Precisa de Uma Estratégia* é o resultado de meia década de pesquisas no âmbito do Instituto de Estratégia do The Boston Consulting Group (BCG), de numerosas conversas com nossos clientes, e de um levantamento detalhado junto a 150 empresas de segmentos tão diversos quanto bancos, indústria farmacêutica, empresas de alta tecnologia e agronegócio, oriundas dos principais países industrializados no ano de 2012. E, para melhor compreender como os ambientes de negócios mudaram com o passar do tempo, também foram analisadas as condições em diferentes setores ao longo de um período de sessenta anos.

Para complementar essas observações, realizamos mais de vinte entrevistas detalhadas com CEOs, em que foram discutidas suas experiências e perspectivas no desenvolvimento e na realização de estratégias vencedoras. Também promovemos pesquisas conjuntas com nossos colaboradores acadêmicos, especialmente Simon Levin, da Universidade de Princeton, com quem investigamos *insights* de estratégias biológicas e evolutivas, que são frequentemente associadas a ambientes complexos, diversificados, dinâmicos e incertos.

Por fim, exploramos a paleta de estratégias matematicamente, por meio do desenvolvimento de um modelo computadorizado que simula estratégias de negócios e seu desempenho em diferentes ambientes. O modelo resultante tornou-se um aplicativo para iPad, que permitirá aos leitores experimentar e desenvolver uma compreensão mais intuitiva de cada abordagem. Para baixar o aplicativo, visite a App Store da Apple e procure por *Your Strategy Needs a Strategy app*, no site http://itunes.apple.com/us/ap/your-strategy-needs-strategy/id951248714. Você também poderá encontrá-lo visitando nosso website: www.bcgperspectives.com/yourstrategyneedsastrategy.

Cinco ambientes para a estratégia

A paleta de estratégias

Uma estratégia é, em essência, a fórmula para a resolução de problemas. A melhor abordagem depende do problema vigente específico. Seu ambiente determina sua abordagem estratégica. Você precisa, portanto, avaliar o ambiente e, em seguida, combinar e aplicar a abordagem adequada. Mas como você caracteriza o ambiente de negócios e de que modo escolhe a melhor e mais adequada abordagem para a tarefa de definir um curso vitorioso de ação?

Os ambientes de negócios diferem segundo três dimensões facilmente discerníveis: **Previsibilidade** (você pode prevê-lo?), **maleabilidade** (você pode, sozinho ou em colaboração com outros, moldá-lo?) e **aridez** (você pode sobreviver a ele?). A combinação dessas dimensões em uma matriz revela cinco ambientes distintos, os quais exigem uma abordagem distinta em termos de estratégia e execução (Figura 1-4).

- *Clássica:* Posso prever isso, mas não posso mudá-lo.
- *Adaptativa:* Não posso prever isso, tampouco posso mudá-lo.
- *Visionária:* Posso prever isso e também posso mudá-lo.
- *De Formação:* Não posso prever isso, mas posso mudá-lo.
- *De Renovação:* Meus recursos são severamente limitados.

FIGURA 1-4

A paleta de estratégias: cinco ambientes e abordagens para a estratégia

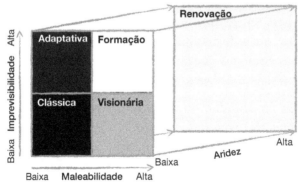

Cinco arquétipos de estratégia

Cada ambiente corresponde a uma abordagem estratégica arquetípica distinta, ou a uma cor na paleta de estratégias, como segue: ambientes **clássicos** previsíveis combinam com estratégias de posição, que se baseiam em vantagens obtidas através de escala, diferenciação ou capacidades, e são alcançadas por meio de análise abrangente e planejamento. Ambientes **adaptativos** exigem experimentação contínua porque o planejamento não funciona em condições de rápida mudança e imprevisibilidade. Em um cenário **visionário**, as empresas ganham sendo as primeiras a criarem um novo mercado ou interrompendo um já existente. Em um ambiente de **formação**, as empresas podem, de maneira colaborativa, moldar um setor em vantagem própria organizando as atividades de outras partes interessadas. Finalmente, sob as duras condições de um ambiente de **renovação**, uma firma precisa primeiro conservar e liberar recursos para garantir sua viabilidade e, em seguida, escolher uma das outras quatro abordagens para regenerar o poder de crescimento e assegurar a prosperidade a longo prazo. Os imperativos prioritários resultantes, no nível mais simples, variam de maneira incisiva para cada abordagem:

- *Clássica:* Seja grande.

- *Adaptativa:* Seja rápido.

- *Visionária:* Seja o primeiro.

- *De Formação:* Seja o Orquestrador.

- *De Renovação:* Seja viável.

Utilizar a abordagem correta compensa. Em nossa pesquisa, as empresas que combinaram com sucesso sua estratégia com seu ambiente melhoraram significativamente seu retorno – 4 a 8% do retorno total dos acionistas –, em comparação com as firmas que não o fizeram.[2] No entanto, cerca de metade de todas as empresas que analisamos apresentam, de alguma maneira, divergências em suas abordagens estratégicas a seus ambientes.

Vamos nos aprofundar um pouco mais para entendermos melhor como obter mais frutos usando cada uma das cores básicas da estratégia, e também o motivo de cada uma funcionar mais adequadamente em circunstâncias específicas.

Clássica

Os líderes que optam por uma abordagem clássica para a estratégia acreditam que o mundo é previsível, que a base da competição é estável, e que a vantagem, uma vez obtida, é sustentável. Considerando que elas não podem mudar seu ambiente, tais empresas procuram se posicionar de forma otimizada dentro dele. Tal posicionamento pode se basear no tamanho superior, na diferenciação ou nas capacidades.

Estar numa posição de vantagem é sustentável em um ambiente clássico: este é previsível e desenvolve-se gradualmente, sem grandes rupturas.

Para alcançar posições vencedoras, os líderes clássicos empregam o seguinte fluxo de pensamento: eles **analisam** a base da vantagem competitiva e o ajuste entre as capacidades de sua empresa e do mercado e preveem como irão se desenvolver ao longo do tempo. Em seguida, eles concebem um **plano** para alcançar e sustentar posições privilegiadas e, finalmente, eles o **executam** de maneira rigorosa e eficiente (Figura 1-5).

FIGURA 1-5

A abordagem clássica para a estratégia

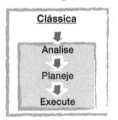

Vejamos como a Mars, fabricante mundial de doces e alimentos para animais de estimação, executa com sucesso uma abordagem estratégica clássica. A Mars se concentra em categorias e marcas em que pode liderar e obter uma vantagem em escala, e cria valor por meio do crescimento dessas categorias. Essa abordagem tem ajudado a empresa a se tornar lucrativa (35 bilhões de dólares) e líder em muitas categorias ao longo de um século.[3]

A estratégia clássica é provavelmente a abordagem com a qual você está mais familiarizado. Na verdade, para muitos gestores, trata-se da abordagem

Sua Estratégia Precisa de uma Estratégia

que define a própria estratégia. Ela é ensinada nas escolas de administração e negócios e, de alguma maneira, é praticada na maioria dos departamentos de estratégia das grandes empresas.

APROFUNDANDO O QUE VOCÊ JÁ CONHECE

A maioria dos leitores estará familiarizada com pelo menos um punhado de conceitos a respeito dessa estratégia. Assim, para que você possa relacionar seu conhecimento prévio com as cinco cores da paleta de estratégias, vamos destacar os principais métodos correlatos de estratégia, suas ferramentas e os modelos associados em painéis como este nos capítulos que detalham cada abordagem.

Por exemplo, vamos mostrar como a abordagem clássica é exemplificada pela curva de experiência e pela matriz de crescimento e participação de Bruce Henderson, ou pelo famoso Modelo das Cinco Forças de Michael Porter. Para a adaptativa, vamos descrever a abordagem estratégica baseada em regras simples de Kathleen Eisenhardt ou o trabalho de Rita Mc-Grath sobre estratégias de agilidade. Da mesma maneira, vamos discutir como a abordagem visionária serve de base para o livro *Competindo pelo futuro* (Campus Editora, 1995), de Gary Hamel e C.K. Prahalad, e de que modo a abordagem de formação está conectada com o crescente corpo de trabalho em empresas de plataformas e ecossistemas de negócios.

O objetivo não é ser abrangente, e sim mostrar como abordagens bem conhecidas se relacionam entre si e com a paleta de estratégias, não somente para esclarecer qual deve ser utilizada, como também para dar aos leitores alguns pontos de partida para uma investigação mais aprofundada.

Adaptativa

Empresas empregam uma abordagem adaptativa quando o ambiente de negócios não é previsível nem maleável. Quando a previsão é difícil e a vantagem é de curta duração, a única proteção contra a ruptura contínua é a prontidão e a capacidade de mudar a si mesmo repetidas vezes. Em um ambiente adaptativo, a vitória é conquistada adaptando-se às mudanças, experimentando e identificando novas opções de maneira mais rápida e econômica que a concorrência. O mantra do estrategista clássico da vantagem competitiva sustentável torna-se apenas um, dentre uma série de vantagens temporárias.

Para serem bem-sucedidas na estratégia por meio da experimentação, as empresas adaptativas dominam três passos essenciais de pensamento: elas *variam* continuamente sua abordagem, gerando uma série de opções estratégicas para testar o que for mais adequado em seu caso. Elas **selecionam** cuidadosamente as mais positivas para então **ampliá-las** e explorá-las (Figura 1-6). E, na medida em que o ambiente muda, as empresas rapidamente interagem com esse ciclo evolutivo para garantir que ele renove continuamente sua vantagem. Uma abordagem adaptativa é menos cerebral do que clássica – a vantagem surge por meio da tentativa contínua de coisas novas, e não por meio da análise, previsão e otimização.

A Tata Consultancy Services (TCS), empresa de soluções e serviços de tecnologia da informação (TI), com sede na Índia, opera em um ambiente que não pode prever nem mudar. Ela se adapta continuamente às repetidas mudanças da tecnologia – isso se aplica desde o modelo cliente-servidor até a computação em nuvem – e aos resultados que essas mudanças provocam nos negócios de seus clientes e na base competitiva. Ao adotar uma abordagem adaptativa que se concentra no acompanhamento do ambiente, na experimentação estratégica e na flexibilidade organizacional, a Tata Consultancy Services cresceu de 155 milhões de dólares em receita em 1996 para 1 bilhão em 2003, e, posteriormente, para mais de 13 bilhões em 2013, tornando-se a segunda maior empresa de serviços de TI do mundo.[4]

FIGURA 1-6

A abordagem adaptativa para a estratégia

Visionária

Os líderes que adotam uma abordagem visionária acreditam que eles mesmos serão capazes de criar (ou recriar) – em grande parte e de maneira confiável – um ambiente. As empresas visionárias ganham por serem as primeiras a introduzir um produto ou modelo de negócio novo e revolucionário. Embora o ambiente possa parecer incerto para os outros, os líderes visionários veem uma clara oportunidade para a criação de um novo segmento de mercado ou o rompimento de um já existente, e agem no sentido de colocar em prática essa possibilidade.

Tal abordagem funciona quando a empresa visionária consegue sozinha, criar uma realidade de mercado nova e atraente. Uma firma pode ser a primeira a aplicar uma nova tecnologia ou a identificar e solucionar uma das principais fontes de insatisfação do cliente ou até mesmo uma necessidade latente. A empresa pode então inovar e tratar de um modelo de negócios de um segmento já desgastado, ou ainda reconhecer uma megatendência antes que outros a percebam e ajam sobre ela.

As companhias que implantam uma abordagem visionária também seguem um fluxo de pensamento distinto. Primeiro, os líderes visionários **imaginam** uma possibilidade valiosa que possa ser realizada. Em seguida, eles trabalham única e exclusivamente no sentido de serem os primeiros a **criá-la**. Por fim, eles **persistem** na execução e na ampliação desse conhecimento até que seu pleno potencial seja realizado (Figura 1-7). Em contraste com a análise e o planejamento da estratégia clássica e a experimentação interativa da estratégia adaptativa, a abordagem visionária envolve imaginação e realização, e é essencialmente criativa.

A Quintiles, que foi pioneira da indústria na organização de pesquisas clínicas (CRO) para a realização de serviços de desenvolvimento de medicamentos farmacêuticos terceirizados, é um excelente exemplo de uma empresa que emprega uma abordagem estratégica visionária.

Embora o modelo da indústria pudesse parecer estável para os outros, seu fundador e presidente, Dennis Gillings, vislumbrou uma oportunidade evidente para melhorar o desenvolvimento de medicamentos por meio da criação de um modelo de negócios inteiramente novo e, em 1982, foi o primeiro a tomar a iniciativa no sentido de aproveitar as inevitabilidades que enxergava. Ao garantir que a Quintiles se movesse rápido e de maneira corajosa, a companhia manteve a liderança e saltou bem à frente da potencial concorrência. Ela é hoje a maior participante no setor de CRO, que ela mesma criou, e está associada ao desenvolvimento – ou à comercialização – dos cinquenta medicamentos atualmente mais vendidos no mercado.[5]

FIGURA 1-7

A abordagem estratégica visionária

De Formação

Quando o ambiente é imprevisível, porém, maleável, a empresa depara com a extraordinária oportunidade de liderar a configuração – ou a reconfiguração – de um setor inteiro logo no início de seu desenvolvimento, antes mesmo que quaisquer regras sejam escritas – ou reescritas.

Tal oportunidade requer que você colabore com os outros, uma vez que não é possível moldar o segmento sozinho, e você necessita dos outros para compartilhar o risco, contribuir com capacidades complementares e criar rapidamente o novo mercado, antes que a concorrência de mobilize. Uma empresa de formação opera, portanto, sob um alto grau de imprevisibilidade, dado o estágio inicial de evolução enfrentado pelo setor e também a participação das várias partes interessadas que, com certeza, irão influenciar o processo, embora não devam controlá-lo.

Na abordagem de formação as empresas **envolvem** outras partes interessadas para criar uma visão compartilhada do futuro em um ponto específico no tempo. Elas **constroem** uma plataforma por meio da qual será possível **coordenar** a colaboração e, em seguida, **desenvolvem** essa plataforma e o ecossistema associado das partes interessadas, expandindo-o e mantendo sua flexibilidade e diversidade (Figura 1-8). Vale ressaltar que as estratégias de formação são muito diferentes das estratégias clássicas, adaptativas ou visionárias – em vez de se relacionarem com empresas individuais, elas estão ligadas a ecossistemas mais amplos e, neste sentido, dependem muito mais de colaboração que de concorrência.

Desde a década de 1990, a Novo Nordisk tem empregado uma estratégia de formação para vencer no mercado chinês de cuidados médicos no campo do diabetes. A Novo não poderia prever o caminho exato do desenvolvimento do mercado, uma vez que o desafio do diabetes estava apenas começando a surgir na China. Todavia, por meio da colaboração com pacientes, reguladores e médicos, a empresa conseguiu influenciar as regras do jogo. Hoje ela é a líder inconteste do mercado chinês no tratamento do diabetes, com mais de 60% de participação no mercado de insulina.[6]

FIGURA 1-8

A abordagem estratégica de formação

De Renovação

A abordagem estratégica de renovação visa restaurar a vitalidade e a competitividade de uma empresa quando esta estiver operando em um ambiente hostil. Tais circunstâncias difíceis podem ser causadas por uma incompatibilidade prolongada entre a abordagem da empresa em relação à estratégia e o seu ambiente, ou até mesmo por causa de um choque agudo, seja de origem externa ou interna.

Quando as circunstâncias externas são tão desafiadoras que sua maneira atual de fazer negócios já não pode ser sustentada, o único jeito não somente de sobreviver, mas também de garantir outra chance de prosperar, é mudar de rumo – e de maneira decisiva. A empresa deve primeiramente reconhecer e **reagir** ao ambiente deteriorado, e o mais cedo possível. Em seguida, ela precisa agir de modo objetivo no sentido de restaurar sua viabilidade – **poupando**, reorientando os negócios, reduzindo custos, preservando o capital e, ao mesmo tempo, liberando recursos para financiar a próxima etapa da jornada de renovação. Por fim, a empresa deve optar por uma das quatro abordagens de estratégia e, assim, garantir novamente seu **crescimento** e sua **prosperidade** (Figura 1-9).

A abordagem de renovação difere de forma acentuada das outras quatro: no início é geralmente defensiva, envolve duas fases distintas e é um prelúdio para a adoção de uma das outras abordagens para a estratégia. A renovação tornou-se cada vez mais comum devido ao grande número de empresas que se encontram fora de sintonia com seus ambientes.

A resposta da American Express à crise financeira de 2008 exemplifica a abordagem de renovação. À medida que a crise de crédito eclodiu, a Amex enfrentou um golpe triplo: o aumento da inadimplência, o declínio no número de consumidores e a diminuição do acesso ao capital. Para sobreviver, a empresa cortou cerca de 10% de sua força de trabalho, livrou-se das atividades não essenciais e cortou subsídios. Até 2009, a Amex havia economizado quase 2 bilhões de dólares em custos e reajustado seus rumos na direção do crescimento e da inovação, envolvendo novos parceiros, investindo em seu programa de fidelidade, entrando no negócio de captação de depósitos e abraçando a tecnologia digital. A partir de 2014, suas ações subiram 800% em comparação ao período de recessão.[7]

FIGURA 1-9

A abordagem estratégica de renovação

Aplicando a paleta de estratégias

A paleta de estratégias pode ser aplicada em três níveis: 1) para selecionar e executar corretamente a abordagem estratégica adequada, voltada para uma parte específica do negócio; 2) para gerenciar efetivamente múltiplas abordagens estratégicas em diferentes partes do negócio, ou ao longo do tempo; e 3) para ajudar os líderes a inspirar a colagem resultante dessas abordagens (Figura 1-10).

FIGURA 1-10

Os três níveis de aplicação da paleta de estratégias

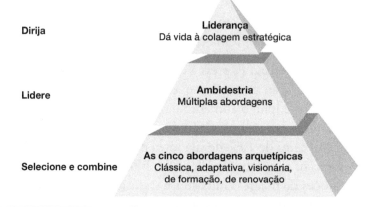

A paleta de estratégias oferece aos líderes uma nova linguagem no sentido de descrever e escolher a abordagem estratégica mais adequada em uma parte específica do seu negócio. Ela também fornece uma linha lógica para conectar a elaboração da estratégia e sua execução para cada abordagem. Na maioria das empresas, a elaboração de estratégias e sua execução são artificialmente separadas, tanto em termos organizacionais quanto temporais. Cada abordagem implica não somente numa maneira bastante diferente de conceber a estratégia, mas também numa abordagem distinta para a própria implementação, criando requisitos bem diferentes para a gestão da informação, inovação, organização, liderança e cultura. A paleta de estratégias pode, portanto, nortear não apenas as intenções estratégicas, mas também a configuração operacional de uma empresa. A Tabela 1-1 resume os principais elementos da paleta de estratégias e inclui exemplos específicos de empresas que utilizam as cinco abordagens.

TABELA 1-1

As cinco abordagens da paleta de estratégias

Elementos-chave	Abordagens				
	Clássica	*Adaptativa*	*Visionária*	*De Formação*	*De Renovação*
Ideia central ou o que é preciso	• Seja grande	• Seja rápido	• Seja o primeiro	• Seja o coordenador	• Seja viável
Tipo de ambiente	• Previsível, inflexível	• Imprevisível, inflexível	• Previsível, flexível	• Imprevisível, flexível	• Adverso
Setores onde a abordagem é perceptivelmente mais bem aplicada	• Utilidades públicas • Automotivo • Petrolífero	• Semicondutores • Têxtil	• Nenhum setor específico (criar um novo, interromper um existente)	• *Softwares* • Aplicativos para smartphone	• Instituições financeiras durante a crise de 2008-2009
Indicadores da abordagem	• Baixo crescimento • Alta concentração • Setor desenvolvido • Regulamentação estável	• Crescimento inconstante • Concentração limitada • Setor em desenvolvimento • Alta mudança tecnológica	• Alto potencial de crescimento • Espaço em branco, sem competidores diretos • Regulamentação limitada	• Fragmentação • Nenhum concorrente ou plataforma dominante • Regulamentação flexível	• Baixo crescimento, declínio, crise • Financiamento restrito • Fluxo de caixa negativo
Como	• Análise, planejamento, execução	• Variação, seleção, ampliação	• Imaginação, criação, persistência	• Envolvimento, coordenação, desenvolvimento	• Reação (ou antecipação), economia, crescimento
Medidas de sucesso	• Escala • Participação de mercado	• Tempo de ciclo • Índice de vitalidade de novos produtos (NPVI)	• Primeira a se lançar no mercado • Satisfação dos novos clientes	• Lucratividade e crescimento do ecossistema • NPVI	• Corte de gastos • Fluxo de caixa

18 Sua Estratégia Precisa de uma Estratégia

TABELA 1-1

As cinco abordagens da paleta de estratégias

Elementos-chave	Abordagens				
	Clássica	*Adaptativa*	*Visionária*	*De Formação*	*De Renovação*
Abordagens relacionadas	• Curva de experiência • Matriz BCG • Cinco forças • Capacidades	• Competição baseada no tempo • Vantagem temporária • Vantagem adaptativa	• Oceano azul • Dilema da inovação	• Redes • Ecossistemas • Plataformas	• Transformação • Reviravolta
Exemplos-chave	• P&G sob Lafley • Mars sob Michaels	• Tata Consultancy Services sob Chandrasekaran • 3M sob McKnight	• Amazon. com sob Bezos • Quintiles sob Gillings	• Apple sob Jobs • Novo Nordisk sob Sørensen	• Amex sob Chenault • AIG sob Benmosche
Armadilhas-chave	• Aplicação em excesso	• Planejar o que não se pode planejar	• Visão distorcida	• Ecossistema controlado em excesso	• Não execução da segunda fase

A paleta também pode ajudar os líderes a "ratearem" seus negócios (ou seja, decompô-los em partes, cada qual demandando uma abordagem específica de acordo com a estratégia) e, efetivamente, a combinarem várias abordagens para a estratégia em diferentes unidades do negócio, regiões e estágios do ciclo de vida da empresa. As grandes corporações enfrentam agora uma gama de contextos de negócios mais diversificada e cujas mudanças ocorrem de maneira mais rápida. Quase todas as empresas de grande porte compreendem vários negócios e geografias, cada qual com um caráter estratégico distinto. Por essa razão, elas requerem a execução simultânea de diferentes abordagens para a estratégia. É bem improvável que o enfoque correto para uma unidade de tecnologia em rápida evolução seja o mesmo para uma empresa mais madura. Também é presumível que o tratamento em uma economia em rápido desenvolvimento seja bem diferente para a mesma atividade em operação numa economia mais amadurecida.

IMPREVISIBILIDADE, MALEABILIDADE E ARIDEZ COMO EIXOS NA PALETA DE ESTRATÉGIAS

Por que a imprevisibilidade, a maleabilidade e a aridez são as dimensões corretas para se caracterizar o ambiente de negócios e escolher a abordagem estratégica mais adequada? Ao considerar os pressupostos subjacentes fundamentais da abordagem mais familiar e historicamente apropriada – a clássica – e examinar o que mudou nas circunstâncias dos negócios, podemos demonstrar que estes são, de fato, os eixos corretos para indicar a escolha da abordagem estratégica mais acertada.

Os líderes que adotam uma perspectiva clássica pressupõem que o mundo seja um lugar essencialmente previsível. Aqui, faz sentido elaborar planos de longo prazo e investir em análise e previsão. Além disso, os líderes clássicos não acreditam ser capazes de mudar significativamente as regras do jogo, uma vez que consideram seu ambiente um local um tanto óbvio: ele é estável e, portanto, não maleável. Em vez disso, dadas as condições, eles fazem o melhor possível, posicionando-se de maneira otimizada.

No entanto, em um mundo em rápida evolução, essas suposições são desafiadas de três maneiras fundamentais. Em primeiro lugar, por causa da maior **imprevisibilidade** no atual ambiente de negócios, muitas vezes o planejamento de longo prazo deixa de ser viável. Em segundo, por conta da mudança tecnológica, da globalização e de outros fios condutores, as estruturas dos setores existentes estão constantemente sendo interrompidas. Como resultado, a estrutura da indústria e a base da concorrência tornaram-se cada vez mais **maleáveis**, e as empresas individuais têm mais possibilidades de influenciar o desenvolvimento do mercado. Por fim, as divergências entre a estratégia e o ambiente, causadas tanto por desvios estratégicos prolongados quanto por crises súbitas, são cada vez mais frequentes e graves. Precisamos, portanto, considerar a **aridez** do ambiente, o que pode obrigar as empresas a economizarem e se concentrarem na sobrevivência a curto prazo.

É inevitável que qualquer negócio ou modelo de negócio passe por um ciclo de vida que demande uma abordagem diferente para cada uma de suas etapas. As empresas são normalmente criadas nos quadrantes **visionário** ou de **formação** da paleta de estratégias e tendem a migrar para a esquerda rumo aos quadrantes **adaptativo** e **clássico** antes de serem interrompidas por futuras inovações e entrarem em um novo ciclo, embora o caminho exato possa variar (Figura 1-11). A Apple, por exemplo, criou o seu iPhone usando uma abordagem visionária e, em seguida, usou uma estratégia de formação para desenvolver um ecossistema colaborativo com desenvolvedores de aplicativos, empresas de telecomunicações e provedores de conteúdo. E, na medida em que os concorrentes disputam posições com ofertas cada vez mais convergentes, é provável que suas estratégias se tornem cada vez mais adaptativas ou clássicas. Como veremos, enquanto se desenvolvia a Quintiles também empregou à sua estratégia uma sucessão de abordagens.

Os próprios líderes desempenham um papel vital na aplicação da paleta de estratégias, definindo e ajustando o contexto para cada uma delas. Eles analisam o ambiente para determinar que abordagem aplicar e onde colocar as pessoas certas para executá-la. Além disso, os líderes empresariais exercem um papel crucial na venda da argumentação que integra a estratégia, tanto externa quanto internamente. De modo contínuo eles inspiram a **colagem de estratégias** – a combinação de várias abordagens para a estratégia – mantendo-a dinâmica e atualizada ao fazer as perguntas certas, instigando assim suposições para evitar que uma lógica dominante possa turvar a perspectiva, e, ao mesmo tempo, instigando iniciativas críticas de mudança.

FIGURA 1-11

Diferentes abordagens para a estratégia requeridas ao longo do ciclo de vida empresarial

Armadilhas: O que pode dar errado

A maioria dos líderes que entrevistamos compreende a necessidade de diferenciar sua abordagem estratégica conforme o ambiente: cerca de 90% concordam que isso é importante. Mas, ao mesmo tempo, existem alguns desafios que precisam ser superados para fazê-lo de forma eficaz. Foram observados três tipos de armadilhas que sabotam boas intenções.

Percepção Ambiental

Embora alguns líderes estimem corretamente o grau de maleabilidade e imprevisibilidade em seus ambientes, vimos que muitos executivos percebem seus ambientes como se fossem significativamente mais previsíveis ou maleáveis do que realmente são. Talvez exista uma tendência humana em acreditar que podemos prever e controlar nosso ambiente – porém, em muitos casos não somos capazes de fazê-lo, e, como vimos, essa incapacidade tem ramificações importantes para a nossa abordagem estratégica. Na verdade, em nossa pesquisa, os ambientes foram percebidos mais frequentemente como previsíveis e maleáveis (visionários), independentemente da avaliação de suas reais características. Coerente com essa tendência, e a despeito da avaliação real, os ambientes foram mais um a vez, e com frequência, menos percebidos como imprevisíveis e não maleáveis (adaptativos). Além disso, constatamos de maneira consistente que as empresas atrasam o reconhecimento de quando estão em um ambiente hostil, que requer uma abordagem de renovação. A princípio, uma estratégia de renovação poderia ser preventiva, mas, na prática, a maioria das empresas desencadeia transformações ou reviravoltas apenas quando o desempenho financeiro ou competitivo já começou a deteriorar-se.

Selecionando a abordagem correta

Observamos também divergências na seleção da abordagem estratégica das empresas. Embora o tratamento declarado esteja geralmente de acordo com o ambiente percebido para abordagens clássicas, visionárias e adaptativas, as empresas muitas vezes declaram estilos que são incompatíveis com suas percepções do ambiente. As companhias também tendem a confundir as abordagens adaptativa e de formação ao declarar sua abordagem estratégica, o que não é de surpreender, dado o relativo desconhecimento da última. As empresas também declaram a intenção de utilizar uma abordagem adaptativa com bem mais frequência do que deveriam, tanto pela sua própria avaliação do ambiente quanto pela análise objetiva do grau de imprevisibilidade desse mesmo ambiente. Essa discrepância pode ser o resultado da recente proeminência e popularidade dos conceitos de agilidade, velocidade e experimentação – uma visão tendenciosa em direção a uma abordagem adaptativa, independentemente das condições reais do negócio.

Aplicando corretamente uma determinada abordagem

Por fim, muitos líderes escolhem a abordagem estratégica correta para o seu ambiente de negócios, todavia, suas organizações muitas vezes fracassam em sua aplicação. Nossa pesquisa demonstrou uma forte tendência na prática de as empresas manterem ações familiares e confortáveis associadas a abordagens visionárias e clássicas, mesmo quando os líderes declararam a intenção de executar algo diferente. Tomemos como exemplo o planejamento. A maioria das empresas cria um plano estratégico. Além disso, cerca de 90% das companhias avaliadas disseram que desenvolvem esses planos anualmente, independentemente do ritmo real de mudanças em seus ambientes de negócios – ou até mesmo do ritmo que elas percebem.

Como usar este livro

Este livro começa explorando as cinco abordagens fundamentais para a escolha da estratégia ideal – as cores básicas da paleta de estratégias. A partir daí nós analisamos 1) como usar essas cores básicas em combinações, adotando abordagens diferentes – seja de maneira simultânea ou sequencial – em diferentes partes do negócio e 2) o papel dos líderes na coordenação dinâmica da colagem estratégica resultante.

Estudos de caso e entrevistas são usadas para ilustrar cada abordagem. Aliás, cada capítulo já começa com um amplo estudo de caso. Além disso, painéis em cada capítulo examinam os fundamentos teóricos da paleta de estratégias e esclarecem como cada abordagem funciona, mostrando os resultados de simulações de diferentes ambientes e métodos. O livro termina com um epílogo curto que trata de como desenvolver o domínio individual da paleta apresentada.

Os Capítulos 2 a 6 tratam de cada uma das abordagens à estratégia em profundidade, explorando:

- *O que* define e caracteriza a abordagem

- *Quando* utilizá-la

- *Como* aplicá-la com sucesso, incluindo tanto a melhor maneira de formular uma estratégia quanto de executá-la, assim como as implicações para a gestão da informação, inovação, cultura, organização e liderança

- *Dicas e armadilhas* para orientá-lo na aplicação prática da abordagem

Você será capaz de observar cada abordagem em pleno uso por meio de exemplos de casos e debates com CEOs. Uma observação importante: nossos exemplos apresentam líderes e empresas bem-sucedidas e respeitadas, todavia, nossa intenção não é mantê-las como eternos e abrangentes exemplos de excelência. As condições mudam, a vantagem competitiva se enfraquece e as fortunas das empresas aumentam e diminuem. Na verdade, é exatamente por isso que as empresas precisam mudar suas abordagens estratégicas com o tempo. Nosso objetivo, em vez disso, é apresentar as empresas como exemplos claros das aplicações de cada abordagem estratégica para um negócio específico num determinado momento.

Depois de explorarmos as cinco cores básicas na paleta de estratégias, analisaremos formas mais sofisticadas de usar a paleta. O Capítulo 7 apresenta de que modo as empresas poderão usar várias abordagens estratégicas de forma sucessiva ou simultânea, por exemplo, em todas as geografias, unidades de negócios ou estágios do ciclo de vida. Referimo-nos a essa capacidade de realizar uma abordagem multidimensional como **ambidestria**. Quatro técnicas podem ser usadas para se alcançar a ambidestria. Elas se revelarão as mais adequadas em diferentes situações:

- **Separação**: as empresas deliberadamente gerenciam quais abordagens estratégicas pertencem a cada subdivisão (departamento, geografia ou função) e executam essas abordagens de maneira independente umas das outras.

- **Alternação**: as empresas gerenciam um conjunto comum de recursos para alternar abordagens ao longo do tempo ou mesclá-las em determinados momentos.

- **Auto-organização**: cada unidade escolhe a melhor abordagem estratégica separadamente, quando se torna demasiado complexo selecionar e gerenciar isso de forma hierárquica.

- **Ecossistemas**: as empresas dependem de um ecossistema externo, cujos membros selecionam sozinhos as abordagens estratégicas mais adequadas.

A BASE MATEMÁTICA DA PALETA DE ESTRATÉGIAS

Por que selecionamos essas cinco abordagens – clássica, adaptativa, visionária, de formação e de renovação – e qual é a evidência de que elas são as melhores para cada ambiente? Na verdade, as diferentes abordagens estratégicas têm fundamentos matemáticos, os quais demonstramos simulando os próprios ambientes da paleta de estratégias. Esses cenários vão desde os altamente previsíveis – que se assemelham a ambientes clássicos – até os altamente imprevisíveis e maleáveis – que lembram os de formação. Nós, então, simulamos diferentes abordagens estratégicas e permitimos que elas compitam umas com as outras em uma variedade de ambientes, avaliando quais delas apresentavam melhor desempenho nas várias interações (Figura 1-12). Tais simulações validaram totalmente a combinação entre os cinco arquétipos e os ambientes de negócios que compõem a paleta de estratégias (nosso modelo é descrito com mais detalhes no apêndice C). Em painéis separados em cada capítulo, usamos esse modelo para mostrar por que uma abordagem estratégica específica é a mais adequada para um determinado ambiente.

FIGURA 1-12.

As melhores abordagens estratégicas em ambientes diferentes (simulação)

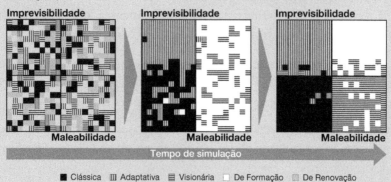

Fonte: Simulação Multi-Armed Bandit (*MAB*) do BCG

A BASE MATEMÁTICA DA PALETA DE ESTRATÉGIAS

Utilizamos o mesmo modelo de simulação como plataforma para desenvolver um aplicativo para iPad, que se baseia em um jogo de negócios onde você poderá explorar quais abordagens estratégicas funcionarão melhor em quais ambientes. Você fará isso operando a mais simples das empresas – uma barraca de limonada. O aplicativo deve permitir que os leitores não só entendam como escolher e implantar diferentes abordagens estratégicas, mas também que experimentem e desenvolvam um senso mais prático para cada uma delas.

O Capítulo 8 revela qual o seu papel e como líder na criação e inspiração da colagem de abordagens estratégicas. Neste sentido, identificamos oito papéis críticos desempenhados pelos líderes:

- **Diagnosticador**: Nesse momento ele observa de fora, avalia o ambiente de negócios e, em seguida, o combina com a abordagem estratégica correta.

- **Separador**: Ele combina a abordagem com a organização adotando o nível correto de granulosidade.

- **Disruptivo**: Reavalia o diagnóstico e a segmentação de modo contínuo, modulando ou até alterando as abordagens quando necessário.

- **Treinador de equipe**: Seleciona as pessoas certas para gerenciar cada uma das células de composição do grupo, e então as desenvolve, tanto em termos intelectuais quanto experimentais.

- **Vendedor**: Defende e comunica as escolhas estratégicas por meio de uma narrativa coerente e integrada, tanto no âmbito interno quanto externo.

- **Questionador**: Define e redefine o contexto correto para cada abordagem estratégica ao fazer as perguntas certas.

- **Antenado**: Observa de maneira contínua o exterior e amplifica seletivamente importantes sinais de mudança que de outra forma poderiam ter sido ignorados ou subestimados.

- **Acelerador**: Usa de influência para selecionar iniciativas de mudança cruciais, tanto para acelerar sua implementação quanto para aumentar sua tração, sempre com o intuito de superar a resistência ou a inércia.

Finalmente, o epílogo detalha as quatro etapas pelas quais os gestores individuais podem desenvolver sua compreensão e domínio da paleta de estratégias.

Na medida em que você se familiarizar com as diferentes abordagens, pode ser útil tentar aplicá-las no seu próprio negócio: avaliar o ambiente em que você negocia, decidir a melhor abordagem estratégica e avaliar as práticas reais que sua organização implementa. O estudo resumido no apêndice A irá fornecer uma visão simplificada, porém, direcional; uma versão mais detalhada também está disponível *online*. Acesse: https://www.bcgperspectives.com/yourstrategyneedsastrategy. A leitura posterior das listas no apêndice B ajudará aqueles que desejam aprofundar-se nas diferentes abordagens estratégicas. O apêndice C fornece informações adicionais e detalhes sobre as simulações de diferentes ambientes e abordagens estratégicas.

Vamos então dar início à nossa exploração da paleta de estratégias.

CAPÍTULO 2

CLÁSSICA

Seja Grande

Mars, Inc: Vencendo de maneira clássica

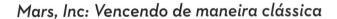

Se você quer provas de que a Mars opera em um ambiente relativamente estável, basta dar uma olhada nas datas em que suas icônicas barras de chocolate foram introduzidas no mercado: Milk Way, 1923; Snickers, 1930; Mars Bar, 1932; M&M's, 1941; Twix, 1979. E quais foram os doces mais vendidos no mundo no ano de 2014? Snickers e M&M's.[1] Isso mesmo, depois de tantos anos essas marcas continuam a sustentar o sucesso da empresa fundada por Frank Mars há mais de cem anos. Aliás, desde de 2014 a Mars obteve uma receita de aproximadamente 35 bilhões de dólares e onze marcas no valor de mais de 1 bilhão, e está classificada entre as maiores empresas de capital fechado dos Estados Unidos da América (EUA).[2]

A Mars conquistou e manteve a liderança do mercado por meio de escala e capacitações – sendo a maior e a melhor no que faz. A escala é um fator importante para o sucesso da Mars. De acordo com Paul Michaels, presidente da empresa, "A escala é crucial em nosso negócio – não apenas para conduzir o tamanho e a utilização da produção, mas também os custos e os valores envolvidos." A Mars é a maior participante no negócio de chocolate e goza de posições de liderança em cinco outras áreas – incluindo: alimentos para animais de estimação, com marcas como Pedigree; e goma de mascar, com marcas como Spearmint Gum, da Wrigley.

A estabilidade e, em consequência disso, a previsibilidade, confirmam a abordagem da Mars para a estratégia. Isso significa que a Mars é capaz de planejar. "As marcas, uma vez estabelecidas na mente dos consumidores, tornam-se bastante duradouras", disse Michaels. "Nós planejamos porque atuamos em mercados relativamente estáveis e também pelo fato de ser importante operarmos nossos ativos de maneira eficiente." Michaels desenvolve planos de longo prazo e com um ano de antecedência. "Eliminamos um processo bastante complexo de planejamento de médio prazo que utilizávamos há cerca de uma década, porque realmente não era útil," disse ele.

Michaels diz que a chave para o sucesso do planejamento é garantir que ele seja um processo simples, com foco na geração de *insights* sobre questões essenciais: "O foco deve estar naquilo que podemos controlar – ou seja, os custos e a rentabilidade. O trabalho estratégico para um líder do segmento como a nossa empresa é estimular o crescimento da categoria, e é nisso que devemos nos concentrar o tempo todo."

A estratégia é definida a partir do topo, disse ele: "Eu, o diretor financeiro e alguns outros executivos, em consulta com o conselho diretivo." Mas, então, ela é amplamente compartilhada e comunicada de uma maneira que possa ser digerida com facilidade. "O conselho se reúne muitas vezes, e esperamos ser capazes de explicar a estratégia de uma forma compreensível em apenas vinte minutos."

Ao estabelecer o plano, Michaels se norteia por cinco princípios, os quais permeiam a cultura da empresa: qualidade, responsabilidade, reciprocidade, eficiência e liberdade. O princípio da Eficiência, em especial, torna-se evidente no momento em que você entra na sede da empresa em McLean, na Virginia. No mundo, existem mais de 70 mil funcionários, ou "associados" como a Mars prefere chamá-los. Na sede, entretanto, os escritórios da pequena equipe corporativa ocupam apenas um único andar de um pequeno e discreto prédio de dois pisos. Como observou ironicamente Michaels: "Um executivo sênior da Nestlé veio aqui e pensou que estava no lugar errado."

A companhia preza pela disciplina e eficiência. Por exemplo, até mesmo o próprio Michaels tem de bater o cartão de ponto.

A estrutura da sede reflete a abordagem mais ampla da organização, que é relativamente plana e conta com poucas pessoas, porém bastante experientes. "É importante mantê-la simples," disse Michaels. "Camadas e passos extras enfraquecem e filtram *insights*. A estratégia é importante, mas não surge de um processo de planejamento super elaborado."

Após a aquisição da William Wrigley Júnior Company em 2008, a Mars foi reestruturada – em vez das antigas linhas geográficas a empresa adotou unidades de negócio. Michaels explicou que a reestruturação ocorreu para "aprofundar nossa habilidade de gerar *insights* e desenvolver capacidades mais profundas em cada área do negócio."

Enquanto empresa privada, a Mars não é inibida pelo ciclo de relatórios trimestrais, e suas decisões podem se concentrar em consequências de longo prazo. Para manter seus processos de produção e marcas atualizados ela investe em diferenciais, não em inovações radicais. A única dimensão em que a Mars procura moldar o ambiente externo é por meio de alterações que estimulem a demanda do consumidor final. Por exemplo, na concepção de iniciativas como o *Big Night In,* para impulsionar as vendas de chocolate durante os meses de verão, que, historicamente, são menos favoráveis.[3]

Em suma, a Mars é um exemplo de estratégia clássica. A companhia promove economia de escala pela liderança tanto em termos de categoria de negócios como de marca em um nicho estável, com um planejamento rigoroso e enxuto, e adquirindo capacitação e conhecimento profundos a cada novo negócio.

A abordagem clássica para a estratégia: Ideia central

A abordagem clássica para a estratégia – o planejamento estratégico – soará bem familiar para a maioria dos leitores: ela é provavelmente o que você aprendeu na faculdade de negócios e administração, bem como um processo do qual participe anualmente. De fato, esse sistema chega a ser tão familiar que é bem provável que, mais do que como uma escolha deliberada, ele seja aplicado como um padrão. Pensando nisso, neste capítulo iremos nos concentrar em algumas perguntas que muitas vezes passam despercebidas. Por exemplo, quando a abordagem clássica deve ser aplicada e quando deve ser substituída por outra? Qual a diferença entre um processo de planejamento estratégico que promova impacto e *insights*, e outro que seja um mero ritual que preceda o plano orçamental? Qual a ligação entre possuir uma grande estratégia clássica e efetivamente implementá-la? Primeiramente, entretanto, vamos examinar a ideia central da estratégia clássica (Figura 2-1).

FIGURA 2-1

A abordagem clássica para a estratégia

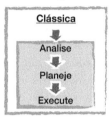

Como explicado por Michaels, da empresa Mars, os líderes que adotam uma perspectiva clássica encaram segmentos que sejam relativamente estáveis e previsíveis. Portanto, a base da competição dessas companhias também é estável, e a vantagem, uma vez obtida, mostra-se sustentável. Assim, o mantra do estrategista clássico é **vantagem competitiva sustentável**. Considerando-se que as empresas clássicas não podem mudar com facilidade a base de competição em seu setor, elas ganham tentando se posicionar de forma otimizada em mercados atraentes onde são favorecidas. A vantagem pode se basear numa maior escala, diferenciação (ou, de maneira semelhante, grande escala dentro de um segmento de mercado mais reduzido) ou em capacidade superior.

Assim como cada uma das cores da paleta de estratégias, a abordagem clássica apresenta seu fluxo lógico característico. As empresas clássicas implementam: 1) uma **análise** rigorosa para determinar a atratividade do mercado, 2) a base da concorrência num dado mercado e 3) a competitividade potencial e atual de sua própria empresa. Tudo isso ajuda a determinar sua posição-alvo e a direção estratégica. Em seguida é elaborado um **plano** para atingir essa posição-alvo. O plano não precisa mudar com frequência, e reflete tanto a previsão de como o ambiente deverá evoluir quanto as etapas de ação necessárias para construir e sustentar uma vantagem. Por fim, as empresas clássicas **executam** o plano cuidadosamente, concentrando todas as partes da organização em um esforço conjunto e eficiente rumo ao alcance de objetivos claros predefinidos.

Se fizermos uma analogia com a arte, a abordagem clássica é quase como a criação de uma natureza-morta. Desde que você tenha à sua frente uma imagem clara e imutável do que deseja pintar, não será preciso criar vários desenhos ou fazer mudanças o tempo todo. Em vez disso, você poderá executar metodicamente cada detalhe até que tenha concluído a obra-prima.

Quando aplicada corretamente uma estratégia clássica pode ser muito impactante e criar posições de liderança duradouras e valiosas. Em um ambiente estável, o tamanho, a diferenciação e/ou a capacitação da empresa – ser boa no que faz – podem ser fontes estáveis de vantagem competitiva. Não há penalidades para mudanças apenas graduais, porque o ambiente é previsível e se desenvolve progressivamente, sem grandes rupturas. Melhorias pequenas e constantes no desempenho podem conduzir a uma vantagem competitiva significativa e sustentável.

O tamanho, por exemplo, torna-se uma vantagem autoaplicável. Quanto maior a empresa, menores seus custos em comparação com aqueles dos concorrentes. Na medida em que uma empresa acumula escala e experiência, os custos mais baixos podem financiar reduções de preços que, por sua vez, irão aumentar os volumes, completando assim um círculo virtuoso, como descreveu de maneira sucinta o fundador do BCG, Bruce Henderson: "A recompensa para a liderança é realmente muito alta, desde que seja alcançada mais cedo e mantida até que o crescimento abrande. O investimento em participação de mercado durante a fase de crescimento pode ser muito atraente... quanto maior a participação, maior a margem... O retorno do investimento é enorme."[4]

A importância da escala: UPS e FedEx

O mercado de cargas e encomendas expressas dos EUA no início dos anos 2000 é um excelente estudo de caso para os méritos do conceito de escala na abordagem clássica. O mercado foi dominado por duas grandes operadoras, a UPS e a FedEx, que alcançaram de maneira sustentável custos menores e margens mais elevadas quando comparadas às suas concorrentes menores, a DHL e a TNT.[5] A FedEx e a UPS foram capazes de manter sua liderança porque as concorrentes teriam de fazer grandes e proibitivos investimentos financeiros para replicar o tamanho dessas duas operadoras.

32 Sua Estratégia Precisa de uma Estratégia

Na verdade, quando a DHL entrou no mercado norte-americano depois da aquisição da Airborne – uma empresa local e até então concorrente menor no país – ela investiu quase 10 bilhões de dólares na unidade. Entretanto, mesmo toda essa quantia não foi suficiente para garantir a escala necessária para competir de maneira sustentável com as gigantes locais. Em 2008, a DHL fechou suas operações domésticas para se concentrar em entregas internacionais, ou seja, de e para os EUA.[6]

Para os líderes de empresas que se utilizam de modelos clássicos o tamanho oferece proteção: como o setor é estável, eles podem desenvolver de maneira contínua e gradativa sua vantagem em termos de tamanho.

APROFUNDANDO O QUE VOCÊ JÁ CONHECE

A maioria dos líderes está familiarizada com a abordagem clássica de estratégia. Na verdade, isso é geralmente o que eles querem dizer quando se referem ao termo estratégia. De fato, essa abordagem tem sido predominante – tanto nos negócios propriamente ditos quanto nos currículos das faculdades de administração e negócios – desde que o termo **estratégia corporativa** foi cunhado por Igor Ansoff, no final dos anos 1950.[7] Muitos dos conceitos, das estruturas e das ferramentas que os gerentes utilizam atualmente desenvolveram-se a partir da abordagem clássica de estratégia. Veja a seguir algumas das mais conhecidas.

A **estratégia competitiva** foi desenvolvida e divulgada nos anos 1960 pelo The Boston Consulting Group (BCG). Num primeiro momento isso ocorreu predominantemente em relação aos clientes de grande porte do setor industrial, que operavam negócios estáveis e relativamente previsíveis. O fundador do BCG, Bruce Henderson, propôs a **curva de experiência** – a ideia de que a experiência acumulada, bem como a dimensão global, podem representar uma fonte de vantagem duradoura.[8] A curva de experiência tem sido uma ferramenta importante para as empresas. Ela mostra como gerenciar custos e preços com o objetivo de obter vantagem de longo prazo. A **matriz BCG** combinou vantagem de escala à identificação de atraentes mercados de elevada taxa de crescimento, onde a liderança poderia e deveria ser estabelecida; nos anos 1970 e 1980, essa ferramenta foi utilizada pela maioria das empresas listadas na

APROFUNDANDO O QUE VOCÊ JÁ CONHECE

Fortune 500 com o intuito de alocar recursos em suas carteiras de negócios.[9] A **matriz de ambientes**, desenvolvida por Richard Lochridge, universalizou o modo pelo qual a relação entre retornos (de investimentos, capital) e escala depende do número e da força das fontes de vantagem (Figura 2-2).[10] A ferramenta explicou como a competição e a vantagem funcionam em mercados estagnados, localizados e fragmentados, bem como naqueles mais familiares, de volume maior.

É bem possível que Porter tenha sido o responsável pelo desenvolvimento da perspectiva mais abrangente já conhecida da estratégia clássica.[11] Seu **modelo das cinco forças** explica de que maneira a atratividade do setor é determinada pela interação de cinco forças competitivas.

FIGURA 2-2

Formas de vantagens competitivas clássicas

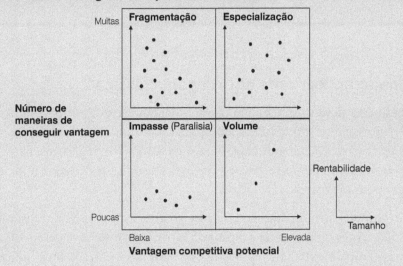

As empresas precisam escolher segmentos atraentes e ganhar tanto no que diz respeito à diferenciação quanto a custo – ou, de modo similar, à posição e escala.

APROFUNDANDO O QUE VOCÊ JÁ CONHECE

Posteriormente, Birger Wernerfelt, Jay Barney, C. K. Prahalad e Gary Hamel se concentraram em definir como algumas empresas também são capazes de obter um posicionamento superior criando e alavancando capacidades ou competências distintas – algo um tanto confuso conhecido como **visão baseada em recursos** (RBV) da empresa.[12] Neste caso, os recursos que conferem vantagem precisam ser valiosos, raros, inimitáveis e insubstituíveis. Em seguida, Philip Evans, George Stalk e Lawrence Shulman do BCG exploraram como as empresas podem obter vantagem por meio do desenvolvimento de capacitação.[13]

Mas por que a abordagem clássica para a estratégia tornou-se assim tão predominante, a ponto de ser praticamente onipresente? A questão é que, por muito tempo, ela foi a abordagem que melhor se ajustou aos ambientes enfrentados pela maioria das grandes empresas. Em grande parte da segunda metade do século XX, a maioria dos ambientes de negócios era relativamente previsível e não maleável – a combinação de "análise, planejamento e execução" era, logicamente, a melhor fórmula para vencer.

Quando aplicar uma abordagem clássica

As empresas devem implantar uma abordagem clássica em mercados relativamente estáveis e previsíveis, em que predomine uma concorrência cuja base seja estável e já estabelecida. Nesses mercados não maleáveis, não existe o risco iminente de perturbações, assim, as condições do setor podem ser vistas como previsíveis.

É provável que um ambiente seja visto como estável se os impulsionadores subjacentes de demanda e a própria estrutura do setor se desenvolverem apenas gradualmente, tanto por causa de barreiras à entrada ou a limitações nas mudanças tecnológica e/ou de caráter regulamentar. Para uma gama de segmentos, que engloba desde seguros a produtos de primeira necessidade e até a indústria automotiva, nas últimas décadas o ambiente tem sido clássico, pelo menos em grande parte.

Clássica **35**

A escolha da abordagem para a estratégia depende do julgamento preciso das circunstâncias com as quais uma empresa se depara. Então, quais indicadores sugeririam um ambiente clássico? Setores que são relativamente bem estabelecidos, com elevados retornos em termos de escala; alterações pouco frequentes na classificação entre os principais concorrentes, no quesito tamanho; modelos de negócios homogêneos e estáveis, e tecnologias básicas; marcas fortes; e taxas de crescimento modestas são mais propensos a apresentar o tipo de ambiente previsível e não maleável em que uma estratégia clássica consiga prosperar. Em contrapartida, setores novos, com baixas barreiras à entrada de concorrentes, baixos retornos em relação à escala, estruturas setoriais fragmentadas, mudanças tecnológicas frequentes e/ou disruptivas, altas taxas de crescimento e alterações rápidas e sucessivas na regulamentação, podem exigir uma abordagem diferente para a estratégia.

O segmento de produtos de uso doméstico se encaixa em grande medida ao padrão clássico, onde a demanda do usuário final pode ser mais ou menos antecipada por mudanças demográficas e no poder de compra dos clientes. Nesse setor, a dinâmica da concorrência se manteve relativamente estável por causa das elevadas barreiras criadas por marcas fortes à entrada de novos concorrentes, pela vantagem de escala e também por força das limitadas mudanças tecnológicas fundamentais para o nicho. A volatilidade posicional é baixa e algumas empresas – como a P&G e a Unilever – têm estado no topo por décadas.[14] Retornos de escala para bens de consumo básicos são tão grandes agora como eram há três décadas. Assim, uma empresa pode decidir como e onde posicionar seus produtos, de acordo com sua atual escala de marca e seu atual posicionamento; de seus concorrentes; suas capacidades em termos de desenvolvimento de produtos, manufatura e *marketing*; e seu prognóstico para a evolução do mercado. E a menos que haja uma mudança necessária e intensa nos impulsionadores de demanda do consumidor, esses planos poderão se revelar estáveis e confiáveis.

Antes dos anos 1990, muitos segmentos adotaram o modelo clássico para a estratégia. Enquanto, desde então, muitos setores têm sido prejudicados pela tecnologia e pela globalização, vários outros constatam que os métodos clássicos ainda permanecem válidos. É, portanto, um exagero perigoso e equivocado afirmar – como alguns insistem em fazer – que a vantagem competitiva sustentável e a abordagem clássica à estratégia não sejam mais relevantes.

No entanto, alguns segmentos tradicionalmente estáveis precisam adotar novas abordagens para a estratégia. Considere o setor elétrico, por exemplo, um baluarte que historicamente exibe profundas características clássicas: a demanda se desenvolve de maneira previsível atrelada ao crescimento econômico, a estrutura do setor se mantem estável por causa das elevadas barreiras à entrada de concorrentes e aquelas promovidas pela regulamentação do setor. Nem mesmo os grandes choques ocorridos no mercado petrolífero conseguiram mudar as fundações estruturais ou a base competitiva desse nicho. Todavia, com a prolongada flutuação dos preços dos insumos, o aumento das fontes alternativas de energia, a ampliação do fluxo de regulamentação sobre emissões e tomadas de posição governamentais referentes ao uso de energia nuclear após o desastre de Fukushima, as concessionárias agora precisam complementar sua abordagem clássica com outra que seja mais adaptativa.[15] Por exemplo, as empresas que compõem esse nicho tentam cada vez mais diversificar suas fontes de energia implementando novas tecnologias – como painéis solares, por exemplo –, e, a partir daí, desenvolvem seus modelos de negócios de modo a adicionar mais serviços, como a tecnologia da casa inteligente.[16] De modo semelhante, muitos outros setores têm, portanto, se afastado da abordagem clássica – ou precisam fazê-lo.

Vimos o poder de uma abordagem clássica para a estratégia, todavia, as empresas devem escolher sua abordagem somente depois de observarem cuidadosamente as circunstâncias específicas dos negócios que operam. Tal decisão não deve se basear em história, familiaridade, tendências gerais em outras empresas, tampouco em modismos na área de filosofia de gestão. Não se pode afirmar que uma abordagem clássica seja válida nos dias de hoje apenas porque foi válida no passado. Tampouco é possível considerá-la hoje necessariamente inútil por causa de uma mudança geral em direção a abordagens mais dinâmicas em outros setores.

Entretanto, veremos que uma abordagem clássica para a estratégia é, muitas vezes, aplicada – **ou não** – por razões equivocadas.

VOCÊ ESTÁ EM UM AMBIENTE DE NEGÓCIOS CLÁSSICO?

Você estará diante de um ambiente de negócios clássico se as seguintes observações forem verdadeiras:

✓ A estrutura do setor é estável.

✓ A base de concorrência do setor é estável.

✓ O desenvolvimento do setor é previsível.

✓ O setor não é facilmente moldável.

✓ O setor exibe crescimento moderado, porém constante.

✓ O setor é marcado pela alta concentração.

✓ O setor está maduro.

✓ O setor se baseia em tecnologias estáveis.

✓ O ambiente regulatório do setor é estável.

A abordagem clássica na prática: Planejamento estratégico

Jack Welch, ex-CEO da General Eletric (GE) observou certa vez: "Na vida real, a estratégia é realmente muito simples. Você escolhe uma direção e a implementa como um louco."[17] Será que é assim tão simples como declara Welch? Iremos descobrir examinando a abordagem clássica na prática.

A estratégia é muitas vezes vista como o produto de um exercício mental realizado por planejadores e, mais tarde, implementada por outras pessoas. Essa separação entre pensamento (planejamento estratégico) e ação é lamentável. A estratégia não pode ser bem-sucedida a menos que seja implementada de maneira eficaz. Veremos que há uma conexão profunda entre planejamento estratégico e execução da estratégia, e que essa relação depende da abordagem escolhida. Examinemos, portanto, as etapas de cada uma das abordagens e como elas se relacionam entre si.

O planejamento estratégico na Quintiles

O desenvolvimento de medicamentos leva anos, incluindo desde o trabalho pré-clínico, passando pelos ensaios clínicos, até a produção da droga. Assim, para uma empresa como a Quintiles, a maior organização de pesquisas clínicas do mundo, que fornece serviços de desenvolvimento de medicamentos para empresas farmacêuticas, o negócio é altamente planejável.[18]

"Somos capazes de adotar uma abordagem clássica para a estratégia porque o negócio é previsível," disse Tom Pike, chefe executivo da Quintiles. "Já conhecemos a conduta das empresas farmacêuticas com certo grau de certeza e vários anos de antecedência. Ocorrem algumas mudanças devido ao cancelamento de drogas ainda em fase de testes, mas esse é um risco administrável em cima do qual podemos planejar. E os relacionamentos com base na terceirização são bastante arraigados: os clientes não tendem a mudar muito, uma vez que ambas as partes investem pesadamente na construção de parcerias de longo prazo."

Para desenvolver o plano – um documento formal – Pike lidera um processo de planejamento anual. Desde que se tornou CEO da empresa em abril de 2012, ele tem incentivado uma abordagem mais sistemática e mais prospectiva, executando o processo de uma maneira que possibilite "manter um pé no hoje e outro no futuro." Pike reforçou as disciplinas clássicas de foco, eficiência, planejamento e responsabilidade em uma empresa que tem crescido com muita rapidez, garantindo uma base clara para seu sucesso contínuo. Ele explicou que o objetivo do plano é apoiar "um jogo de escala e portfólio, assim, somos favorecidos por meio do nosso tamanho e diversificação no que se refere às áreas terapêuticas, geográficas e aos clientes abrangidos. A Quintiles tem vantagem competitiva e recursos consideráveis, como nossa força de trabalho mundial, nossos processos e tecnologia, nosso conhecimento científico e terapêutico e nossa experiência quantitativa e analítica. Nós avaliamos de que modo podemos alavancar melhor esses recursos no sentido de atender às necessidades dos nossos clientes. O tamanho da empresa nos permitiu dimensionar os investimentos com mais rapidez que os concorrentes e, assim, a manter nossa liderança." O plano estratégico está focado em articular oportunidades adicionais, disse Pike:

"Nosso negócio principal vai bem, portanto, é apenas uma questão de torná-lo ainda melhor, sempre que possível."

Além de reforçar as fontes existentes de vantagem, Pike também incentiva os executivos da Quintiles a olharem para o futuro e pensarem como o desenvolvimento do setor irá afetar os clientes. Em um segmento onde a confluência da genômica, dos megadados, da medicina personalizada, do sistema de saúde baseado em valor e de outras tendências que estão impulsionando mudanças aceleradas, essa visão para o futuro pode, eventualmente, exigir uma abordagem mais adaptativa, ou de formação, além de uma crescente ênfase na informação, colaboração e inovação. Pike vê oportunidades onde as capacidades da empresa podem suportar as necessidades de mudança de um número maior de clientes. Ele reconhece: "Isso tem que ser feito ao mesmo tempo em que se mantém a força de uma organização responsável e focada." O CEO está começando a sobrepor essas novas considerações em cima da abordagem clássica.

O planejamento estratégico clássico é um processo em duas etapas: 1) análise – da atratividade do mercado, da base da concorrência e da competitividade da empresa – e 2) construção de um plano que preveja esses fatores, articule a posição alvo e mapeie os passos necessários para se alcançar o objetivo definido.

Soa bastante familiar? Deveria – em nossa pesquisa, descobrimos que quase 90% das empresas que pretendem empregar uma abordagem clássica utilizam previsões pormenorizadas, e que 80% as traduzem em planos de longo prazo. Mas esse é justamente o risco. A familiaridade pode gerar descaso, e os procedimentos da estratégia podem se tornar mecânicos, ritualizados ou excessivamente complexos, de tal modo que a perspectiva acaba sacrificada. Seguir o processo adequado ou aplicar as técnicas corretas pode facilmente se tornar um substituto reconfortante para a geração de *insights*. Para gerar planos poderosos e impacto real, o processo de planejamento estratégico clássico precisa utilizar suas ferramentas familiares para conseguir *insights* **novos, desconhecidos, incômodos** e **imprevistos** que lhe permitam ser mais esperto que os concorrentes.

A possibilidade de enfrentar desconforto, surpresa, e desvio do plano anterior é, portanto, um conjunto de características que perfaz um bom processo estratégico. Em outras palavras, como mostra nosso exemplo da Mars, procedimentos claros não substituem o pensamento claro.

Análise

Atratividade de mercado: Onde atuar

Considerando que o objetivo de uma estratégia clássica é identificar uma posição atraente em um determinado mercado, o primeiro passo rumo ao sucesso é identificar corretamente um mercado atraente. Isso determina onde sua empresa irá atuar, assim como aonde ela não irá – o que, aliás, é igualmente crucial. Como disse Michael Porter: "A estratégia requer que você decida onde competir – para escolher o que não fazer."[19] Essa observação pode parecer trivial ou até óbvia. No entanto, as empresas precisam identificar cuidadosamente seu mercado, dividi-lo em segmentos adequados e determinar a atratividade dos segmentos. A empresa deve evitar a tendência de se manter em mercados conhecidos e possivelmente não atraentes ou de negligenciar os desconhecidos, porém capazes de atrair atenção. A pior coisa que uma empresa pode fazer é buscar o crescimento de maneira indiscriminada por não fazer quaisquer escolhas – o crescimento **por si só** não é uma estratégia.

Para determinar onde atuar, você precisa seguir alguns passos essenciais. Em primeiro lugar, delineie seu mercado, examinando as fronteiras estabelecidas do mercado com um olhar cético. Uma análise completa do setor pode levar a *insights* surpreendentes que afetam imediatamente a direção estratégica da empresa. Por exemplo, a Deutsche Bahn, empresa ferroviária alemã, pode agora competir de um jeito mais eficaz com as companhias aéreas, uma vez que aprendeu a reconhecer corretamente seu mercado de viagens de média distância, que incluía não apenas os usuários de trens de alta velocidade, mas também os de voos de curta distância.[20]

Em seguida, identifique e compreenda os segmentos do setor. Muitas empresas padronizam segmentações com base em dados de fácil obtenção, categorias de produtos existentes, limites de unidades de negócios ou dados demográficos, mas uma boa análise vai além dessas alternativas convenientes e permite que se descubra os verdadeiros estimuladores de demanda e/ou as fronteiras competitivas naturais. Um bom exemplo é a multinacional Diageo, empresa de bebidas alcoólicas, que, ao invés de segmentar seus clientes por unidades de negócio ou dados demográficos, o faz conforme as ocasiões de uso, que variam desde as consideradas de "alta energia," em que o número de consumidores é elevado (festas, boates etc.), até ocasiões de "baixa energia" ou "uso individual." A segmentação resultante permite à Diageo posicionar suas marcas de maneira mais precisa e eficaz: ou seja, suas marcas especiais de uísque são, muitas vezes, direcionadas para o enfoque de ocasiões sociais de baixa energia ou uso individual, enquanto marcas de vodca, como a Smirnoff, abordam o nicho da alta energia, a última faixa do espectro.[21]

O último passo é estabelecer uma visão objetiva de quais segmentos são mais atraentes. Para obter uma imagem holística e voltada para o futuro, a análise deve combinar métricas como rentabilidade e crescimento com indicadores mais qualitativos, como barreiras à entrada, intensidade competitiva e o poder de negociação de fornecedores e clientes. Evite ser influenciado pelos dados que estejam à sua disposição apenas por acaso, ou até por informações confirmatórias coletadas em segmentos onde você já atua. Caso contrário, você correrá o risco de simplesmente perpetuar o *status quo*.

Posicionamento de ação na Huawei

A Huawei Technologies, uma das principais empresas de equipamentos de telecomunicações do mundo, com faturamento anual de aproximadamente 40 bilhões de dólares, tem crescido de maneira consistente por meio de uma sucessão de escolhas bastante deliberadas sobre onde fazer negócios.[22] Guo Ping, um dos co-CEOs rotativos da Huawei, nos disse que a estratégia da empresa é "absolutamente uma questão de posicionamento." No começo, a Huawei procurou ganhar uma posição dominante nos mercados rurais da China, onde enfrentava menos concorrência dos rivais de maior porte. Então, quando se tornou mais forte, ela se mudou para os centros urbanos do país, locais de rápido crescimento, mas, ao mesmo tempo, bem mais competitivos. Somente quando a empresa estava suficientemente forte veio a decisão de expandi-la no exterior – primeiro nos mercados emergentes como o Brasil, a Rússia e a Tailândia e, em seguida, nos países do primeiro mundo como o Reino Unido, a França e o Canadá.[23] Guo Ping explicou: "Nós dependemos de escala, portanto, antes de nos aventurarmos em mercados mais desenvolvidos, fortalecemos a empresa em mercados grandes e de baixa intensidade competitiva." Usando a

42 Sua Estratégia Precisa de uma Estratégia

mesma lógica, a Huawei originalmente se concentrou em equipamentos de telecomunicação - atendendo a grandes empresas do nicho, como a Vodafone, a British Telecom, a T-Mobile, e a Bell Canada.[24]

Só recentemente a Huawei diversificou na área de bens de consumo, fornecendo aparelhos para mercados carentes onde ela pode atingir uma posição dominante - não só na China, mas também em vários países da África.[25]

Base da Competição: Como atuar

Em qualquer mercado clássico, a vantagem advém de uma dessas três fontes: tamanho, diferenciação ou superioridade em termos de capacidade. Mesmo que um mercado possa ser atraente para um determinado grupo, isso necessariamente significa que ele será atraente para o seu? A atratividade de um mercado depende do ajuste entre a base da competição nesse mercado e a competitividade da sua empresa nessa dimensão. Consequentemente, é preciso determinar a base da competição.

Para entender essa base, observe a relação entre a participação de mercado e a rentabilidade de todas as empresas desse nicho de mercado. Essa correlação ajuda a entender a melhor maneira de atuar. Se existe uma forte correlação positiva entre a participação de mercado e a lucratividade, então o mercado é provavelmente orientado pelo volume ou pela escala. Se não existe, o mercado pode ser alcançado por meio da diferenciação em áreas especializadas ou através da escala local em mercados restritos e fragmentados geograficamente. No pior dos casos, o mercado sofre com a estagnação, comoditização e elevados custos de saída. E, se essa for a realidade vigente, ele não é atraente para ninguém (Figura 2-2).

Mercados volumosos, fragmentados e especializados podem ser rentáveis e, ao mesmo tempo, parecerem pouco atraentes. Porém, cada um deles requer diferentes abordagens para que a empresa se torne vencedora. É preciso, portanto, compreender como a rentabilidade é gerada a fim de decidir se esse é um jogo no qual você – ou alguém – consiga obter sucesso.

Posição competitiva: Como ganhar

Na etapa final da análise, a empresa determina seu potencial de vantagem sobre o concorrente. Em outras palavras, você decide como sua empresa irá competir, se por escala, diferenciação ou capacidade.

Enfatize a escala se você já estiver atualmente entre os maiores em seu mercado. Se esse não for o caso, ou seja, caso não esteja entre os três primeiros em seu setor, vencer pode se tornar uma tarefa difícil, mesmo com investimentos significativos para comprar participação de mercado. Às vezes os desafortunados vencem, caso a concorrência esteja distraída, mas Bruce Henderson defendia a ideia de liquidar os "animais de estimação," ou seja, as empresas com pouca participação em mercados de baixo crescimento. Ele demonstrou que setores estáveis e competitivos tendem a convergir para um estado final em que apenas três participantes generalistas conseguem ser produtivos.[26] Jack Welch, da GE, fixou um patamar ainda mais elevado, insistindo que a GE tinha de ser a número um ou dois nos setores em que atuava.[27]

Para manter uma vantagem competitiva baseada no tamanho, a empresa precisa defender ferozmente sua participação de mercado. Esforçar-se para manter tamanho apenas por causa do tamanho é uma abordagem questionável, visto que a vantagem sustentável de escala não é inevitável. Os líderes em tamanho nem sempre são os líderes em custos, se não conseguem extrair de maneira proativa os potenciais benefícios de escala ao dificultarem a eficiência operacional. Henderson disse certa vez: "Essas reduções inferidas ou observadas nos custos à medida que o volume aumenta não são necessariamente automáticas. De modo crucial, elas dependem de uma gestão competente que busque maneiras de forçar os custos para baixo enquanto o volume se expande. Nesse caso, o potencial da relação é normal, sem que prevaleça a certeza."[28]

Na ausência de escala, a diferenciação em algum aspecto pode ser uma alternativa atraente, em especial quando o segmento de nicho escolhido é muito amplo e a empresa pode tornar seus produtos distintos o suficiente para evitar a concorrência dos principais participantes que são líderes em custos. A diferenciação bem-sucedida exige oferecer aos clientes de um segmento de nicho um produto que seja suficientemente valioso e distintivo.

44 Sua Estratégia Precisa de uma Estratégia

Aqui a palavra "distintivo" não significa que o produto original apresente vantagens intrínsecas, uma vez que recursos extras indesejados podem inclusive aumentar a complexidade no manuseio e também os custos. O objetivo neste caso é única e valiosamente abordar uma "preferência específica" dos consumidores. As empresas que participam de nichos precisam se sobressair ao descobrirem, distinguirem, e responderem a essas necessidades latentes, específicas do segmento, e de maneiras defensíveis. Considere, por exemplo, empresas de roupas para atividades ao ar livre. Pelo fato de fabricarem roupas com funções especializadas para entusiastas desse estilo de vida, essas empresas conseguem competir de maneira efetiva em um setor altamente competitivo – o da moda e do vestuário.

Finalmente, as empresas podem, às vezes, vencer, mesmo que estejam em desvantagem de escala em categorias difíceis de diferenciar, concentrando-se na criação e no posicionamento de recursos superiores que sejam valiosos para os clientes em vários mercados.

Esses recursos precisam ser difíceis de replicar (inimitáveis, não substituíveis), significativamente diferenciados (raros) e relevantes para os clientes (valiosos). Um bom exemplo de uma abordagem baseada em recursos é a Procter & Gamble, sob o comando de A. G. Lafley. Ao investir seus principais recursos no *marketing* e na gestão da cadeia de suprimentos com o intuito de posicionar-se de maneira robusta em novas categorias (por exemplo, purificadores de ar e aparelhos de barbear), a empresa alcançou anos de elevado crescimento e retornos elevados em todas as unidades.[29]

Posicionamento vencedor na Mahindra

A Mahindra, uma diversificada empresa multinacional indiana de 16,7 bilhões de dólares que opera em dezoito setores, persegue a vantagem competitiva por meio de uma abordagem clássica rigorosa que se concentra em escala e posicionamento.[30] Em alguns casos, como em seu negócio de tratores, a Mahindra é a líder mundial absoluta e, em conformidade com essa posição, colhe vantagem de escala. Contudo, em outras unidades de negócio a empresa ganha por meio da especialização e do posicionamento de nicho. Anand Mahindra, o presidente da Mahindra, explicou:

"Não temos uma visão monolítica de como atuar. Gostamos de ser líderes em nossos segmentos, mas a pergunta é: 'Como você define o seu segmento?'"

Por exemplo, em seu negócio de automóveis (e em muitas de suas outras unidades), a Mahindra adota uma estratégia de nicho, liderando em um segmento bem definido de mercado. Mahindra nos disse: "Somos o segundo maior fabricante de automóveis da Índia, mas mundialmente, somos peixe pequeno. Assim, em termos globais optamos por participar apenas do segmento de utilitários esportivos, onde nos diferenciamos, e também em criar escala, alavancando operações secundárias em todos os negócios relacionados a mobilidade." O mesmo se aplica ao nicho de TI da empresa: "A escala absoluta não faz parte do nosso jogo: queremos encontrar entre três e quatro nichos verticais onde sejamos o concorrente dominante, como o segmento de telecomunicações, por exemplo, e vencer."

Planejamento

Planejamento e desafio na Mahindra

A nova abordagem para o planejamento baseada em desafios de estágios múltiplos da Mahindra permite à empresa criar planos e orçamentos detalhados e robustos, que sustentam a implementação da estratégia para cada uma das unidades de negócio. Todas as dezoito unidades, desde o bem estabelecido negócio de tratores até o mais recente segmento de logística, participam no ciclo de planejamento anual da Mahindra. Primeiro, em outubro, cada setor enfrenta sua própria "reunião estratégica de guerra." A seguir a liderança do setor apresenta uma proposta e o grupo de estratégias da Mahindra, que opera como uma espécie de consultoria interna, desempenha o papel de objetor - ou "advogado do diabo" -, em que utiliza um modelo contendo onze perguntas desafiadoras. Mais tarde, na reunião denominada *Blue Chip*, no final do mês, a Mahindra conduz seus quinhentos gestores de alto escalão em uma exploração das próximas tendências, temas e também dos próximos desafios - um exercício que estimula e reforça o processo de definição da estratégia. Na sequência, mais

46 Sua Estratégia Precisa de uma Estratégia

especificamente no mês de fevereiro do ano seguinte, cada unidade passa pelas "reuniões estratégicas de orçamento," nas quais a liderança central da companhia trabalha diretamente com a gerência de cada unidade no intuito de definir métricas e metas e, assim, desenvolver uma metodologia de medição e gestão de desempenho, conhecida como *Balanced Score Cards* (BSC). Anand Mahindra dá ênfase à clareza e à responsabilidade: "Esses planos são incrivelmente esmiuçados, de modo que até mesmo os funcionários da fábrica consigam perceber sua importância no plano de negócios anual global." Finalmente, nas "salas de guerra de operação" ao longo do ano, a liderança verifica como a unidade de negócio está precedendo junto ao orçamento e o plano.

É importante ressaltar que a empresa reconhece e utiliza diversas abordagens para diferentes negócios. De maneira mais específica, a Mahindra altera sua receita de planejamento conforme a fase do ciclo de vida do negócio. Para aqueles mais maduros e previsíveis, os planos podem ser relativamente fixos, entretanto, em segmentos mais recentes, a ênfase é aplicada com mais frequência no refinamento dos planos, de acordo com o conhecimento acumulado. Enquanto isso, outros negócios ainda mais novos são geridos de maneira mais autônoma, através de um modelo de iniciativas internas (*internal venture model*). Exploraremos em mais detalhes essas várias abordagens para o desenvolvimento de estratégias nos próximos capítulos, que discorrem a respeito de estratégia adaptativa e ambidestria.

Ao alavancar seu mercado e sua análise competitiva, as empresas podem definir a direção estratégica e os objetivos, já prevendo de que maneira as condições irão evoluir, determinando assim suas aspirações e gerando um plano de ação detalhado que permita atingir seus objetivos. Em seguida, as companhias podem verticalizar esse plano, aplicando as técnicas de gestão operacionais necessárias para colocá-lo em prática. Pelo fato de a maioria dos gerentes estar provavelmente bem familiarizada com o modelo clássico de planejamento de negócios – ou pelo menos achar que está –nosso enfoque será no que é capaz de tornar esses exercícios corriqueiros de planejamento mais eficazes – ou menos eficazes.

Defina a direção estratégica

Os processos de planejamento demonstram uma tendência bastante comum de se tornarem complexos, ritualizados e ineficazes. A maneira correta de analisar as etapas de um projeto, ou seja, de planejar, não deve ser apenas um prelúdio para a elaboração de um orçamento anual, que reafirme e ajuste progressivamente o mesmo plano do ano anterior. Pelo contrário, ele precisa estar centrado nas condições atuais, ser adaptado às especificidades do negócio e se mostrar flexível às novas circunstâncias de mercado.

As empresas clássicas bem-sucedidas não permitem que o desempenho de curto prazo ocupe o palco central do seu planejamento. Processos frágeis fazem com que gerentes se concentrem – e se comprometam – com metas de curto prazo, enquanto ignoram uma visão coerente e de longo prazo dos rumos que a companhia está tomando. Em contrapartida, a partir de um bom plano de longo prazo, metas e compromissos de curto prazo fluem de forma natural.

Como vimos no exemplo da Mahindra, o desafio é parte fundamental de um bom processo de planejamento estratégico e assegura que perspectivas novas e divergentes venham à tona e sejam incorporadas. A manutenção constante do debate e de uma cultura que valorize o desafio são, portanto, elementos essenciais de sucesso. Modelos rígidos e procedimentos de rotina não podem substituir essas oportunidades de desafio contínuo, tampouco a complexidade dos processos deve sobrepujar ou diluir tais conjunturas positivas.

O processo de planejamento não deve usar como padrão um ciclo anual fixo nem um horizonte de planejamento de três ou cinco anos à frente. Ele precisa refletir o ambiente específico da empresa e a rapidez com a qual ele se transforma. Considere como a gigante petroquímica Shell aborda o planejamento. A companhia emprega uma equipe de especialistas em previsões que cujos planos antecipam até oitenta anos no futuro. Ollila Jorman, presidente da empresa, explica: "Nós, naturalmente, prestamos muita atenção nas condições econômicas de curto prazo, mas adotamos uma visão estratégica de longo prazo no desenvolvimento da empresa"[31] No entanto, até mesmo a Shell atualiza seus planos de maneira imediata caso as circunstâncias físicas se alterem

48 Sua Estratégia Precisa de uma Estratégia

bruscamente, como aconteceu em 2013, depois de aprender com as dificuldades vivenciadas no ártico e também com a exploração de gás de xisto. Como apresentado em seu próprio relatório de sustentabilidade de 2012: "Estamos incorporando as lições aprendidas com esses eventos em nossos planos para o futuro."[32]

O principal valor de um plano é que ele cria um caminho previsível em direção à vantagem competitiva. Mas, como nos mostra o exemplo da Mylan a seguir, paradoxalmente, um plano pode também servir como uma boa base para o gerenciamento de incertezas moderadas, e de dois modos fundamentais. Em primeiro lugar, ao reconhecer e possibilitar a estruturação do que pode ser planejado, ele cria a latitude para que seja possível para a empresa se concentrar em elementos menos previsíveis ou mais dinâmicos do negócio. Em segundo, permitir que as pessoas raciocinem mais profundamente sobre as hipóteses viáveis em um plano estratégico, o que ajuda a preparar a gestão para que esta consiga responder de maneira mais eficaz diante de ocorrências inesperadas. Tais **estratégias emergentes** podem até contradizer um plano, mesmo que inspiradas nas considerações que fazem parte da sua criação.

Planejamento com disciplina, na Mylan

A Mylan, uma companhia farmacêutica baseada nos EUA, é um bom exemplo de empresa que planeja com rigor, sem, entretanto, se valer de rigidez.[33] Em 2007, a companhia alcançou um faturamento anual de 1,6 bilhão de dólares, operando predominantemente nos Estados Unidos. Hoje ela é uma das maiores fornecedoras de medicamentos genéricos e especializados do mundo, com receitas anuais de 6,9 bilhões de dólares. A Mylan procura investir em tendências crescentes orientadas de forma demográfica, que sejam previsíveis e relativamente graduais no setor da saúde, bem como em mudanças no modo como a saúde é disponibilizada. Heather Bresch, CEO da Mylan, explicou: "Apesar da volatilidade inerente ao nosso setor, ainda é viável e importante criarmos planos estratégicos de alta qualidade. Isso não só nos permite planejar, mas também a nos prepararmos para responder diante de uma variedade de cenários."

Fundamental para o sucesso da Mylan é um processo de planejamento estratégico disciplinado, construído em cima de uma profunda análise de mercado, e projetado para maximizar as oportunidades já conhecidas e, simultaneamente, assinalar as novas, evitando assim que se caia na rotina – fazer as coisas da mesma maneira, apenas porque é assim que sempre foram feitas. "Nós trazemos disciplina para o processo, permitindo que nossos vários acionistas e seus principais parceiros participem do debate apresentando análises e recomendações detalhadas," afirmou Bresch. "No entanto, nós encorajamos um diálogo ativo e a troca de ideias entre todos na nossa equipe, a fim de desafiar o *status quo* e a maneira convencional de se fazer as coisas. [Esse processo de planejamento] resulta em uma maior clareza do porque fazemos o que fazemos, e realmente define o papel individual de cada um dentro do plano, assim como sua responsabilidade e participação no que se refere aos resultados específicos."

A Mylan desenvolve planos estratégicos para cinco anos e planos orçamentários para um ano, focados em proteger e fazer crescer seu negócio principal. A empresa, entretanto, investiga e coloca em prática determinantes de crescimento futuro, além de preparar iniciativas transformadoras necessárias para a sustentabilidade em longo prazo.

Bresch acredita que aderir a um plano disciplinado traz inúmeros benefícios para a empresa. Todavia, somente se o processo utilizado for suficientemente flexível para permitir que a empresa pense de maneira mais expansiva onde e quando precisar. "A disciplina nos dá estabilidade, o que, por sua vez, nos garante flexibilidade," disse ela.

Direção da Gestão e Objetivos em Planos de Ação

Por si só, possuir um destino claro é algo insuficiente – um plano também deve incluir um mapa de **como** chegar lá. Ele serve para tornar a estratégia executável, mediante a criação de marcos e métricas que detalhem as metas que a empresa necessita alcançar **e** as ações necessárias para que tais metas sejam atingidas.

Bons planos operacionais também vinculam as iniciativas estratégicas diretamente com a direção geral da empresa. Eles garantem que recursos preciosos sejam atribuídos apenas a projetos financeiramente viáveis e atraentes e que estejam em sincronia com os rumos da empresa.

Muitas vezes o portfólio de iniciativas está apenas vagamente associado ao plano estratégico. Em outras palavras, um bom plano é um mapa da rota mais direta possível até a vitória, além de um meio de se alinhar os esforços de todos os colaboradores na direção desse objetivo, estabelecendo muitos postos de verificação ao longo do caminho.

SIMULAÇÃO ESTRATÉGICA EM UM AMBIENTE ESTÁVEL

Em um ambiente estável, os gerentes podem simplesmente analisar de antemão qual a melhor opção estratégica e planejar seu caminho para colocá-la em prática. Com frequência, isso envolve um breve período de análise ou investigação de todas as opções conhecidas, seguido por um prazo mais longo que visa a otimização e exploração dessas alternativas.

FIGURA 2-3

Estratégias clássicas tem um bom desempenho em ambientes estáveis (simulação)

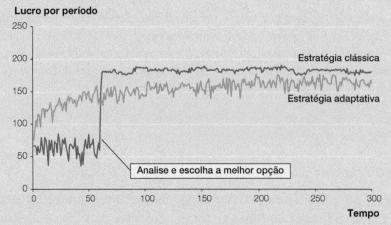

Fonte: Simulação Multi-Armed Bandit (*MAB*) do Instituto de Estratégia do BCG.
Nota: Resultados obtidos em cima de trinta simulações em ambiente não competitivo, com trinta opções de investimento.

> ## SIMULAÇÃO ESTRATÉGICA EM UM AMBIENTE ESTÁVEL
>
> Nossa simulação de uma variedade de abordagens para a estratégia em um ambiente estável confirma a eficácia dessa abordagem. Você investiga, ou analisa, suas opções por um certo tempo até ter certeza de ter encontrado a melhor opção. A duração exata do período inicial de investigação depende principalmente do número de alternativas e do grau de diferenciação entre elas.
>
> Uma vez que encontre a opção correta, você deverá explorá-la apenas no que concerne o futuro próximo. Uma investigação mais prolongada seria um desperdício, uma vez que a opção estratégica ideal não se altera significativamente em um ambiente estável (Figura 2-3). O equivalente dessa abordagem para a barraca de limonada seria analisar que local atrairia mais clientes, erguer sua barraca ali e permanecer naquele lugar, otimizando as operações e obtendo vantagens de escala nessa posição.

A abordagem clássica na prática: Implementação

Cada abordagem a uma estratégia específica reflete uma importante e distintiva relação entre a própria criação da estratégia e sua execução – ou, entre o pensamento e a ação –, e, portanto, um conjunto bem diferente de requisitos para a execução bem-sucedida. Embora esses requisitos possam parecer claros e familiares para a abordagem clássica, vale a pena explorá-los explicitamente uma vez que: (1) muitos CEOs que entrevistamos nos disseram que acertar na execução é, pelo menos, tão difícil quanto na escolha da própria estratégia; e (2) é crucial fazer escolhas deliberadas sobre a abordagem a ser adotada. Veremos que essas escolhas variam consideravelmente. Ou seja, a implementação não consiste de um método universal; ela varia de acordo com a abordagem à estratégia. Por conseguinte, nossa concepção de "estratégia" precisa ser ampliada de modo a abranger tanto o pensamento quanto a ação, assim como a cultura, a organização, a liderança e todos os outros elementos organizacionais que permitam pensamento e ação.

Para que uma estratégia funcione, ela precisa permear-se para além do comitê de gestão e inspirar uma ação coordenada em toda a organização. Essa difusão é particularmente necessária para a estratégia clássica, uma vez que, embora o plano – geralmente concebido nos altos níveis – seja importante, a vantagem e

52 Sua Estratégia Precisa de uma Estratégia

o valor são obtidos por meio de sua execução pelos níveis hierárquicos inferiores da organização. Por isso, tudo na organização, desde a gestão da informação à cultura, deve ser centrado no apoio à tradução do plano estabelecido.

Informação

A informação desempenha um papel crítico e especial na estratégia clássica: ela influencia o processo de análise e planejamento e permite que as empresas acompanhem a execução. Informações competitivas e de mercado, análises e acompanhamento do desempenho de alto nível podem fazer toda a diferença na luta pela vantagem competitiva. Ao gerenciar melhor as informações, a empresa clássica consegue: 1) criar um plano melhor que o de seus concorrentes, 2) reagir mais rapidamente às mudanças na dinâmica competitiva e 3) atuar de maneira mais eficiente.

Empresas clássicas de sucesso investem na busca de novas fontes de informação, ou avaliam a informação existente de novas maneiras, sempre com o intuito de obterem novos conhecimentos e conduzirem adequadamente seus planos. Para compreender a fundo a evolução das necessidades dos clientes, a demografia e os padrões de compra, a multinacional de bebidas alcoólicas Diageo executa a todo momento vários estudos de mercado. Neste sentido, ela investe pesadamente em recursos analíticos, como, por exemplo, seu Centro de Colaboração com o Cliente, uma instalação de ponta que permite reunir *insights* de consumidores, compradores, varejistas e distribuidores em uma perspectiva integrada.[34]

As empresas clássicas também podem tirar partido de um melhor controle de desempenho. Como disse certa vez Peter Drucker, o guru da administração: "O que é medido, se aprimora."[35] A medição efetiva do desempenho une o plano estratégico de alto nível às iniciativas e ações individuais por meio de indicadores-chave de desempenho adequados que, a cada nível, alcançam objetivos maiores. A transparência no acompanhamento mantém a responsabilidade nas mãos dos colaboradores, fornece sinais de alerta precoces de eventuais desvios de rumo e destaca quando e onde intervenções se fazem necessárias ou pressuposições precisam ser reavaliadas.

Entretanto, muitas empresas depositam confiança excessiva em complexos relatórios já conhecidos, em vez de se concentrarem na detecção de anormalidades capazes de prever tanto o emprego de esforços contrários ao plano, como fornecerem uma atualização na direção estratégica.

A P&G, que atua principalmente na categoria previsível e estável dos produtos domésticos – como sabão em pó e creme dental – nos serve como bom exemplo de como uma empresa consegue obter vantagem através de um melhor acompanhamento do desempenho. No final dos anos 1980 e início dos anos 1990, a empresa implementou um novo sistema de controle de inventário que monitorava os estoques em toda a sua cadeia de valores. Com essa informação mais aprimorada, a P&G foi capaz reduzir os estoques reguladores e também erros de faturamento, além de identificar e corrigir de maneira proativa possíveis ineficiências na cadeia de fornecimento. Ainda mais importante para o faturamento, a P&G reduziu a falta de produtos no varejo por meio de uma análise mais holística dos padrões de vendas e ajustando suas entregas em consonância com as atividades promocionais, os padrões sazonais e as mudanças nas preferências dos clientes. A melhoria da gestão da informação ajudou a P&G a alcançar aumentos de participação de mercado de até 4% nas categorias em que atua.[36]

Inovação

Em uma estratégia clássica, progressiva e cumulativa, a inovação é, tipicamente, ocasional. Ela ajuda as empresas a alcançarem gradualmente as vantagens **potenciais** de escala, diferenciação e recursos em que seus planos se baseiam. A inovação clássica difere tanto da desordenada (inovação disruptiva), da abordagem visionária, como daquela de experimentação contínua, típica da abordagem adaptativa. Como a inovação nas empresas clássicas permite o aprimoramento de uma fonte de vantagem conhecida e imutável, o progresso tende a ser linear e progressivo, o que permite uma gestão precisa e uma situação final bem definida. Como tal, o processo de inovação em si pode ser disciplinado e enxuto.

Uma empresa clássica tem de gerenciar seu processo de inovação com o mesmo rigor que aplica ao controle de seus custos operacionais. O retorno esperado sobre o investimento deve orientar suas decisões. Empresas clássicas muitas vezes investem demais em negócios lucrativos de baixo crescimento, disponibilizando pouco capital – e pouca atenção – a negócios ou iniciativas mais promissoras, porém, menos familiares, que ainda estejam em desenvolvimento, onde a inovação pode ser uma exigência. Algumas das ferramentas clássicas mais conhecidas, como a matriz BCG, são projetadas justamente para lidar com o desafio de alocar recursos em um portfólio de oportunidades em transformação, que varie em potencial e estágio de evolução.

Organização

Visto que a estratégia clássica se baseia em uma fonte de vantagem relativamente estática, a organização precisa se voltar repetidamente para a excelência no que faz. Portanto, os princípios de planejamento para as organizações clássicas são a especialização, a delegação (subdivisão de tarefas) e a padronização, visando sustentar uma intensa criação de recursos. Procedimentos operacionais padronizados, um alto nível de supervisão vertical, do topo para a base, variação mínima de processos e atenção aos detalhes, são todos atributos importantes de uma organização clássica. Isso pode parecer óbvio para todas as companhias de grande porte, contudo, veremos que os requisitos para uma abordagem adaptativa ou de formação, que devem facilitar a experimentação contínua para o alcance de objetivos indefinidos ou em mutação, são de fato completamente diferentes. O que podemos considerar como aspectos universais da boa organização dependem da abordagem à estratégia que adotarmos.

Organizações clássicas muitas vezes apresentam um grau elevado de especialização, então, os funcionários podem acumular experiência ao longo do tempo. Desse modo, a empresa se beneficia com base no potencial da curva de experiência em cada uma das áreas do negócio. O treinamento e o desenvolvimento de habilidades tendem a se concentrar no aprimoramento e no fortalecimento de competências em áreas específicas e limitadas, para que os funcionários possam executar melhor seus trabalhos atuais.

Para empresas clássicas, o verdadeiro problema está nos detalhes, uma vez que negligenciar oportunidades com o objetivo de baixar custos pode constituir uma desvantagem competitiva em longo prazo. Organizações clássicas, portanto, enfatizam a disciplina e a estrutura para garantir que a execução seja impecável e eficiente. Como resultado, elas muitas vezes são relativamente hierárquicas no que diz respeito a procedimentos operacionais claros. Elas promovem a padronização e minimizam a variação de procedimentos a fim de reduzir custos, muitas vezes apoiadas por exercícios frequentes de *benchmarking* internos e externos.

Uma organização clássica mal orientada pode sofrer os efeitos colaterais dessas mesmas escolhas de planejamento – conservadorismo, facciosismo, má comunicação horizontal, falta de colaboração, rigidez e alta complexidade geral. Nenhuma organização – seja ela clássica ou não – pode funcionar de maneira eficaz se esses efeitos colaterais forem demasiadamente pronunciados. Assim, os líderes empresariais precisam acompanhar de perto e lidar com esses potenciais efeitos secundários negativos.

Organização na *Quintiles*

A Quintiles exemplifica o imperativo organizacional clássico de excelência em uma tarefa bem conhecida. Como explicado pelo CEO, Tom Pike, trata-se de uma empresa bastante orientada para a ação, focada na ideia de "fazer" e, continuamente, imbuída na tarefa de refinar e reaplicar nos programas oferecidos aos clientes o conhecimento e os *insights* do seu pessoal e de seus processos.

A Quintiles exige excelência funcional de seus 29 mil funcionários em mais de cem países em todo o mundo.[37] A empresa fornece treinamento extensivo e permite que os trabalhadores se especializem, uma vez que, em última análise, o destino da própria companhia depende da capacidade deles em suprir as necessidades da empresa por meio de um "desempenho consistente, com perfeição e eficiência." Pike explicou que a companhia contrata com base na experiência: "Precisamos de pessoas capazes de executar processos industrias; de indivíduos que possam gerenciar dados e análises avançadas; necessitamos de peritos nas áreas científica e terapêutica."

Para evitar a rigidez - algo que com frequência se torna uma desvantagem nas organizações clássicas -, às vezes, a Quintiles empreende "a fórmula de gestão" ao estilo Jack Welch, com intensas reuniões para a confrontação de problemas, nas quais questões urgentes são levantadas para que possam ser debatidas e solucionadas.[38] "É preocupante imaginar que os gerentes de Jack gastem 25 dias por ano em reuniões cujo objetivo seja apenas eliminar a burocracia," comentou Pike.

Cultura

Como uma empresa clássica precisa apoiar a busca da excelência em relação a uma vantagem estática, sua cultura precisa ser disciplinada, focada, analiticamente inteligente, orientada para o alcance de seu objetivo e voltada para a prestação de contas. Uma cultura clássica reflete a mentalidade **daqueles que fazem**: que recompensa a busca enérgica e sistemática e a realização de metas conhecidas, refletindo o forte senso compartilhado de um propósito único.

As culturas clássicas são analíticas e orientadas ao objetivo; elas respeitam e mantêm o plano. Por exemplo, a Mars é internamente transparente, e de maneira original. Em sua sede a companhia expõe grandes telas planas onde são apresentadas suas finanças atuais: vendas, lucro, fluxo de caixa e eficiência produtiva. A divulgação de dados é planejada para motivar os funcionários, cujos bônus se baseiam, em parte, no desempenho de suas respectivas divisões. E essa motivação parece estar funcionando – a rotatividade da força de trabalho na Mars gira em torno de 5%.[39]

As empresas clássicas são às vezes retratadas como impessoais e burocráticas. Aquelas como a Mars, entretanto, conseguem alcançar uma cultura que incentiva as pessoas a trabalharem em conjunto no sentido de alcançar um objetivo definido, e, tudo isso, de modo proposital, colaborativo e gratificante. Não existem alvos em movimento: o foco é bem claro, assim, os funcionários podem se concentrar em fazer o seu trabalho. As culturas clássicas muitas vezes reconhecem e valorizam pequenos incrementos ou mínimas contribuições especializadas para a melhoria do desempenho, com o intuito de atingir objetivos maiores. Por essa razão, uma cultura clássica bem articulada cria um ambiente de trabalho que oferece muitas oportunidades de realização pessoal e permite que os funcionários sintam um senso de contribuição e participação nos objetivos da empresa.

A cultura na Pfizer

Ian Read, presidente executivo de uma das principais e mais inovadoras empresas farmacêuticas do mundo, a Pfizer, disse que a cultura corporativa é seu principal diferencial.[40] Em um empreendimento clássico, várias empresas semelhantes estão competindo umas com as outras. "A escala é estimulante," disse Read, apontando para um dos elementos-chave da abordagem clássica, "porém, a arma competitiva crucial não é a escala - é a cultura." Segundo ele: "Todos os nossos concorrentes têm bons colaboradores; todos os nossos concorrentes têm acesso a capital. A única maneira de se diferenciar é [possuir] uma cultura melhor, para que as pessoas venham e deem o melhor de si."

A Pfizer promove uma visão de desempenho holística e aplicável a todos os setores da empresa (*versus* individual) que pode, por exemplo, tornar mais fácil para os funcionários da área de Pesquisa e Desenvolvimento (P&D) aposentar projetos nos quais já investiram enorme tempo e energia, mas que não são promissores o suficiente para justificar novos investimentos. A cultura se baseia em disciplina, responsabilidade, clareza e foco e, de acordo com Read, contribui de maneira significativa para o recente desempenho da empresa. O valor de mercado da Pfizer praticamente dobrou entre 2010 e o início de 2014.[41]

Liderança

O **foco** – a exploração de um caminho e de um objetivo imutável e bem definido – permeia a organização e a cultura de uma empresa clássica. E, de modo não surpreendente, em uma companhia clássica, esse foco vem diretamente de cima, ou seja, do topo. Os líderes precisam definir metas de alto nível, esclarecer onde e como vencer, supervisionar o desenvolvimento de um plano granular e incentivar sua realização com foco contínuo. Ao mesmo tempo, esses líderes precisam ser capazes de dar um passo atrás e se certificarem de que esse foco contínuo na execução e na eficiência não resulte em incapacidade gerada por excesso de protocolos.

O CEO desempenha um papel fundamental no sentido de evitar a ritualização dos processos intrínsecos à estratégia. Líderes clássicos devem tomar a iniciativa de estimular suas empresas a pensarem de maneira diferente a respeito de seu mercado para que obtenham novos *insights*. Eles têm tanto a latitude quanto a perspectiva para questionarem antigas hipóteses, definições de mercado já existentes e/ou uma dependência excessiva em informações facilmente disponíveis.

Durante o ciclo de planejamento, você, na qualidade de líder, deve entender a visão global da estratégia. Em vez de se afundar em deliberações financeiras de curto prazo, garanta que seus gerentes criem e se comprometam com um plano coerente de longo prazo. Muitas vezes, isso exige que você leve sua organização a fazer escolhas difíceis, uma vez que a melhor decisão a longo prazo pode parecer destoar do desempenho de curto prazo.

Uma vez definido o plano, os líderes clássicos voltam seu foco aos detalhes e à execução. Eles precisam então garantir adesão – e reverência – ao plano, a não ser que surjam novas informações e o mesmo necessite de uma atualização.

Por fim, os líderes precisam estar atentos para não permitirem que o próprio foco se transforme num obstáculo para a mudança necessária. Uma organização focada em métodos e em um objetivo fixo pode deixar de detectar ou até mesmo de reagir a mudanças externas; seus silos funcionais podem incentivar uma perspectiva local em vez de uma que represente a empresa como um todo, obstruindo assim a mudança. Os líderes podem evitar essa disfunção mantendo uma perspectiva externa e assegurando que a organização seja capaz de se flexibilizar e transformar quando necessário.

Liderança na Walmart: Sam Walton

Sam Walton, fundador da Walmart, vivenciou dois aspectos da liderança, incentivando tanto o foco quanto a abertura à mudança: ele estava disposto a desafiar sua própria visão e a dos outros com relação ao varejo e foi presenteado com um olhar meticuloso para os detalhes. Ele era tão meticuloso que certa vez foi atirado para fora de um supermercado em São Paulo, onde a polícia local o encontrou literalmente de quatro, rastejando e medindo a largura do corredor de um mercado concorrente.[42] Um CEO de joelhos no corredor 3? Esse tipo de disposição maníaca para desafiar todos os aspectos do seu próprio modelo de negócio, enquanto perseguia um jogo implacável de escala, permitiu à Walmart realizar uma série de inovações que têm protegido e ampliado o posicionamento da varejista em comparação à concorrência.

Dicas e armadilhas

Como vimos, os elementos essenciais de uma estratégia clássica de sucesso são: 1) definir uma posição de vantagem competitiva de maneira analítica; 2) desenvolver um plano para alcançá-la; e 3) criar uma organização que apoie a execução rigorosa do plano. Naturalmente, a implementação desses três elementos não é um assunto trivial.

Nossa pesquisa mostra que, de modo compreensível, quando os líderes percebem um ambiente previsível e não maleável eles se mostram mais propensos a recorrer à uma abordagem estratégia clássica. No entanto, em muitos casos a maleabilidade dos ambientes clássicos é superestimada e, consequentemente, esses líderes deflagram uma abordagem visionária. As práticas clássicas de planejamento estratégico enfatizam os fins (objetivos) em vez dos meios (processos, recursos). Contudo, priorizar a precisão em cima da velocidade parece algo tão difundido e arraigado que essa prática é implantada quase que de forma independente em relação ao ambiente de negócios real ou percebido. Observamos também que, às vezes, os líderes pesquisados tendem a declarar um estilo adaptativo em ambientes clássicos, mesmo que isso possa não estar refletido nas práticas reais da organização. Essa tendência em declarar de maneira inadequada uma abordagem adaptativa é provavelmente influenciada pela atual popularidade das ideias adaptativas na literatura de gestão. É óbvio que mesmo para a abordagem clássica – a estratégia mais conhecida – há muitas oportunidades para que ocorra uma percepção equivocada e, por conseguinte, um erro de aplicação.

SUAS AÇÕES SÃO COMPATÍVEIS COM UMA ABORDAGEM CLÁSSICA?

Você já está empregando uma abordagem clássica se as seguintes ações estiverem em andamento:

✓ Você é ponderado e meticuloso sobre em que a sua empresa atua.

✓ Você analisa a atratividade dos mercados e dos segmentos.

✓ Você analisa a base da concorrência.

60 Sua Estratégia Precisa de uma Estratégia

SUAS AÇÕES SÃO COMPATÍVEIS COM UMA ABORDAGEM CLÁSSICA?

✓ Você analisa a competitividade de sua empresa.

✓ Você determina o posicionamento ideal de sua empresa com base em escala, diferenciação e/ou recursos.

✓ Você prevê a evolução do mercado.

✓ Você define metas precisas de curto e longo prazos.

✓ Você desenvolve planos estáveis de longo prazo.

✓ Você estabelece marcos detalhados e métricas de desempenho.

✓ Você executa com grande disciplina.

A Tabela 2-1 contém algumas dicas práticas que devem ser consideradas, além de algumas armadilhas comuns que você precisará evitar quando estiver tentando implantar a abordagem clássica.

TABELA 2-1

Dicas e armadilhas: principais colaboradores para o sucesso e o fracasso de uma abordagem clássica

Dicas	Armadilhas
• **Esteja aberto à surpresa:** Busque *insights* novos e desconhecidos que lhe permitam ser mais esperto que os concorrentes e que possam inclusive exigir um nível de desconforto e surpresa.	• **Ritualização:** Algumas empresas aplicam ferramentas clássicas e um processo de planejamento complexo em causa própria e toleram tanto a falta de visão quanto de surpresa quando o devido processo é seguido.
• **Tome a decisão difícil:** Use sua habilidade para prever e fazer as melhores escolhas para a posição estratégica da rua empresa. A estratégia não diz respeito apenas a onde você deve atuar, mas também a onde **não deve.**	• **Substituição da estratégia pelo orçamento:** Permitir que métricas de curto prazo e orçamentos se tornem o foco do seu processo de planejamento. Um plano estratégico ruim faz com que os gerentes se concentrem e se comprometam com metas de curto prazo em vez adotarem uma visão coerente e de longo prazo do negócio.

Clássica   61

TABELA 2-1

Dicas e armadilhas: principais colaboradores para o sucesso e o fracasso de uma abordagem clássica

Dicas	Armadilhas
• **Defina o horizonte temporal correto:** Alinhe o ciclo de planejamento para o setor e ajuste os planos quando novos *insights* se tornarem materialmente disponíveis. Uma vez por ano? Três vezes? Uma vez a cada dois anos? Faça uma escolha calculada.	• **Mais do mesmo:** Permitir que o conceito de "o jeito que sempre foi" supere aquele de "a maneira como deve ser" é algo que irá mantê-lo em uma crise estratégica. Ser clássico não significa não mudar.
• **Esteja entre os três primeiros:** Ao aspirar um posicionamento baseado em tamanho, iniciar a partir de uma posição de participação de mercado pequena torna difícil a criação de valor sustentável.	• **Segmentar de acordo com as categorias conhecidas e existentes.** Tal como acontece com os limites das unidades de negócios atuais, no lugar de tentar uma análise mais aprofundada, essa prática pode impedir uma profunda compreensão das necessidades dos clientes.
• **Siga a curva de experiência:** A redução de custos não acontece automaticamente; realize-a, portanto, de maneira proativa e economize à medida que os volumes forem crescendo.	• **Ciclo de planejamento rígido:** Se você se atém ao planejamento anual enquanto o ciclo do seu setor diminui, ou cria seus planos ao redor de Wall Street em vez de em torno do próprio empreendimento, é possível que não consiga se ajustar ao ambiente específico de sua empresa.
• **Seja diferente de maneira significativa:** Diferencie-se de acordo com os recursos que são valiosos para os consumidores e difíceis de imitar, em vez de se ocupar daqueles que sejam fáceis de igualar.	• **Contar com uma vantagem perpétua:** Focar apenas em fontes existentes de vantagem pode, às vezes, ocasionar problemas. Embora o incrementalismo seja inerente à criação de estratégias clássicas, ocasionalmente, grandes saltos podem se mostrar necessários.
• **Inove rigorosamente:** Em suas decisões sobre alocação de recursos para inovação aplique o mesmo rigor utilizado para seus custos operacionais.	• **Assumir uma abordagem clássica à revelia:** Muitas empresas declaram ou implantam uma abordagem clássica porque é mais familiar. Não deixe que a familiaridade seja seu guia na escolha da abordagem correta para sua empresa.
	• **Estar de acordo com a moda não clássica:** Diferentes empresas rejeitam um estilo clássico, seja por causa da fascinação com a última moda de gestão ou por conta de tendências gerais (dinamismo, incertezas) na economia. Seguir uma tendência não é a melhor justificativa para a escolha de uma abordagem para a estratégia.

CAPÍTULO 3

ADAPTATIVA

Seja Rápido

Tata Consultancy Services: Adaptação para crescer

A Tata Consultancy Services (TCS), maior companhia indiana em capitalização de mercado no ano de 2014, tornou-se uma das empresas de serviços de tecnologia mais bem-sucedidas do planeta ao evoluir de maneira rápida em resposta à sequência de ondas de mudanças tecnológicas por meio de um fluxo contínuo de pequenas inovações em seu modelo de negócios.[1] Essa abordagem adaptativa permitiu que a TCS crescesse e deixasse de ocupar a posição de pequena coadjuvante e se transformasse em uma líder do mercado mundial. O aumento da receita da TCS é impressionante: 20 milhões de dólares em 1991, 155 milhões, em 1996, 1 bilhão, em 2003 e mais de 13 bilhões no ano de 2014. Desde o estabelecimento do primeiro centro de P&D dedicado a *softwares* da Índia, em 1981, até a criação do primeiro centro de desenvolvimento *offshore* da Índia, em 1985, e a entrada nos mercados de bioinformática em 2005 e, posteriormente, de computação em nuvem, em 2011, a TCS vem evoluindo de modo contínuo, respondendo às mudanças no ambiente tecnológico e também ao impacto dessas mesmas mudanças sobre os clientes corporativos.[2]

A TCS, embora grande, é apenas uma das muitas empresas que competem no espaço fragmentado de serviços de tecnologia, uma área que inclui soluções nos campos de *software* e serviços, consultoria, serviços de engenharia e terceirização de processos nos negócios. A maioria dos integrantes dessa área tem uma participação de mercado de apenas um único dígito, de modo que nenhuma empresa pode efetivamente direcio-

64   Sua Estratégia Precisa de uma Estratégia

nar o mercado. Além disso, a rápida evolução tecnológica contribui para um elevado nível de imprevisibilidade nesse nicho.

Apesar do seu tamanho, a TCS é bastante orientada para o que ocorre no ambiente externo, de modo que seja capaz de capturar e aproveitar as mudanças. Desde que a economia mundial passou de física a digital, a empresa vem crescendo de maneira concomitante com o desenvolvimento do ambiente.

Com mais de duas décadas na TCS, antes de se tornar CEO em 2009, Natarajan "Chandra" Chandrasekaran supervisionou muitas das evoluções em sua oferta de serviços. "A partir do ponto de vista de arquitetura de TI," Chandra nos disse, "começamos durante o ambiente de *mainframe* e, ao longo dos anos, nos adaptamos a um ambiente cliente-servidor, depois ao ambiente da Internet e, em seguida, ao ambiente digital ou hiperconectado de hoje." Chandra vê as diversas tecnologias digitais afetarem as empresas de maneiras não apenas fundamentais e diversas, mas, muitas vezes, imprevisíveis: "Cada processo e cada modelo de negócios será reinventado. A maneira como as empresas trabalham internamente será reelaborada. Faz parte do nosso trabalho nos envolvermos com os clientes e descobrirmos como eles pensam sobre a questão digital... assim poderemos moldar nosso modelo de entrega em conformidade com as necessidades dele." Por conseguinte, a TCS tem de se adaptar duplamente, em relação às tecnologias em constante transformação e também às alterações no ambiente dos clientes.

Conforme a tecnologia e as necessidades desses clientes mudam, a TCS tem respondido de maneira rápida e adequada. Por exemplo, a empresa foi a primeira a reconhecer a demanda dos clientes por uma divisão de negócios dedicada à proliferação de canais de comunicação *on-line*.

Essa necessidade de adaptação requer uma orientação externa, que percorre toda a empresa, abrangendo a elaboração de estratégias, incluindo toda a organização até chegar à inovação propriamente dita. Por exemplo, ao definir os rumos que deverão ser tomados, a TCS equilibra uma difícil abordagem hierárquica vertical (de cima para baixo) com a imprescindível participação que vem do sentido oposto (de baixo para cima), onde um grupo central fornece ao topo informações de mercado críticas de cada vertente do setor – tamanho do segmento, crescimento, concorrência, tecnologia e tendências de demanda – e, em seguida, desafia cada área do negócio a propor sua própria abordagem para melhor atender às necessidades específicas dos clientes. Dessa maneira, a eventual direção estratégica emerge de uma coleção de iniciativas individuais que tratam de mudanças ambientais específicas e de outras situações novas que cada segmento do negócio esteja enfrentando.

Como o futuro é imprevisível, Chandra não adota uma abordagem de gestão de portfólio clássica: "Nós não queremos contar com negócios super-lucrativos ou estrelas [em segmentos específicos da empresa]. O que desejamos é a criação de oportunidades para que cada negócio evolua e cresça individualmente." A TCS faz muitas pequenas apostas e, em seguida, dependendo do sucesso de cada iniciativa, pode realocar recursos rapidamente em todos os negócios. A abordagem à inovação é experimental e rápida: A TCS executa ciclos rápidos do que denomina Modelo 4E - esquadrinhar, equipar, evangelizar e explorar (No original: *explore, enable, evangelize* e *exploit*). O modelo se concentra em promover de maneira proativa uma investigação em diversas áreas, construção de protótipos, testes, lançamento e expansão.[3] Uma vez que grandes quantidades de informações, e de diferentes fontes, são fundamentais para uma exploração rica e variada, a TCS investe pesado em seus recursos analíticos com o intuito de apoiar tais esforços.

Chandra nos disse que a "centralidade no cliente" é a parte mais importante do modelo de inovação da TCS: "Entender e muitas vezes antecipar o que o cliente necessita... está no cerne de nossa inovação estratégica, ajudando-nos a modernizar nossas soluções de negócio, os modelos e a entrega de serviços." Muitas das modificações têm se mostrado recompensadoras para a TCS. Por exemplo, o conjunto de ferramentas da MasterCraft utiliza a experiência da TCS na automação do processo de desenvolvimento de *softwares* para fornecer aos clientes um suporte mais rápido e de qualidade superior. Já o Just Ask, uma plataforma social de perguntas e respostas que permite ao cliente ter acesso ao conhecimento compartilhado por outros usuários - seja individual ou de grupo -, possibilita uma maior colaboração entre os participantes e, assim, a redução no tempo de colocação de produtos no mercado.

Além de inovar nos seus produtos e serviços, a TCS incorpora a modernização em outros dois níveis do negócio. No de engajamento, por exemplo, a liderança encoraja as unidades de negócio a pensar em cada compromisso como uma oportunidade para a inovação, uma vez que cada projeto de serviços de TI possui características únicas. Finalmente, Chandra promove na companhia a adoção de uma mentalidade experimental e orientada para a inovação partindo do colaborador individual. Ele explica o seguinte: "Com 300 mil funcionários, temos uma enorme potência intelectual dentro da empresa." Por exemplo, o programa Realize Seu Potencial promove concursos e maratonas em torno de questões específicas enfrentadas pelos clientes ou por algumas das empresas do grupo Tata; qualquer funcionário pode participar destes eventos.[4]

A TCS alcançou um grande feito – e também bastante raro: ser ao mesmo tempo uma empresa vultosa e ágil em suas ações. Isso ocorre pelo fato de sua estrutura organizacional ter sido edificada de forma modular, e contar com os poderes necessários para promover a experimentação.

Desde que Chandra assumiu em 2009, a empresa cresceu de 140 mil funcionários para duas vezes esse número.[5] Ele disse: "A empresa é muito grande, mas não podemos ser rígidos. Por essa razão criamos vinte e três unidades, cada uma delas abordando um grupo específico de clientes. [As unidades] têm elementos comuns, mas, ao mesmo tempo, são capazes de executar sua própria estratégia. Nós não queremos uma hierarquia; queremos uma rede." Os esforços da TCS no sentido de repensar como a empresa funciona e colabora entre si incluem o Vivacious Enterprise, uma plataforma de colaboração social que visa promover o engajamento da grande e dispersa força de trabalho da TCS.[6] A escala certamente ajuda a TCS: a organização opera em quase cinquenta países, e é capaz de colaborar com credibilidade junto a grandes clientes mundiais, e é a segunda maior empresa puramente de TI, depois da IBM.[7] Porém, ao contrário de uma empresa clássica, a TCS não ganha porque é grande; ela é grande porque ganha ao adotar uma abordagem adaptativa.

A Abordagem Adaptativa para a Estratégia: Ideia Central

Quando o ambiente de negócios é imprevisível e não maleável, e a vantagem pode ser de curta duração, as empresas precisam estar prontas para se adaptarem rapidamente visando alcançar o sucesso. Como Chandra logo percebeu no setor de serviços de tecnologia – que se encontra em constante mudança – uma abordagem adaptativa foi capaz de impulsionar o crescimento e a vantagem competitiva por meio da contínua adaptação da empresa às novas oportunidades e condições do mercado (Figura 3-1).

FIGURA 3-1

A abordagem adaptativa para a estratégia Adaptativa

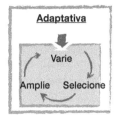

Como a abordagem clássica, a abordagem adaptativa tem seu próprio fluxo de pensamento característico. As empresas adaptativas **variam** continuamente a maneira como fazem negócios através da geração de novas opções, **selecionam** as mais promissoras, as quais, então, **ampliam** e exploram antes de repetir o ciclo.

Usando novamente a arte como metáfora, a abordagem adaptativa é como pintar uma paisagem sob condições variáveis de iluminação. Você precisa manter sua atenção sobre o tema, trabalhar rápido, e sobrepor repetidamente pincelada após pincelada até que tenha capturado o momento fugaz – e, em seguida, partir para capturar a próxima cena.

A estratégia surge da repetição contínua do seguinte fluxo de pensamento – **variação, seleção, ampliação** – em vez de análise, previsão e comando, verticalizado de cima para baixo. Por interagir de maneira mais rápida e eficaz (se comparadas às rivais), empresas adaptáveis superam as demais. A noção clássica de vantagem competitiva sustentável é substituída pela ideia de vantagem temporária em série. Como observou Rupert Murdoch, presidente da News Corporation: "O mundo está mudando muito rápido. O grande não irá mais derrotar o pequeno. Será a vez de o rápido aniquilar o mais lento."[8]

A abordagem adaptativa é, portanto, fundamentalmente distinta da clássica: ela não se concentra em um plano; não há nenhuma estratégia, a ênfase está na experimentação, não na análise ou no planejamento, a vantagem é temporária e o foco está nos meios, não nos fins. Nas seções a seguir iremos explorar algumas dessas diferenças e suas implicações, mas primeiro, veremos outro exemplo de estratégia adaptativa em ação.

Por que a Velocidade e o Aprendizado são Importantes: Zara

A Zara, varejista de moda de origem espanhola, é um excelente exemplo de empresa que se tornou bem adaptável em um setor extremamente imprevisível.[9] Na véspera de uma nova temporada, os varejistas da moda dificilmente conseguem prever se o preto será o novo preto ou se alguma outra cor tomará o seu lugar. De fato, mesmo dentro de uma mesma temporada o gosto dos clientes muda com frequência. Historicamente, entretanto, a maioria dos varejistas trabalha em cima de previsões daquilo que os clientes apreciarão vestir. Todavia, em geral, essa mesma maioria de varejistas entende errado essas previsões e sofre as consequências, sendo obrigados a reduzir o preço de até metade de seu estoque a cada ano.

A Inditex, *holding* da Zara, não estava muito feliz em ter que arcar com esse tipo de custos e decidiu adotar uma abordagem adaptativa para a fabricação e venda no varejo. Com o lançamento da Zara em 1975, a *holding* introduziu o conceito de *fast fashion*, no jargão do setor. Em vez de tentar prever o que os clientes poderiam querer no futuro, a Zara optou por reagir mais rapidamente àquilo que eles de fato estavam comprando.

A Zara conseguiu isso de duas maneiras: 1) encurtando sua cadeia de abastecimento ao mover suas instalações de produção para mais perto dos clientes; e 2) aceitando de bom grado os custos de produção ligeiramente superiores para garantir maior agilidade. Entre outras medidas, a empresa transferiu as instalações responsáveis pela produção destinada aos EUA e aos mercados europeus do leste da Ásia para países mais próximos dos mercados finais – como México, Turquia e África do Norte. Essa maior proximidade no fornecimento tem sido um fator de sucesso para o modelo da Inditex, desde sua origem. A cadeia de abastecimento encurtada diminuiu o prazo de entrega dos produtos – o fluxo entre o estúdio de *design* e as principais lojas de rua – para apenas três semanas, em comparação com a média do setor que é de cinco meses. Sem dúvida uma redução extraordinária no tempo do processo.[10]

Em segundo lugar, a Zara produz apenas pequenos lotes de cada estilo, o que funciona como experiências de mercado em tempo real; os estilos bem-sucedidos, aqueles que somem das prateleiras, são selecionados para ampliação. A varejista testa uma quantidade bem maior de itens que suas rivais, mantendo assim seus clientes engajados e sempre prontos para mais. Na verdade, a Zara investe uma antecedência de seis meses em apenas 15 a 25% da linha de uma determinada temporada e se compromete com somente 50% a 60% até o início da estação, em comparação com a média do setor, que é de 80%. Por conseguinte, até 50% das roupas da Zara são projetadas e fabricadas exatamente no meio da temporada.[11] Se, de repente, as calças harém e o couro são a nova onda, a Zara reage com rapidez, projeta novos estilos e os coloca nas lojas antes que a tendência atinja seu pico ou chegue ao fim.

O impacto tem sido significativo: em 2010, a Zara reduziu o preço de apenas 15 a 20% de seu estoque, em contraste com a média do setor, de 50%.[12] Além disso, mesmo que seus custos diretos de produção sejam mais elevados que os de seus concorrentes, que centralizam a produção principalmente no Extremo Oriente, as margens de lucro da Zara nesse período revelaram-se o dobro da média para o setor. Além disso, a varejista alcançou um giro significativamente maior e consistente do seu estoque, impulsionando assim seu retorno sobre o capital (Figura 3-2).

FIGURA 3-2

A abordagem adaptativa da Zara no setor da moda gera retornos elevados

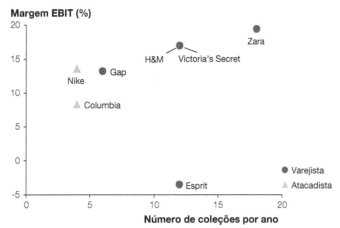

Fonte: Capital IQ, estimativas do BCG; Experiência do projeto BCG; relatórios anuais das empresas.
Nota: EBIT, *earnings before interest and taxes* (Receitas Antes da Dedução de Juros e Impostos).

70 Sua Estratégia Precisa de uma Estratégia

APROFUNDANDO O QUE VOCÊ JÁ CONHECE

A vantagem da adaptabilidade não é um conceito novo. Charles Darwin foi o primeiro a reconhecer o poder dos processos evolutivos – ou da adaptação – no mundo biológico. Assim, as abordagens adaptativas nos negócios – a noção de que a estratégia nem sempre pode ser planejada e que a rapidez e a flexibilidade são capazes de produzir vantagem competitiva – devem muito ao pensamento biológico.

No final dos anos 1970, Henry Mintzberg argumentou que as empresas (às vezes, sem querer), acabavam capitalizando sobre **estratégias emergentes**. Estas não são o resultado de planos deliberados, mas, de certa maneira, surgem por acaso enquanto o plano pretendido ainda está sendo elaborado.[13]

Nos anos 1980, Richard Nelson e Sidney Winter desenvolveram a Teoria da Economia Evolucionária, sugerindo que o progresso econômico é essencialmente adaptativo. Nesse ínterim, os líderes do BCG, Tom Hout e George Stalk, exploraram o conceito de **Competição Baseada no Tempo (*Time-Based Competition*)**, segundo o qual a vantagem poderia ser criada reduzindo-se o tempo de cada ciclo em processos como o de desenvolvimento de novos produtos e de produção. A competição baseada no tempo se concentrava apenas na execução mais rápida de **tarefas já existentes**, enquanto a adaptação exigia ainda que as empresas aprendessem como fazer coisas novas mais rápido e de modo mais eficaz.[14]

No final dos anos 1990, Charles Fine desenvolveu a noção de **vantagem temporária**, argumentando que a vantagem é cada vez mais curta e que as empresas precisam coincidir seu ciclo de estratégia com o "ritmo do relógio" do setor em que atuam. Ao mesmo tempo, Kathleen Eisenhardt argumentou que, sob alto grau de incerteza, organizações e estratégias podem se tornar mais ágeis adotando, no lugar de regulamentações e instruções complexas, **regras simples** que sirvam como diretrizes e princípios. Rita McGrath também promoveu a ideia do **Planejamento Baseado na Descoberta**, onde os planos não são tratados como previsões de resultados diante das quais o desempenho é avaliado, mas como meios de descobrir como maximizar o aprendizado e minimizar custos.[15]

> ## APROFUNDANDO O QUE VOCÊ JÁ CONHECE
>
> Finalmente, no início dos anos 2010, o BCG desenvolveu e comercializou o conceito de **vantagem adaptativa**, com o objetivo de ajudar seus clientes a reagirem ao crescente grau de mudanças e incertezas. Esse conceito detalha de que maneira as empresas podem realizar, de maneira prática, uma experimentação estratégica base-topo em substituição ao planejamento topo-base.[16]

Quando aplicar uma abordagem adaptativa

Uma abordagem adaptativa à estratégia é apropriada quando – e somente quando – sua empresa estiver operando num ambiente em que seja difícil fazer previsões e moldar.

Então, como é possível reconhecer um ambiente adaptativo? Essencialmente, uma estratégia adaptativa é recomendada quando, por causa de mudanças substanciais e contínuas nas tecnologias, nas necessidades dos clientes, nas ofertas competitivas ou na estrutura do setor, as previsões não são confiáveis o suficiente para se produzir planos precisos e duradouros. Tal ambiente manifesta-se na demanda volátil, em ganhos e posicionamento competitivos, em erros crassos de previsão e em horizontes limitados e termos de prognósticos.

Por essas medidas, em muitos setores a turbulência e a incerteza tornaram-se agora notadamente mais frequentes e intensas, e persistem por mais tempo do que em períodos anteriores (Figura 3-3). Até os anos 1980, menos de um terço dos setores de negócios experimentavam turbulências em caráter regular. Hoje, entretanto, por causa da globalização, da acelerada inovação tecnológica, do processo de desregulamentação e de outras forças atuantes, cerca de dois terços dos setores sofrem com isso.[17]

FIGURA 3-3

A crescente imprevisibilidade dos retornos

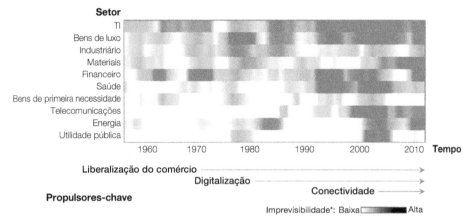

Fonte: Compustat, análise do BCG.
Nota: Volatilidade com base em todas as empresas públicas dos EUA.
* Média de cinco anos de desvio padrão (*rolling standard deviation*) da porcentagem de crescimento de capitalização de mercado das empresas por setor, ponderado pela capitalização de mercado.

Ao longo dos últimos trinta anos, a turbulência nas margens operacionais dos negócios – que se mantinha em grande parte estável desde os anos 1950 – mais que dobrou. Além disso, o percentual de empresas que perderam posição no *ranking* das três primeiras colocadas em receita em seus respectivos setores de atuação a cada ano subiu de 3% em 1961 para 17% em 2002, ficando em cerca de 8% no ano de 2013. O valor da missão das empresas também diminuiu: a probabilidade de que as três principais líderes em participação de mercado também estejam entre as três principais líderes em rentabilidade caiu de 35%, em 1955, para apenas 7% em 2013 (Figura 3-4).

Alguns setores têm sido duramente atingidos pela turbulência; eles incluem os de *softwares*, internet no varejo, semicondutores e, como vimos no caso da Zara, o segmento da moda. A maioria das empresas nesses setores deveria, portanto, contemplar uma abordagem adaptativa como estratégia, pelo menos em relação a uma parte de seus negócios, ou até mesmo à sua totalidade.

FIGURA 3-4

As fontes de vantagem competitiva tradicional estão se desgastando

Posição	Retornos para escala
Porcentagem das empresas que perderam posição no ranking das três primeiras	Participação dos três primeiros líderes de escala do setor que também estão entre os três primeiros líderes em rentabilidade*

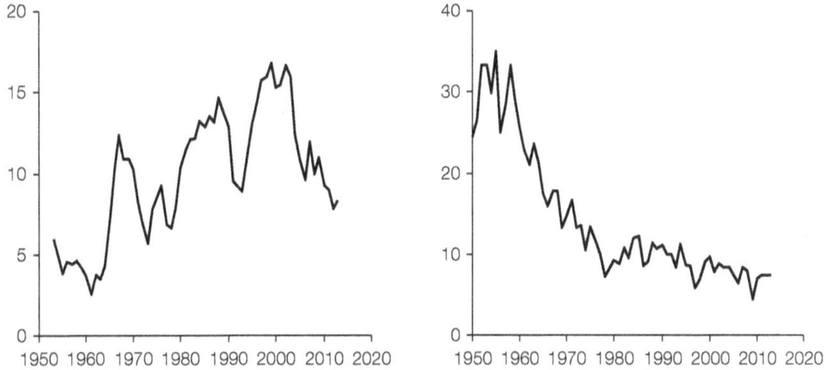

Fonte: Análise do Instituto de Estratégia do BCG, setembro de 2014, Compustat.

Nota: Análise intersetorial com base em 34 mil empresas de setenta setores: média não ponderada. Os setores foram excluídos nos anos em que estiveram abaixo da sexta posição; as empresas foram excluídas em anos em que foram notificadas apenas as vendas ou o lucro considerado antes de juros e impostos (EBIT), se as vendas foram inferiores a 50 milhões de dólares, ou as margens estiveram abaixo de -300% ou acima de 100%.

* A escala é calculada como receita líquida, a rentabilidade como margem EBIT (sobre vendas líquidas).

De fato, tamanha é a prevalência de inquietação nos dias de hoje que, até mesmo algumas empresas de setores de capital intensivo, mais tipicamente associadas a uma abordagem clássica, também podem precisar considerar a implantação de uma abordagem adaptativa. Tomemos como exemplo o setor de mineração e metais. A volatilidade dos preços dos metais e minerais entre os anos de 2000 até 2010 foi seis vezes maior se comparada à década anterior.[18] Por causa do longo ciclo e dos investimentos de capital em larga escala envolvidos, grande parte das empresas de mineração e metais encontra dificuldades em tornar suas operações flexíveis e adaptáveis. No entanto, elas se veem cada vez mais forçadas a encontrar novas maneiras de aumentar a flexibilidade, pois, mesmo a volatilidade moderada dos preços ou a demanda em relação a uma base de alto custo fixo é capaz de prejudicar suas receitas. Como resultado, várias companhias desse setor estão tentando encurtar seus ciclos de capitais, distribuir seus investimentos em um número crescente de ativos menores, compartilhar o risco acionário, tornar suas operações mais flexíveis e **explorar** as incertezas, estabelecendo ramos de negócios apoiados em ativos. Como Jac Nasser, CEO da BHP Billiton, disse em setembro de 2013: "Todas as empresas de recursos terão de melhorar sua produtividade e se mostrar suficientemente flexíveis para se adaptarem às mudanças nesse mercado mais desafiador."[19]

Avaliar o ambiente com precisão é, portanto, crucial. Todavia, nossa pesquisa mostra de maneira cristalina que muitas empresas que enfrentam com objetividade um ambiente adaptativo não conseguem percebê-lo como tal, pois tendem a superestimar o grau em que são capazes de prevê-lo e/ou controlá-lo. Por outro lado, apesar do aumento geral da turbulência, a abordagem adaptativa não é uma panaceia e deve ser aplicada seletivamente, quando apropriado. Como vimos no Capítulo 2, para muitas situações, uma abordagem clássica ainda é o caminho correto.

VOCÊ ESTÁ EM UM AMBIENTE DE NEGÓCIOS ADAPTATIVO?

Você está diante de uma situação de negócios adaptativa se as seguintes observações forem verdadeiras:

✓ Seu setor é dinâmico.

✓ O desenvolvimento do seu setor é imprevisível.

✓ Seu setor não é facilmente moldável.

✓ Seu setor mostra um crescimento elevado.

✓ A estrutura do seu setor é fragmentada.

✓ Seu setor ainda não amadureceu.

✓ Seu setor se baseia na mudança tecnológica.

✓ Seu setor está sujeito à mudança de regulamentação.

A abordagem adaptativa na prática: A criação de estratégias

Pelo fato de a estratégia adaptativa emergir continuamente da experimentação repetitiva que está enraizada na organização, o pensamento e as ações convergem. A natureza simultânea dessas duas atividades difere da abordagem clássica, que é composta por duas fases sequenciais: (1) análise e planejamento e (2) execução. Essas atividades são realizadas por diferentes partes da organização. Na abordagem adaptativa, tal separação entre a criação de estratégias e a implementação seria fatal, desacelerando e, ao mesmo tempo, enfraquecendo o processo de aprendizagem. Nesse capítulo, portanto, a seção sobre a criação de estratégias abrange todo o processo, desde a captura de sinais de mudança até a gestão de um portfólio de experimentos. A seção de implementação desse capítulo lida, portanto, com o contexto organizacional mais amplo, que oferece sustentação e permite que tal processo ocorra.

Aplicar uma abordagem adaptativa é algo bem mais fácil de falar do que fazer. Os líderes empresariais usam cada vez mais o vocabulário de adaptação, referindo-se a ambientes VUCA (aqueles em que predomina a volatilidade (*volatility*), a incerteza (*uncertainty*), a complexidade (*complexity*) e a ambiguidade (*ambiguity*)) e exaltando as virtudes da agilidade e adaptabilidade.[20] No entanto, como veremos mais tarde, muitas dessas mesmas empresas continuam a se agarrar a práticas topo-base, de ciclo lento e centradas no planejamento, todas elas associadas à abordagem clássica.

A abordagem adaptativa envolve perceber e digerir sinais de mudança para ser capaz de gerenciar um portfólio de experimentos focado nas áreas de maior vulnerabilidade e/ou oportunidade. O objetivo é executar o ciclo de variação, seleção e escalonamento de maneira mais rápida, econômica e eficaz que os rivais, e, assim, construir e renovar a vantagem temporária.

Ao contrário de estratégia clássica, a adaptativa não tem fins predefinidos, uma vez que estes são incompreensíveis em um ambiente imprevisível. A estratégia simplesmente surge e evolui, repetidamente. Os líderes que utilizam uma abordagem adaptativa poderiam, portanto, perder o foco ao discutir sobre **a** estratégia. A liderança pode até definir um foco dominante, o esboço de um caminho ou até mesmo uma aspiração, todavia, as estratégias específicas são emergentes e dinâmicas. Em contrapartida, a abordagem de experimen-

76 Sua Estratégia Precisa de uma Estratégia

tação pode ser bastante ponderada. A assunção de riscos e a implementação da criatividade necessária para a adoção de uma estratégia adaptativa podem parecer atos indisciplinados em comparação com o que acontece numa abordagem clássica. Porém, a estratégia adaptativa requer, do começo ao fim do processo, um nível igual de disciplina, embora de um tipo diferente: isso engloba desde a criação de novas opções, até a determinação da maneira pela qual as ideias mais promissoras serão selecionadas e testadas, e, por fim, o estabelecimento dos meios de realocação de recursos de projetos menos promissores para aqueles que revelarem maior potencial de sucesso.

Percebendo os sinais de mudança

Como Niels Bohr, físico dinamarquês vencedor do prêmio Nobel disse certa vez: "A previsão é muito difícil, em especial quando diz respeito ao futuro." Então, o que uma empresa deve fazer quando não pode definir seu caminho por meio da previsão?

Para aproveitar e reagir às mudanças, as empresas precisam primeiro observá-las e tentar compreendê-las. Ao observar uma mudança, as organizações precisam capturar as informações corretas e decodificá-las, para serem capazes de distinguir entre as triviais e as significativas (lembrando que essas últimas são aquelas que podem ser ameaçadoras ou que constituem grandes oportunidades), e também entre fatores conhecidos e previsíveis e aqueles realmente desconhecidos que requerem exploração e experimentação. Para entender o **significado** da mudança, as empresas precisam também questionar e desafiar o que elas próprias acham que sabem, descobrindo e reconsiderando pontos cegos e premissas ocultas. Os sinais externos de mudança podem, portanto, apontar diretamente para uma oportunidade ou uma ameaça, ou, mais indiretamente, para uma área de incerteza, diante da qual a empresa precisará reunir mais informações por meio de experimentação. Desse modo, a experiência não precisa necessariamente ser às cegas, mas sim um processo direcionado de aprendizagem.[21]

Obter informações **corretas** pode ser extremamente valioso para a geração contínua de novos *insights* sobre as mudanças na demanda ou na concorrência. No Japão, a rede mundial de lojas de conveniência *7-Eleven* obteve uma vantagem significativa em termos de informação no início dos anos 2000, ao utilizar seu sistema de pontos de venda para controlar não apenas a comercialização dos produtos, mas também outras variáveis, como dados demográficos dos clientes e até mesmo o clima e a hora do dia. Com esses dados em mãos, a empresa foi capaz de testar hipóteses sobre como essas variáveis impulsionavam as vendas em tempo real, permitindo à 7-Eleven identificar elementos mais ou menos promissores em um contexto específico. Assim, os preços, a variedade, as promoções e o *layout* puderam ser otimizados de modo a atender as condições e necessidades locais, tanto em caráter diário quanto ao longo de cada dia. Por exemplo, o sistema da 7-Eleven se tornou capaz de acompanhar a alteração da demanda por lanches em um local específico onde havia uma nova construção em andamento e, assim, ajustar rapidamente o sortimento daquela loja a partir de outra filial nas proximidades.[22]

Muitas vezes, a informação relevante já está disponível e bem debaixo do nariz da empresa, tendo como ponto de origem, por exemplo, as interações com consumidores, fornecedores e outras partes interessadas. Porém, essa informação deve ser devidamente capturada e decodificada por meio de prospecção de dados e análises. As empresas devem ser capazes de decifrar padrões ocultos em grandes conjuntos de dados e reagir a mudanças rapidamente, antes que alguém o faça. O tempo em que as empresas podiam garantir uma vantagem apenas por **possuírem** informações está acabando: os dados que elas possuem podem rapidamente perder a relevância ou abrigar padrões ocultos que precisam ser revelados.

Para entender o significado das mudanças, as empresas devem promover a autopercepção em relação àquilo que realmente sabem, e descobrir suas próprias premissas ocultas. Esse mapa de informações pode se alterar de modo constante em um ambiente em transformação. Em alguns casos, as empresas subaproveitam as novas informações disponíveis, algo que poderíamos denominar **conhecimentos subexplorados** ou, simplesmente, **elefantes**. Há também muitas coisas que você pode apenas achar que sabe – **conhecimentos falsos** ou **unicórnios** – e que talvez precisem ser contestadas. Alguns fatos, muitos deles desafiadores, podem não ser percebidos em um dado momento se não houver uma mudança de perspectiva ou maior experimentação – **ponto de interrogação duplo** ou **incógnitas desconhecidas** (*unknown unknowns*), para usar uma expressão de Donald Rumsfeld, ex-secretário de defesa dos EUA (Figura 3-5).[23]

De forma um tanto compreensível, grandes empresas acham difícil identificar e lidar com esses três tipos de pontos cegos, já que a maioria delas já opera com uma visão tendenciosa do mundo. As empresas assumem que têm um alto nível de conhecimento sobre o mercado ou a concorrência, e esperam deparar apenas com um modesto grau de mudança.

A história dos grandes fabricantes de automóveis dos EUA e dos carros híbridos nos oferece uma ótima lição sobre conhecimentos subexplorados. No início dos anos 1990, a administração Clinton desafiou as grandes montadoras a projetarem carros que fossem mais eficientes no quesito combustível, agindo em conformidade com o contexto vigente em que prevalecia uma crescente consciência ecológica entre os consumidores.

A GM, a Ford e a Chrysler realmente desenvolveram protótipos, entretanto, poucos veículos chegaram a ser produzidos.[24] Isso deixou uma brecha para a Toyota, e o Prius se tornou o primeiro carro híbrido produzido em massa, tornando-se extremamente bem-sucedido no mercado. De modo cumulativo, a venda desse modelo ultrapassou a marca de um milhão de unidades em 2008 e, cinco anos depois, em 2013, chegou a três milhões. No ano de 2009 o Prius foi o carro mais vendido no Japão.[25]

FIGURA 3-5

Ferramenta para segmentar as fontes de incerteza

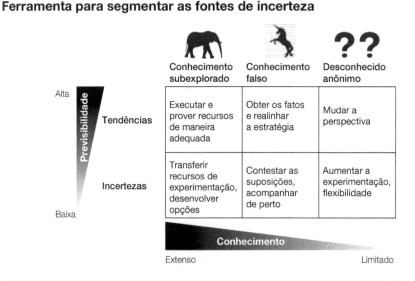

Em outros casos, as empresas podem se mostrar negligentes ao desafiar conhecimentos falsos, visões dominantes, porém, cada vez mais obsoletas do mundo – apesar dos sinais abundantes de mudança. Isso ocorre porque elas subestimam ou ignoram as informações que estão à sua disposição. Um bom exemplo de conhecimento falso é o pressuposto – aparentemente razoável – de que, pelo menos em algum grau significativo, as pessoas usam *smartphones* para fazer chamadas telefônicas! É fácil imaginar o quão desafiador é para um provedor de telecomunicações de longa data questionar essa crença e as significativas consequências estratégicas de se fazê-lo. Como iremos explorar mais adiante nesse capítulo, a Telenor, uma empresa de telecomunicações norueguesa, de fato questionou essa crença.

É claro que sempre existirão coisas que uma companhia não saberá (ou simplesmente não terá como) saber – as **incógnitas desconhecidas** – sem a devida experimentação ou uma mudança de ponto de vista. Portanto, empresas adaptáveis precisam criar uma cultura de autodesafio; algo que incentive o questionamento da lógica predominante e ajude a descobrir e empregar técnicas destinadas a realçar os pontos cegos. A partir daí essas organizações precisam: 1) olhar para si mesmas através dos olhos de um inimigo imaginário (ou real), como se estivessem envolvidas em um jogo de guerra contra seu próprio modelo de negócio; 2) tentar criar um processo de negócios que se oponha ao atualmente utilizado; e/ou 3) apresentar um parecer divergente para cada nova recomendação de investimento, a fim de deliberadamente expandir seu campo de visão.

Administrando um portfólio de experimentos

Em um ambiente de negócios turbulento, os produtos, serviços e modelos de negócios de uma empresa podem se tornar obsoletos muito rapidamente. Ao mesmo tempo, as empresas não conseguem prever que novos elementos irão substituir os antigos. Felizmente, os líderes têm uma alternativa viável à previsão: executar um portfólio de experimentos estratégicos administrados sob a perspectiva da celeridade e da economia. Para fazer isso com sucesso, as empresas definem o perímetro de experimentação através da leitura dos sinais de mudança e geram um volume suficiente de novas ideias para que sejam testadas em áreas de interesse. Oportunidades promissoras emergem rapidamente através da experimentação disciplinada, com regras claras para a seleção e a colocação em andamento dos projetos. Por fim, as empresas fortalecem as experiências bem-sucedidas redistribuindo os recursos de maneira rápida e organizada.

O primeiro passo para as companhias é decidir o que irão testar. Eles devem aproveitar os sinais de mudança para se concentrarem nas áreas que sugerem o maior potencial de crescimento, as maiores ameaças ou os pontos cegos mais importantes. Mesmo quando você não tem uma hipótese clara, mais experimentações rendem mais informações, o que, por sua vez, gera um número maior de opções. Ao contrário da empresa clássica, a adaptativa tende a agir antes de analisar.

As empresas adaptativas exploram duas fontes para se certificarem de que têm um número suficientemente grande de novas ideias para testar: elas 1) aceitam a variação natural intrínseca ao modo como operam ou 2) introduzem a variação de maneira proativa por meio da criação de uma série de experimentos e colocando-os em teste. A passividade funciona bem em atividades como negociação ou vendas, onde há uma variação natural significativa a ser explorar. A variação fornece à empresa adaptativa um grande conjunto de opções a ser explorado. O mais curioso é que, na busca de níveis de eficiência cada vez mais elevados, é exatamente essa variação que as empresas clássicas tentam eliminar de seus processos. Por essa razão, pode ser extremamente difícil para uma empresa clássica abraçar uma abordagem experimental, mesmo quando esta se torna crucial.

A Google não tem ainda vinte anos de idade e opera em um mercado imprevisível. Seu cofundador e CEO, Larry Page, não poderia estar mais correto: "Muitos líderes de grandes organizações, penso eu, não acreditam que mudanças sejam possíveis. Mas se você olhar para a história, as coisas realmente mudam; e se o seu negócio se mantém estático, é provável que você tenha problemas."[26] Como consequência, a Google experimenta uma ampla gama de opções, que estão próximas e distantes do seu núcleo de negócios – do AdWords até investimentos mais exploratórios como o Google Ventures ou projetos curiosos como o Google Glass. Muitas dessas ideias vêm do reconhecido programa dos "20% de tempo livre," que permite que alguns funcionários invistam até 20% do seu tempo na empresa trabalhando livremente em novos projetos de sua própria escolha.[27]

Para garantir que as experiências funcionem de maneira rápida e com baixo custo, as empresas precisam de regras claras para o enquadramento, a execução e a avaliação das experiências, aplicando um princípio de liberdade dentro de uma estrutura disciplinada. Quando o assunto é portfólio, as empresas adaptativas devem controlar rigorosamente sua economia de experimentação. Elas devem medir e otimizar o número de experiências, os custos, as taxas de sucesso e a velocidade de progresso. Via de regra, o número de experimentos deve ser elevado, mas cada um apresentar porte pequeno e permitir que se chegue rápido a uma conclusão. Em vez de investirem tempo demasiado para avaliar e tentar prever o sucesso de cada projeto antes de serem lançado, as empresas adaptativas validam de maneira contínua o que está funcionando na prática e interagem com frequência com seu portfólio. Como enfatiza o especialista em gerenciamento Tom Peters: "Teste rapidamente, falhe rapidamente e ajuste rapidamente."[28]

De volta a Google: a empresa avalia de modo efetivo os resultados das experimentações para que, à luz dos resultados, possa realocar recursos entre os projetos. Ao longo dos últimos dez anos, a Google lançou e encerrou cerca de dez a quinze produtos por ano, sem maiores ressentimentos por parte de seus clientes ou da própria organização.[29] Embora um estrategista clássico possa pensar que a estratégia adaptativa soe como "tentar algo e ver no que vai dar," a informação objetiva é o que está por trás e governa cada decisão, não uma intuição questionável.

A SIMULAÇÃO DA ESTRATÉGIA EM UM AMBIENTE IMPREVISÍVEL

As estratégias clássicas têm bom desempenho quando um ambiente é estável, uma vez que a capacidade de atração da opção escolhida após uma análise cuidadosa não muda. No entanto, quando, em nossa simulação computadorizada, adicionamos dinamismo e incerteza ao ambiente as estratégias clássicas decepcionam quando são comparadas àquelas que investem mais na exploração contínua de novas opções.

Em um ambiente de incertezas, é provável que as recompensas de uma opção explorada atualmente diminuam ou que opções novas e potencialmente melhores surjam. Portanto, as estratégias que investem continuamente uma parte dos recursos na exploração de novas alternativas, ou em adaptação, devem propiciar um melhor desempenho.

Nossa simulação confirma essa relação. O aumento do grau de incerteza da recompensa por opção ao longo do tempo requer não apenas a continuidade, mas também um grau proporcionalmente maior de investimentos em exploração (Figura 3-6).

FIGURA 3-6

As estratégias adaptativas têm um bom desempenho em ambientes turbulentos (simulação)

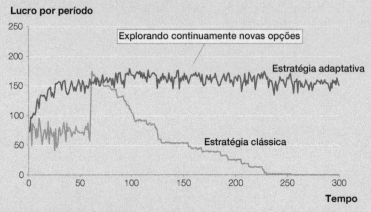

Fonte: Simulação Multi-Armed Bandit (*MAB*) do Instituto de Estratégia do BCG.
Notas: Resultados obtidos pela média de trinta simulações em ambiente não competitivo com trinta opções de investimento.

A criação de estratégias na Telenor

O setor de telecomunicações é um excelente exemplo de segmento cujo ambiente foi submetido a uma mudança rápida, transformando-se de clássico e relativamente estável em outro adaptativo. Jon Fredrik Baksaas, CEO da operadora de telecomunicações norueguesa Telenor, descreveu a mudança por meio da seguinte analogia: "Eu a chamo de 'fenômeno concreto.' Você costumava ser capaz de planejar: quantas casas serão construídas, quanto cimento você vai precisar, e você produzia esse tanto. E, então, você fazia o mesmo no ano seguinte. Hoje, entretanto, as coisas mudaram radicalmente. No negócio de telefonia fixa tradicional, nosso grau de certeza vai somente até certo ponto, nada além disso."[30]

A vantagem da Telenor nesse setor historicamente estável de telecomunicações veio de sua escala e competitividade em termos de custos, operando negócios de telefonia fixa e rede de telefonia móvel na Noruega, Suécia e Dinamarca. No entanto, no final dos anos 2000, a Telenor enfrentou novos desafios com a maturação de seus negócios de rede, a mudança acelerada na fonte principal de receita – de voz para dados – e a enxurrada de novos serviços com base na Internet, introduzidos não somente pelas gigantes da tecnologia como também por *startups* como a Netflix e a WhatsApp. Em um curto período de tempo, a concorrência tornou-se mais fragmentada, as preferências dos consumidores e a segmentação mudaram e o setor como um todo se tornou bem menos previsível.[31]

A Telenor obteve sucesso, localmente e nos mercados emergentes, com a implementação de uma abordagem adaptativa para a estratégia, sobretudo nas novas áreas de negócios. Por exemplo, para se tornar mais interativa, ela ajustou a velocidade e o horizonte do seu planejamento. Seu foco passou a ser a observação atenta dos acontecimentos em tempo real e a resposta rápida a cada um deles, acrescentando atualizações trimestrais e revisões aos planos originais. "Minimizar os atrasos na obtenção de produtos para lançar no mercado é mais importante do que bater metas preestabelecidas," disse Baksaas.

Além disso, a Telenor ajustou sua abordagem à inovação. Baksaas nos deu um exemplo do motivo pelo qual a velocidade e a novidade são tão importantes para o mercado: "Eu estava falando para uma plateia e perguntei quantos ali possuíam *smartphones*. Noventa por cento levantaram a mão. Perguntei quantos tinham iPhones? Setenta por cento se manifestaram. Então perguntei dentre todos aqueles, quantos haviam utilizado o telefone naquela manhã para fazer uma chamada de voz? Apenas cinco por cento. Todos os outros já tinham usado seu telefone, mas para envio de dados e uso de aplicativos. Portanto, temos de adaptar o nosso modelo de acordo com o cliente." Na prática, isso significa que a Telenor valoriza o conceito de inovação e o apoia por meio de um processo de tentativa e erro já nas fases iniciais, antes de integrá-la ao negócio mais amplo. A Telenor controla de perto seu motor de experimentação, prestando atenção às métricas adaptativas como o custo por experiência, o tempo de lançamento e o percentual de vendas de novos produtos. Em seguida, aumenta rapidamente a escala de produtos piloto de sucesso, como o appear.in, um serviço de conversação em grupo com vídeo direto no navegador. Depois de um período de testes e aprendizagem, o serviço appear.in está agora disponível mundialmente, atendendo clientes em 175 países.[32]

A Telenor também atualizou sua abordagem à gestão de talentos para "promover e valorizar os mais empreendedores e inovadores." Neste sentido, a empresa desenvolveu um programa de liderança global composto de quarenta pessoas baseadas em toda a organização, e trabalha com o intuito de gerar novas ideias de negócios; a partir desse grupo diverso e multifuncional, oito novas ideias já estão em fase de desenvolvimento.

Baksaas enfatizou que "em uma era de imprevisibilidade, a empresa tradicional tem mais a perder." Para combater a inércia natural proveniente de posições confortáveis de monopólio ou de escala, a Telenor aproveita sistematicamente a aprendizagem e a experiência de negócio em áreas onde a taxa de mudança é a mais rápida, como nos mercados asiáticos. Lá, a Telenor se concentra em alcançar e conectar a maioria dos consumidores o mais rápido possível, por exemplo, compelindo o desenvolvimento de telefones celulares a um preço abaixo de vinte dólares.

A abordagem adaptativa na prática: Implementação

Examinemos agora o contexto organizacional mais amplo que sustenta e reforça a abordagem adaptativa à estratégia. A abordagem deve ser incorporada em todos os aspectos da organização, com um olhar que promova a captação de sinais, a experimentação e a seleção, promovendo orientação externa, iniciativa base-topo e uma organização ágil e flexível.

Informação

Como vimos, a gerenciamento da informação é fundamental tanto para a captação de sinais quanto para uma gestão eficaz de um portfólio de experimentos. Portanto, as empresas adaptativas devem atualizar continuamente seus dados sobre mudanças externas e dispor de capacidades analíticas para desvendar padrões ocultos. Essas funções e capacitações precisam ser amplamente incorporadas na organização. Para gerenciar a experimentação, a informação se faz necessária em dois níveis: 1) que permita gerenciar experiências individuais (ou seja, os dados sobre os resultados e os controles sobre cada experimento) e 2) que possibilite administrar o portfólio geral (tais como taxa de sucesso global, os custos, a velocidade e o retorno total sobre o investimento).

Uma vez que, primeiramente, a empresa decifre e aja em cima dos sinais de mudança e ganhe vantagem num ambiente adaptativo, seu conhecimento a respeito do setor, da concorrência e das tendências de consumo dos clientes ganham excelência. As empresas adaptativas, portanto, devem investir no desenvolvimento de capacidades analíticas avançadas capazes de capturar e alavancar dados díspares em tempo real. Uma vez que aplicações precisas de padrões não podem ser previstas, as informações precisam ser amplas, além de facilmente acessíveis e visualizadas, de modo que se torne mais fácil para todas as áreas da organização aproveitá-las.

A companhia de seguros de automóveis Progressive é um bom exemplo de empresa que criou vantagem competitiva utilizando novos sinais em tempo real para compreender riscos, e de uma maneira bastante segmentada. No final dos anos 1990, a Progressive se tornou a primeira seguradora dos EUA a desenvolver capacidades em telemática, uma tecnologia que lê e reporta dados em tempo real a partir de objetos remotos. Em 2011, a empresa introduziu o *Snapshot*, um pequeno dispositivo telemático que os motoristas colocam em seus carros. Esse mecanismo informa dados do comportamento dos condutores, tais como padrões de quilometragem, de aceleração e frenagem. Com essa informação em mãos, a Progressive é capaz de criar um perfil de risco dinâmico individualizado, e, assim, oferecer uma economia de até 30% para clientes de baixo risco.[33] Além disso, a empresa utiliza o conhecimento adquirido para refinar continuamente e atualizar sua clientela e a segmentação do produto. Como resultado dessa inovação, todos os índices da Progressive tem se revelado melhores – volume de vendas, níveis de retenção e perda em sua base de clientes. O CEO da Progressive, Glenn Renwick, disse: "Considero o *Snapshot* uma das coisas mais importantes que vi pessoalmente em minha carreira." [34]

Bons resultados exigem dados precisos, tanto para a experiência propriamente dita quanto para o correspondente controle que visa determinar se o resultado satisfaz – ou não – os critérios que justifiquem o avanço ou a interrupção do experimento. A experimentação eficaz também exige o monitoramento e a gestão da geração global de ideias, das taxas de sucesso, dos custos de experimentação, da velocidade da progressão e da alocação de recursos em todo o portfólio para, assim, maximizar seu rendimento.

A empresa precisa extrair tanto conhecimento quanto possível de cada um de seus experimentos – incluindo aqueles que não funcionam. As falhas são importantes para as empresas adaptativas, uma vez que essas experiências podem conter informações valiosas não somente sobre aquilo que funciona e não funciona, mas também a respeito da própria a eficácia da abordagem experimental. A Caesars Entertainment, uma operadora de casinos, aproveita as informações das dezenas de experimentos que realiza simultaneamente, não apenas para identificar os melhores produtos para seus clientes, mas também para afinar o próprio processo de experimentação. As experiências são realizadas em partes separadas da empresa e controladas a partir de um casino para que cada teste possa ser devidamente avaliado e, se for conveniente, lançado em toda a companhia.[35] É um processo rigoroso. Como o CEO Gary Loveman comentou em tom de brincadeira: "Há duas maneiras de ser demitido da Caesars: roubar a empresa ou não incluir um grupo de controle adequado em sua experiência do negócio."[36]

Inovação

A inovação contínua é, obviamente, a força vital de uma organização adaptativa. Como as empresas adaptativas conduzem experimentos sem terem um objetivo predefinido, elas precisam de um processo de inovação disciplinado e interativo que assegure que as melhores iniciativas venham à tona de maneira rápida e econômica. Portanto, a inovação adaptativa precisa ser informada por sinais externos, construída em cima de apostas pequenas e de baixo custo e repetida com frequência. E, em um nível mais elevado, o processo precisa ser tolerante com o fracasso e gerido visando sempre a otimização econômica global. Isso certamente não quer dizer que a inovação e a novidade sejam maximizadas por suas vantagens intrínsecas: a experimentação é cara e arriscada. Assim, a empresa adaptativa também precisa ajustar sua taxa de exploração às circunstâncias e ao ritmo do seu ambiente e, em seguida, certificar-se de que também explora plenamente seus sucessos, ainda que por curtos períodos.

Lidamos com muitas das principais características da inovação adaptativa na seção deste capítulo que fala sobre a criação de estratégias, então, concentremo-nos agora em algumas diferenças essenciais no modo como a inovação é normalmente concebida e implementada. A inovação em uma empresa clássica ocorre, muitas vezes, de maneira um pouco isolada das atividades comerciais regulares, e consiste em saltos ocasionais impulsionados por um departamento de P&D inteiramente separado dos demais departamentos. Em uma abordagem adaptativa, ocorre o oposto: a inovação acontece em pequenas doses, é contínua e incorporada às operações da companhia. E, ao contrário das abordagens clássicas ou visionárias, você pode não saber inicialmente que coisa "nova" está procurando, portanto, é inevitável que tenha falhas, contratempos e surpresas. Assim, as empresas adaptativas gerenciam projetos individuais visando a celeridade, incentivando o progresso e forçando prazos curtos para pressionarem as equipes a convergirem rapidamente sobre o destino dos projetos: se deve ou não seguir adiante; requer mudança de direção; ou precisa ser abortado. Por exemplo, a Google exige que as especificações dos projetos tenham no máximo uma página. Esse limite ajuda a reduzir qualquer relutância ou pesar no que diz respeito a mudanças de curso ou perdas no ritmo.[37]

Organização

A abordagem adaptativa precisa de uma organização que seja capaz de captar e compartilhar sinais externos, e, então, gerar e gerir um portfólio de experiências de maneira eficaz. Portanto, a empresa deve necessariamente: 1) ser orientada para o que está do lado de fora; 2) estar dotada de informações; 3) atuar de forma descentralizada; e 4) ser flexível para realocar recursos rapidamente a medida que o foco de experimentação evolui.

88   Sua Estratégia Precisa de uma Estratégia

Uma orientação para o que está do lado de fora permite que as empresas capturem sinais externos de maneira eficaz. Muitas vezes, isso significa que a empresa incorpora a visão dos clientes em seus processos por meio da criação de fortes mecanismos de *feedback* ou pela da criação de comunidades de usuários como parte do seu modelo organizacional. Às vezes, os clientes são, inclusive, a principal fonte de ideias inovadoras.

As empresas adaptativas são tipicamente bastante capacitadas no que diz respeito a informações, e disponibilizam a visualização de dados e análises para toda a organização, assim, os funcionários também são capazes de detectar as mudanças e formular respostas rápidas e imediatas. Isso é diferente da abordagem clássica, onde as ferramentas de análise utilizadas para a criação de estratégias ficam geralmente restritas a um pequeno grupo de profissionais especializados.

Por causa da necessidade de estimular o aprendizado base-topo e a criatividade individual, as organizações adaptativas muitas vezes estimulam um elevado grau de autonomia, mostrando-se relativamente planas e descentralizadas. Essas empresas são com frequência caracterizadas pela existência de estruturas informais, temporárias ou horizontais, como fóruns internos, forças-tarefa ou conselhos que fragmentam os silos funcionais tradicionais para permitir o intercâmbio de informações e a flexibilidade na mobilização em torno de oportunidades promissoras. Camadas múltiplas, hierarquia rígida e um pesado livro de regras reduziria enormemente a capacidade da empresa para executar uma reviravolta rápida à luz de novos sinais emitidos pelo ambiente.[38]

Espaço seguro para a inovação: A organização da Intuit

A Intuit é o que seu presidente e CEO, Brad Smith, chama de "uma *startup* de trinta anos de idade."[39] Apesar de ser uma "velha" empresa de *software* – ou seja, do período pré-Internet –, a Intuit regenera continuamente seu sucesso revendo seus processos de inovação e experimentação ao projetar *softwares* financeiros de ponta. Os líderes seniores da Intuit planejaram uma organização que funciona como um espaço seguro de inovação, reduzindo o atrito no desenvolvimento de novos produtos e incentivando uma filosofia de celeridade guiada por regras simples.

Por exemplo, a organização da Intuit promove a abertura, a flexibilidade e as contribuições base-topo, capacitando diversas pequenas equipes de quatro a seis pessoas a identificarem problemas e encontrarem soluções rapidamente. Quando uma força-tarefa interna determinou que muitos gerentes estavam envolvidos em novos lançamentos de *software*, tornando o processo ineficiente, confuso e, às vezes, ineficiente e desmotivador, o grupo implementou um novo processo de decisão que concede bem mais autoridade às pequenas equipes que conhecem melhor os produtos e os clientes-alvo. O papel da gerência em cada decisão é limitado a um par de aprovadores: um patrocinador para remover obstáculos e um *coach* para oferecer visão do futuro.[40]

As regras e os processos organizacionais da Intuit servem menos para restringir a organização do que para capacitá-la e focá-la. Confrontada com uma possível comoditização devido aos serviços gratuitos da internet, a Intuit tem mantido sua liderança por meio de uma combinação de novos produtos e aquisições inteligentes, incluindo o agregador de finanças pessoais Mint.com. Desde que Smith se tornou CEO em 2008, as ações da Intuit mais que dobraram de valor.[41]

A organização adaptativa é tipicamente modular e flexível, o que significa que suas unidades podem ser recombinadas rapidamente, de acordo com as mudanças no meio ambiente ou a decisão de dimensionar uma experiência específica. Interfaces padronizadas (*plug and play*) permitem que a organização se transforme rapidamente para atender às necessidades de mudança, alternando os recursos com celeridade. Tome como exemplo a Corning, fabricante do Gorilla Glass, que foi utilizado como material de cobertura para iPhones até 2014, e também em cerca de dois mil e quinhentos outros dispositivos de trinta e três marcas de peso .[42] Como será explorado no Capítulo 7, a Corning não sabe com muita antecedência quando os fabricantes irão começar a construir um novo produto ou quais serão suas especificações. Mas a estrutura organizacional flexível da empresa – desprovida de silos –, além de incentivos comuns, permitem-lhe ajustar papéis e realocar recursos rapidamente no sentido de mobilizar-se em torno de novas oportunidades.

Cultura

A capacidade de uma empresa adaptativa de ler e agir conforme os sinais de mercado, e conduzir experimentos, se sustenta em sua cultura. As adaptativas são, portanto, orientadas para o externo e estão focadas nos recursos. Em vez de obedecer uma única direção de comando, essa cultura cria o contexto para a geração de novas ideias e aprendizagem rápida ao permitir uma diversidade de perspectivas e incentivar a dissidência construtiva.

Em contraste com a cultura explicitamente disciplinada e orientada ao objetivo da empresa clássica, a abordagem adaptativa requer uma cultura de abertura e jovialidade para incentivar a geração de novas ideias. A cultura promove o desafio, permitindo a dissidência construtiva e promovendo a diversidade cognitiva. Uma vez que organizações adaptativas dependem de criatividade e iniciativa individual, em vez de metas precisas, elas articulam um conjunto de comportamentos conjuntos, além de um propósito comum.

A Netflix, por exemplo, é singular no modo pioneiro como codificou um conjunto explícito de crenças e princípios de gestão adaptativa. Aqui está um exemplo do seu "Guia de Referência para a Cultura de Liberdade e Responsabilidade": Empresas orientadas a processos são "incapazes de se adaptar rapidamente, porque os funcionários são muito bons em seguir os procedimentos existentes. Nós tentamos nos livrar das regras quando podemos [...] Temos uma cultura de criatividade e autodisciplina, liberdade e responsabilidade" que se beneficia de "uma equipe altamente alinhada e unida de uma maneira livre [...] O objetivo é ser grande, rápido e flexível."[43]

A cultura da Netflix serve de base para o que se pode chamar de viabilidade sustentável e desempenho operacional e financeiro superior num setor bastante turbulento. Como a Netflix evoluiu de fornecedora de DVDs por correspondência para *streaming* de mídia digital e então para desenvolvedora de conteúdo independente, o preço de suas ações subiu dez vezes de 2009 a 2014, e a empresa tornou-se a maior fonte de tráfego da Internet na América do Norte em 2013.[44]

Liderança

Líderes adaptativos comandam por meio da definição de contextos, não de objetivos. Eles o fazem: 1) orientando a organização para o ambiente externo; 2) criando uma cultura ideal para a experimentação; 3) especificando as regras segundo as quais os experimentos serão conduzidos; e 4) destacando as áreas onde a experimentação deverá ser focada. Reed Hastings, CEO e fundador da Netflix, resumiu essa importante qualidade da liderança: "Os melhores gerentes descobrem como obter os melhores resultados definindo o contexto adequado, não tentando controlar seu pessoal."[45]

Cultura e liderança na 3M: William McKnight

William McKnight tornou-se oficialmente presidente da 3M, um conglomerado industrial, em agosto 1929 – apenas dois meses antes do colapso de Wall Street. Durante vinte anos ele dirigiu uma empresa que precisava lidar com uma grande quantidade de mudanças. Suas realizações se destacaram como exemplo clássico de líder capaz de criar o contexto ideal para que sua brilhante equipe de inovadores pudesse se distinguir.

McKnight formulou um conjunto de princípios de gestão que facilmente poderia ser aplicável à cultura de qualquer empresa tecnológica inovadora da atualidade. Ele inclui: 1) delegar responsabilidades para estimular a iniciativa individual; 2) tolerar erros para evitar apagar a centelha criativa; 3) reservar tempo livre durante a semana de trabalho para que as pessoas persigam seus próprios interesses; e 4) criar plataformas para que grandes ideias possam ser compartilhadas por toda a organização.

Enquanto se preparava para se afastar da presidência da companhia, no final dos anos 1940, McKnight estabeleceu esses princípios como um código para a equipe de liderança que assumiria o controle do dia a dia empresarial:

> Na medida em que o nosso empreendimento cresce, torna-se cada vez mais necessário delegar responsabilidades e incentivar homens e mulheres a exercerem sua iniciativa, e isso requer considerável capacidade de tolerância. Se forem pessoas boas, esses homens e essas mulheres a quem delegamos autoridade e responsabilidade desejarão fazer seu trabalho à sua própria maneira e, com certeza, cometerão erros. Todavia, se um profissional é essencialmente correto, os equívocos por ele cometidos não serão tão graves a longo prazo quanto aqueles em que a própria gerência incorrerá ao se comprometer a dizer a ele como fazer seu trabalho, usando de sua autoridade. A gestão

destrutivamente crítica diante do cometimento de erros aniquila a iniciativa. E, se quisermos continuar a crescer, é essencial que tenhamos sempre em nossas fileiras muitas pessoas com iniciativa.[46]

Atualmente esses princípios continuam a definir o contexto para os funcionários da 3M. A empresa incentiva os membros de sua equipe de P&D a exercerem sua capacidade de iniciativa, cedendo-lhes até 15% do seu tempo de trabalho para "usarem como preferirem", muitas vezes dedicando-se a temas de pesquisa básica sem potencial óbvio ou imediato.[47] Em outras palavras, "a época da Google" já existia há muito mais tempo que a própria Google. Esses elementos organizacionais e culturais são fundamentais para o sucesso duradouro da empresa. Frequentemente a 3M ultrapassa sua própria meta de gerar 30% de suas vendas a partir de produtos recém-lançados.[48]

Dicas e Armadilhas

Como vimos, uma estratégia adaptativa bem-sucedida depende da execução contínua e disciplinada de uma experimentação iterativa e guiada por sinais, não de objetivos preestabelecidos. Para conduzir tais experimentos de maneira eficaz, você deve aceitar os limites do seu conhecimento e dos seus poderes de previsão e se preparar para o futuro, criando e explorando opções, em vez de estabelecer um plano único e imutável que se baseie justamente na análise e previsão.

SUAS AÇÕES SÃO COERENTES COM UMA ABORDAGEM ADAPTATIVA?

Sua abordagem para a estratégia é adaptativa se você:

✓ Procura captar e decodificar sinais de mudança de maneira precoce.

✓ Cria um portfólio de opções e experiências.

✓ Seleciona as experiências bem-sucedidas.

✓ Aumenta a escala das experiências bem-sucedidas.

✓ Realoca recursos de maneira flexível.

✓ Itera (varia, seleciona, amplia) rapidamente.

Ambientes imprevisíveis e voláteis e estratégias adaptativas são muito discutidas e, pelo menos de maneira superficial, são familiares à maioria dos gestores. Não surpreende, portanto, o fato de que um quarto das empresas em nossa pesquisa declarou ter abordagens adaptativas para a estratégia, e mais de 70% acham que os planos devem evoluir. No entanto, muitas organizações reconheceram que não possuem suficiente capacidade de adaptação: apenas 18% e 9%, respectivamente, viam-se como especialistas em ler sinais ou gerir experimentos. Algumas empresas, no entanto, mostraram-se capazes de identificar com precisão os ambientes adaptáveis, porém, a maioria delas tende a interpretá-los como mais previsíveis ou maleáveis do que realmente são. Além disso, mesmo quando as companhias declararam uma abordagem adaptativa, as práticas que realmente usam – planejamento, previsão, ênfase nos fins (não nos meios) e inclinação – tendem a se revelar decididamente não adaptativas. Nossa pesquisa pintou um quadro claro de muitas companhias que reconhecem a importância das abordagens adaptativas, mas que não têm conhecimento ou experiência suficiente de como operacionalizar tal entendimento. Esperamos que esse capítulo e as dicas e armadilhas apresentados na Tabela 3-1 ajudem a preencher essa lacuna.

94 Sua Estratégia Precisa de uma Estratégia

TABELA 3-1

Dicas e armadilhas: principais contribuintes para o sucesso e o fracasso em uma abordagem adaptativa

Dicas	Armadilhas
• **Tenha conhecimento do que você sabe e do que não sabe:** Olhe externamente e enxergue além do óbvio para identificar novas oportunidades em um mundo em constante mutação. Procure continuamente por informações que desafiem as crenças preestabelecidas.	• **Confiar em excesso em suas próprias crenças:** Conhecer o futuro em um mundo incerto é um paradoxo. Mesmo que a previsão daquilo que vê seja absoluta, mudanças rápidas podem superar rapidamente o que foi previsto.
• **Pratique a flexibilidade de objetivos e tenha em vista a disciplina:** Experimente dentro de um sentido amplo e prepare-se para ser surpreendido, mas gerencie todo o processo de experimentação com disciplina.	• **Silenciar a dissidência:** Evite ouvir apenas o que quer ouvir. Considere os sinais contrários às suas crenças um presente destinado a ajudá-lo a enxergar algo novo.
• **Não aposte sua empresa:** Use um portfólio e uma série de vários experimentos pequenos e econômicos, em vez de arriscar o futuro de sua empresa em uma única e grande aposta.	• **Planejar o que não se pode planejar:** Em um mundo que muda rapidamente, investir em previsões e planos elaborados é inútil.
• **Escolha a velocidade além da precisão:** Force a convergência rapidamente, seja em direção à continuidade ou à finalização do experimento. Análises preventivas detalhadas e metas precisas tornam-se um desperdício de tempo e recursos quando o próprio alvo é incompreensível e mutável.	• **Controlar de modo rígido:** Se você não está disposto a mudar seu curso mesmo diante de novas informações, mesmo que sua atual orientação provavelmente não vá sobreviver às mudanças na maré, então, você está apenas preparando sua empresa para o fracasso.
• **Itere com frequência:** Os sinais de sucesso surgem de maneira orgânica depois de ciclos de testes, avaliações, adaptação e mais testes. Observe várias vezes para aprender mais rápido.	• **Mover-se lentamente:** Seu sucesso irá depender de quão mais rápido que seus concorrentes você conseguirá introduzir novos produtos ou modelos de negócios. Assim, a inércia e a complexidade podem ser fatais, mesmo se perseguidas em nome da perfeição.
• **Selecione com disciplina:** Para sustentar uma autodireção rápida, defina regras claras logo no início para a seleção e o dimensionamento de experimentos promissores. Além disso, limite as decisões intuitivas e a inércia.	• **Apostar a empresa:** Grandes experimentos que fracassam podem arrastar a empresa para baixo. A experimentação é apenas uma alternativa viável para o planejamento, quando o risco e o custo são reduzidos por meio de uma abordagem eficaz.

TABELA 3-1

Dicas e armadilhas: principais contribuintes para o sucesso e o fracasso em uma abordagem adaptativa

Dicas	Armadilhas
• **Aprenda com os erros:** Reconheça que o fracasso é inerente à experimentação sob a incerteza e produza informações valiosas para inspirar a experimentação futura.	• **Punir as falhas:** Condenar ou humilhar esforços que levaram ao fracasso são ações que podem acabar com a iniciativa individual pela geração de novas ideias que alimentam o sucesso futuro da empresa. Uma cultura de mente aberta é a chave para o sucesso em uma abordagem adaptativa.
• **Seja flexível de maneira organizada:** Com a experimentação frequente surgem também o êxito e o fracasso frequentes, ambos os quais promovem mudanças. Organize-se para que os recursos possam ser realocados de maneira rápida e sem contratempos.	• **Aplicar caprichosamente:** Uma abordagem adaptativa é mais necessária nos atuais ambientes de negócios, bastante imprevisíveis. Todavia, apenas seguir a multidão não é uma lógica muito interessante. Em vez disso, fique atento às especificidades do seu ambiente específico.
• **Entenda os detalhes práticos:** A mera compreensão e a simples intenção de inserir uma estratégia adaptativa numa organização clássica não será eficaz. Aprenda as disciplinas operacionais bem distintas de uma abordagem orientada para a experimentação.	

CAPÍTULO 4

VISIONÁRIA

Seja o Primeiro

Quintiles: A construção de uma visão

Dennis Gillings tinha trinta anos e era professor de bioestatística na Universidade da Carolina do Norte quando começou a ajudar as empresas farmacêuticas a analisarem os dados dos seus ensaios clínicos. "Naquela época," recordou, "senti que havia uma oportunidade de construir um negócio que... poderia complementar minhas atividades como professor e permitir uma pequena renda na área de consultoria." Porém, quanto mais prestava consultoria, mais ele percebia que havia uma oportunidade de construir algo ainda maior. "O que percebi enquanto oferecia consultoria é que as coisas eram um pouco ineficientes. Lembro-me de adentrar uma empresa farmacêutica e pensar, 'Uau, isso não precisa custar todo esse dinheiro.'"[1]

Em 1982, Gillings fundou a Quintiles Transnational. Esse foi um primeiro passo em direção ao que já representava, mesmo naquela época, uma visão verdadeiramente global. Ao fazê-lo, ele tornou-se pioneiro no que ficaria conhecida como Organização de Pesquisa Contratada, ou CRO, sigla em inglês para Clinical Research Organization, uma área em que empresas como a Quintiles não apenas analisam dados, mas, além de outras atividades, administram ativamente testes. "Percebi que poderia fazer o empreendimento crescer em caráter global e, inclusive, expandir para o desenvolvimento de medicamentos," disse ele.

A clareza de visão de Gillings, assim como a urgência em alcançar seus objetivos, guiaram a companhia ao longo desse período. Ele disse: "Na verdade esse plano nunca mudou." Todavia, para fazê-lo ganhar vida, Gillings estabeleceu alguns marcos de nível elevados, que em nada se assemelham a documentos de planejamento meticulosamente detalhados, tão característicos da abordagem clássica. "Eu sempre dou risadas dos planos estratégicos," disse ele. Por exemplo, quando o plano para formar um mercado único europeu foi anunciado, no final dos anos 1980, Gillings antecipou o impacto da convergência regulamentar em toda a Europa e percebeu que precisaria preparar o terreno e fazer uma aposta no que seria a união pan-europeia. "Em 1989", explicou, "tudo que fiz foi desenhar um pequeno mapa, listar os anos ao longo do eixo-x, e, então, inserir os países. Nós já tínhamos os EUA e o Reino Unido, portanto, na sequência faríamos o mesmo com a Alemanha, Irlanda, França e Itália. Posteriormente eu disse que teríamos de fazer o mesmo com a Ásia [...] Acrescentei o mundo inteiro em um eixo, ao longo do período de nove anos."

Gillings percebeu bem cedo que as CROs tinham enorme potencial, mas que, para reivindicá-lo, ele teria de fazer o empreendimento crescer rápido. "Decidi que, se a ideia era crescer mais velozmente que qualquer outro concorrente precisaríamos fazer aquisições. Na década de 1990, partimos de 10 milhões de dólares de receita no ano de 1990 para 1 bilhão em 1998 [...] O fato é que só fomos capazes de crescer cem vezes mais por sermos rápidos." Ele reconheceu que, embora estivesse criando um novo mercado, outros – incluindo participantes com recursos mais amplos – provavelmente invadiriam seu espaço. Então Gillings moveu-se com celeridade no sentido de combater potenciais concorrentes maiores, porém, menos ágeis.

A Quintiles foi bem-sucedida porque Gillings teve a coragem não apenas de se mover com rapidez, mas também de persistir diante do ceticismo. "Tive de fechar os ouvidos para quase todos os conselhos que recebi. Posso parecer teimoso, mas tendo a ser um pouco lógico, então, pensei, 'Não sei como esse conselho pode estar correto.' Por exemplo, fui criticado por operar em caráter global cedo demais, afinal era muito caro. Eu me acostumei com o fato de que as outras pessoas discordavam de mim e decidi que estava certo. Em sua maior parte, cada grupo cultural consome os mesmos medicamentos. Por isso, em última análise, os medicamentos seriam desenvolvidos globalmente. Afinal, se você estivesse nos lugares primeiro, estabeleceria uma vantagem!"

Em retrospecto, ele não precisava ter se preocupado. "Eu superestimei o que nossos concorrentes potenciais poderiam fazer," disse ele. Mas, na época, era difícil avaliar em que situação se encontravam. Portanto, a única coisa a fazer era crescer o mais rápido possível e competir com nós mesmos ao invés de esperar por algum concorrente específico. "Estou feliz por ter feito isso – conseguimos nos tornar bem maiores pelo fato de eu atuar de maneira bastante agressiva entre 1990 e 1998."

Atualmente, a Quintiles é a maior fornecedora mundial nas áreas de desenvolvimento de medicamentos e também de serviços comerciais de terceirização, com uma rede de mais de trinta mil funcionários em mais de sessenta países. Ao longo da última década, conduziu 47 mil testes com 2,7 milhões de pacientes. Ela ajudou a desenvolver ou comercializar todos os cinquenta maiores medicamentos mais vendidos no mercado.[2]

Gillings atribui muito do sucesso da empresa ao fato de ter agido no momento certo. "Houve um *zeitgeist* ou, espirito do tempo, e nós aproveitamos isso", explicou. "Se eu tivesse nascido 50 anos antes, aquele não teria sido um bom momento." Em parte, porém, foi sua percepção de que "aquele poderia ser um setor industrial multibilionário [...], mas, que para isso, teríamos de crescer muito rapidamente."

Mas a determinação de Gillings, uma característica notadamente idealista, também impulsionou o desenvolvimento bem-sucedido da Quintiles e o ajudou a alcançar sua utópica recompensa final: "Se você pegar uma grande ideia e desenvolvê-la bem, a empresa alcança uma posição de liderança em todo o espaço em que opera."

A abordagem visionária para a estratégia: Ideia central

Em alguns ambientes, uma única empresa pode criar ou recriar um setor e, como resultado dessa capacidade, idealizar o futuro com algum grau de previsibilidade. Nessas circunstâncias, a companhia está em posição para empregar uma abordagem visionária. Como a história de Gillings ilustra perfeitamente, é preciso que, sozinho, você seja capaz de desenvolver novos mercados ou abalar os já existentes. Alan Kay, um cientista norte-americano pioneiro na área da computação, resumiu bem a perspectiva visionária: "A melhor maneira de prever o futuro é inventá-lo."[3] O nome de sua marca pode até mesmo vir a definir uma categoria de produtos para os próximos anos, como o que aconteceu com a Xerox ou a Hoover.

Uma abordagem visionária envolve três etapas (Figura 4-1). Primeiro, você precisa **imaginar** uma oportunidade aproveitando prontamente uma megatendência, aplicando uma nova tecnologia ou abordando a insatisfação do cliente ou uma necessidade latente do mercado. Em segundo lugar, você precisa ser o primeiro a **criar** a empresa e o produto que concretizem essa visão. Finalmente, você deve **persistir** na busca por alcançar uma meta preestabelecida e fixa e, ao mesmo tempo, mostrar-se flexível quanto aos meios para superar obstáculos imprevistos. Voltando à nossa analogia com a arte, em vez de observarem uma imagem vívida do que pretendem representar os pintores visionários da escola surrealista imaginam e, em seguida, se esforçam incansavelmente para trazê-la à vida na tela.

O momento certo é crucial. Por estar em primeiro lugar e, portanto, à frente de seus rivais, você conta com as vantagens de sua escala superior. Ou seja: você é capaz de 1) definir os padrões do setor; 2) influenciar as preferências dos clientes; 3) estabelecer uma melhor posição em termos de custos; e 4) guiar o mercado em uma direção que se adapte à sua empresa.

Mesmo que a abordagem visionária esteja mais frequentemente associada a *startups*, cada vez mais as empresas grandes e bem estabelecidas precisam familiarizar-se com essa aproximação. Como as empresas de grande porte encontram-se abaladas – e com frequência cada vez maior – por pequenas intrusas no mercado, elas no mínimo precisam saber como pensam suas pequenas concorrentes visionárias para que possam reagir ou, melhor ainda, antecipar-se a elas quando as circunstâncias se mostrarem propícias. Como observado pelo especialista em negócios, Gary Hamel: "Lá fora, em alguma garagem, existe um empresário que está forjando uma bala com o nome de sua empresa gravado nela."[4] Uma profunda compreensão e apreciação da abordagem visionária pode servir como primeira linha de defesa para empresas tradicionais.

FIGURA 4-1

A abordagem visionária para a estratégia

Por que o timing ideal é importante: 23andMe

Em 2006, Anne Wojcicki fundou a 23andMe, uma empresa de genômica que fornece análises de DNA. Sua companhia é um exemplo claro de empresa que emprega uma abordagem visionária. Em meados dos anos 2000, Wojcicki trabalhava como analista de investimentos em assistência médica quando propôs sua visão com o objetivo de transformar o espaço por ela abrangido: "Eu estava em um jantar com um cientista [...] e nós começamos a falar sobre cuidados com a saúde e informações (dados). Em teoria, se você tivesse todos os dados genotípicos e fenotípicos do mundo, seria capaz de solucionar os problemas relacionados aos cuidados com a saúde? A resposta é sim."[5]

A partir desse princípio básico, em 2006, ela desenvolveu a 23andMe com a ajuda de dois colegas, formulando a seguinte missão: "Acelerar o desenvolvimento de novos tratamentos, obter uma melhor compreensão sobre bem-estar e prevenção de doenças, e proporcionar acesso mais amplo àqueles que querem entender e usar seus dados genéticos, a fim de administrar sua saúde e seu bem-estar."[6]

O momento escolhido não poderia ter sido melhor. Wojcicki ligou os pontos entre os empolgantes desenvolvimentos ocorridos nas áreas de biotecnologia, tecnologia de informação (TI) e comércio eletrônico. Na virada do milênio, Craig Venter, um biólogo norte-americano, tornou-se a primeira pessoa a mapear o genoma humano, a um custo de cem milhões de dólares.[7] Nos anos seguintes, o custo do sequenciamento do genoma humano caiu de modo exponencial. Enquanto isso, o setor de TI abriu novas fronteiras para combinar, analisar e compartilhar crescentes volumes de dados.[8] Para Wojcicki estes desenvolvimentos anunciaram uma nova oportunidade: oferecer aos consumidores a chance de testarem seu próprio genoma, de combiná-lo com dados fenotípicos a partir de questionários que eles mesmos preenchessem e reproduzirem os resultados de volta para si mesmos de maneira amigável, mais relevante e inteligível, tudo isso enquanto agrega um banco de dados de informação genética amplo e poderoso em termos estatísticos para conduzir novas pesquisas. Quando a 23andMe introduziu seu produto principal, uma análise genômica a partir da saliva de uma pessoa, ela foi indicada pela revista *Time* em 2008 para o prêmio de Invenção do Ano.[9]

Apesar do produto ter sido inicialmente introduzido a 999 dólares, a 23andMe rapidamente reduziu seu preço para 99 dólares, a fim de atingir um crescimento rápido que lhe proporcionaria massa crítica e liderança.[10] A orientação para a escala está arraigada em todos os aspectos da visão. Até agora, a 23andMe administrou 700 mil testes.[11] O objetivo de Wojcicki é 25 milhões de usuários. "Uma vez que se atinja 25 milhões de pessoas, o poder se torna enorme por causa dos tipos de descobertas que poderão ser realizadas. A disponibilização de uma grande quantidade de dados transformará nós todos em indivíduos mais saudáveis." A escala reforça sua posição de liderança, tornando a proposta atraente para um público ainda maior, ela disse: "De repente, [nossos] dados se tornaram incrivelmente valiosos para a indústria farmacêutica, para os hospitais e até mesmo para outras organizações de grande porte."

Tal como acontece com a maioria das novidades, houve desafios, mas Wojcicki persistiu. Alguns estados norte-americanos, por exemplo, tentaram impedir os testes da 23andMe com base no fato de que eles não seriam solicitados por médicos. Mais recentemente, em novembro de 2013, a Food and Drug Administration (FDA), agência governamental norte-americana que regula e fiscaliza a fabricação de comestíveis, drogas e cosméticos, ordenou à 23andMe que parasse de comercializar seus relatórios de saúde. O órgão determinou que, tecnicamente, o serviço representava um dispositivo médico e, como tal, exigia autorização da FDA.[12] Em resposta a tais contratempos, Wojcicki mantém uma fé profunda quanto ao resultado final, bem como um desejo de ser flexível sobre os meios pelos quais ele será obtido.

Claramente, há um longo caminho a percorrer – e ela sabe que terá de perseverar em meio ao ceticismo e à oposição a esse novo modelo. Mas Wojcicki não se incomoda diante de tal desafio. Ela disse que seu início de carreira trabalhando com os Wallenberg, a bilionária família sueca que dirige uma das empresas de investimento mais importantes da Europa, ensinou-lhe os conceitos de: 1) colocar capital em risco; 2) sonhar grande; e 3) pensar sobre como a sociedade seria se mudasse e/ou se conseguiria mudar." Ela continuou: "Alguns investidores querem aplicar em mudanças radicais – apenas um em cada grupo de cinquenta será bem-sucedido, mas, com certeza, essa pessoa será radicalmente bem-sucedida. Quero fazer grandes apostas. Estou nessa para encarar uma mudança radical."

Quando aplicar uma abordagem visionária

Você deve implantar uma abordagem visionária para a estratégia quando tem a oportunidade de criar ou recriar um setor sozinho, pela aplicação de uma visão ousada no momento certo. Ou seja, uma abordagem visionária é apropriada quando sua empresa enfrenta um ambiente maleável e, por causa da ação oportuna por parte da própria companhia, e também do seu poder de se moldar à situação, o futuro torna-se previsível para você. Circunstâncias visionárias podem surgir quando: 1) você reconhece uma megatendência emergente antes que outra empresa a identifique ou aja sobre ela; 2) a evolução tecnológica abre a possibilidade de remodelar um setor; ou 3) a insatisfação do cliente diante das velhas soluções ofertadas e predominantes cria a possibilidade de um novo mercado.

Como há apenas um breve espaço entre a abertura de uma oportunidade e a primeira reação dos outros concorrentes, enxergar o momento certo é crucial. As empresas visionárias de sucesso capitalizam em cima dessa lacuna entre o surgimento da oportunidade, o reconhecimento, a aceitação da ideia e a reação dos competidores já estabelecidos. Felizmente para os empresários visionários, a reação de outras empresas é frequentemente adiada pelo ceticismo inicial e pela inércia organizacional. Quanto à demanda, o tempo também é fundamental: muito cedo, e seus potenciais clientes podem não estar prontos para aceitar sua visão; tarde demais, e você será visto como um imitador ou seguidor.

Em nossa análise, descobrimos que muitos líderes empresariais afirmam empregar abordagens visionárias, embora sejam poucos os ambientes que, de modo objetivo, podem ser categorizados como suficientemente previsíveis e maleáveis. Esse conflito entre percepção e realidade sugere que esses líderes estejam superestimando o quanto seus mercados são maleáveis e não enxergando se uma abordagem visionária é de fato aplicável.

Analisemos mais de perto os três sinais que ajudam a identificar o momento crucial num setor, quando uma estratégia visionária pode ser aplicada.

Em primeiro lugar estão as megatendências emergentes. Nesse caso, grandes mudanças estruturais podem remodelar o mercado e ir além das condições de oferta e demanda de um setor específico. Exemplos disso são o envelhecimento da população mundial e a ascensão da classe média na China, Índia e em outras economias em rápido desenvolvimento.

104 Sua Estratégia Precisa de uma Estratégia

Outras megatendências incluem urbanização, nanotecnologia, obesidade e dieta, disparidades de riqueza e a perda da confiança nas instituições.[13]

APROFUNDANDO O QUE VOCÊ JÁ CONHECE

Muitos líderes instintivamente associam empreendedores de *startups* com a estratégia visionária: De fato, empresas jovens, pequenas e ágeis são muitas vezes as participantes que criam novos mercados ou abalam os já existentes. No entanto, o empreendedorismo nem sempre foi tratado como uma forma totalmente válida de estratégia, porque raramente é acompanhado de técnicas de planejamento sofisticadas. No início dos anos 1990, entretanto, à medida que mais empresas encaravam a onda de mudanças tecnológicas acelerada para o sucesso rápido, acadêmicos começaram a observar com mais seriedade e a apreciar a relevância de uma abordagem empreendedora para a estratégia.

A **estratégia do oceano azul** de W. Chan Kim e Renée Mauborgne lida com métodos para a criação de espaços em mercado inexplorados. Em seu livro *Competindo pelo Futuro* (Elsevier, 2005), Gary Hamel e C. K. Prahalad sugerem que os líderes devem desenvolver a capacidade de sua empresa para moldar o futuro. O conceito de **inovação disruptiva**, de Clayton Christensen, explica como algumas empresas são capazes de abalar setores maduros do mercado: 1) simplificando seus produtos e serviços; 2) criando uma base a partir da qual ataquem concorrentes tradicionais entrincheirados e fazendo-os recuar. E o BCG foi pioneiro na técnica de **aprender com os *mavericks*** (independentes), uma prática que permite que grandes empresas reconheçam e aproveitem uma atividade empreendedora potencialmente perturbadora que surge às margens do seu setor.[14]

O segundo sinal é o surgimento de uma nova tecnologia, como o automóvel ou o telefone celular, capaz de proporcionar oportunidades inteiramente novas ou causar distúrbios nos mercados existentes. A terceira é a insatisfação do consumidor ou suas necessidades não atendidas com as ofertas atuais. Isso pode estar explícito na mente dos consumidores, porém, mais frequentemente encontra-se latente – os consumidores podem sequer ter uma ideia clara sobre aquilo que lhes falta.

Como a turbulência tem aumentado ao longo das últimas duas décadas, o risco de que grandes empresas venham a sofrer uma interrupção em seu modelo de negócios também aumentou significativamente. Por causa da mudança tecnológica mais rápida, especialmente no que diz respeito ao poder de computação, conectividade e mobilidade, vemos agora (e mais frequentemente do que nunca) pequenas empresas – como a Davids – derrubar verdadeiros gigantes tradicionais, e de maneira ostensiva. Como foi discutido no Capítulo 3, empresas que são líderes em um determinado setor são três vezes mais propensas a perder sua posição em um determinado ano, do que eram nos anos 1960 (Figura 3-4). Transportadoras de baixo custo desafiam companhias aéreas mais antigas e tradicionais; as gigantes de aluguel de automóveis competem contra empresas de compartilhamento de automóveis, cujos modelos de negócios são inteiramente novos; já as empresas de armazenamento em nuvem podem tornar os fabricantes de discos rígidos obsoletos. As empresas grandes e bem estabelecidas são particularmente vulneráveis, encontrando maior dificuldade em mobilizarem-se exatamente no momento certo, por algumas razões: 1) seu compromisso com o *status quo;* 2) a inércia que muitas vezes acompanha o tamanho e a tendência natural para filtrar sinais de mudança pela própria lógica dominante. Se elas não agirem, no entanto, as chances serão cada vez maiores de que outros o façam, em detrimento dos grandes concorrentes.

Ao mesmo tempo, contudo, grandes empresas apresentam algumas vantagens potenciais para aproveitar uma oportunidade visionária, desde que possam superar sua própria inércia: a mudança pode exigir altos investimentos para se alcançar rapidamente a escala, além de persistência e recursos consideráveis em face de possíveis contratempos. Na verdade, grandes empresas com bons recursos podem evoluir para formidáveis concorrentes visionários, desde que o façam no momento correto, e com o grau certo de ousadia.

Apostando na visão do comércio eletrônico na UPS

Uma grande empresa que antecipou uma grande mudança em seu setor adotando uma abordagem visionária foi a UPS. Fundada em 1907, como American Messenger Company, a United Parcel Service tornou-se uma das maiores empresas de entrega de encomendas dos EUA.[15] Como tal, ela obteve sucesso nessa empreitada por meio de uma abordagem primordialmente clássica, capitalizando em cima de sua posição dominante de escala e de mercado (ver Capítulo 2). Porém, em 1994, antes mesmo do surgimento da Amazon.com, a UPS percebeu que as tendências no sentido de aumento de conectividade e digitalização pressagiavam uma grande mudança no setor rumo ao comércio eletrônico. Com base nisso, a companhia identificou uma oportunidade de se transformar em uma "facilitadora do comércio eletrônico mundial."[16]

Para concretizar tal visão, a companhia investiu pesadamente, gastando um bilhão de dólares por ano no sistema de TI necessário.[17] Essa ousadia atraiu a atenção de algumas das maiores empresas de comércio eletrônico, que, por cerca de uma década, aumentaram seus volumes de remessa em até 20% ao ano. Paralelamente, a UPS reforçou sua imagem de marca como "serviço de entrega on-line preferido," tornando mais fácil para seus clientes corporativos incorporarem a nova funcionalidade de envio e rastreamento em seus sites. Em um pacto bem conhecido, a UPS forneceu aos usuários do eBay acesso direto às suas opções de remessa, simplificando para eles o envio de pacotes – o que, aliás, era um grande obstáculo para possibilitar os leilões entre consumidores.[18] Até o ano 2000, os resultados dessa estratégia perspicaz eram claros: a UPS possuía mais de 60% do mercado de remessas por comércio eletrônico dos EUA.[19]

VOCÊ ESTÁ EM UM AMBIENTE DE NEGÓCIOS VISIONÁRIO?

Você estará diante de uma oportunidade de negócios visionária se as seguintes observações se aplicarem ao seu caso, ou seja, se (n)o seu setor:

✓ Oferece uma oportunidade em um espaço disponível, um canvas em branco (não contestado) ou está propenso à disrupção do negócio anterior.

✓ Pode ser (re)modelado por uma empresa individual.

✓ É marcado por empresas tradicionais e inertes.

✓ Está enfrentando prejuízos com consumidores insatisfeitos e necessidades não atendidas.

✓ Mostra grande potencial de crescimento.

✓ A inovação está sujeita a poucas barreiras regulatórias.

A abordagem visionária na prática:
A criação da estratégia

Então, como as empresas colocam em ação a tríade *imaginação, criação e persistência*? Fazer tudo certo é difícil. O fato de que oito em cada dez empresários fracassam nesse tipo de tentativa apenas enfatiza tal dificuldade.[20]

A criação de uma estratégia visionária se resume a prever o ponto final: uma nova oportunidade e uma proposta de valor capaz de aproveitá-la. Porém, uma abordagem visionária requer aproximação adequada e coerente em termos de implementação: um líder carismático e uma declaração de visão inspiradora são necessários, porém, insuficientes. A aplicação da abordagem visionária corresponde às etapas de construção e persistência na prática da tríade. Ela exige ainda informação correta, inovação, organização, cultura e liderança para que a construção do estado final seja apoiada de maneira rápida, sem que o seu direito em termos de prioridade seja usurpado, além de flexibilidade suficiente para permitir a superação de obstáculos imprevistos ao longo do caminho.

Encarar a tensão entre meta fixa e métodos flexíveis é difícil, além de algo com o qual poucas empresas são capazes de lidar na prática. Em nossa pesquisa, descobrimos que 95% das empresas que pretendem empregar uma abordagem visionária ainda se utilizam de previsões detalhadas e planos que descrevem cada passo da jornada, como se esta pudesse ser planejada antecipadamente. Vale ressaltar que essa é uma prática distintamente clássica e capaz de provocar rigidez nos meios de execução. Vejamos então de que maneira podemos alinhar visão e execução.

Imagine algo que nunca foi tentado antes, mas, ao mesmo tempo, que represente uma aposta segura o suficiente para que você dedique sua carreira e empresa a ela e, de fato, lhe dê a expectativa de transformar todo um setor. A tarefa não é fácil, mas esse é o objetivo central da criação de uma estratégia visionária, que se resume a prever o objetivo que sua empresa irá perseguir de modo implacável. Os passos para o sucesso são:1) identificar uma oportunidade no momento certo; 2) formular uma visão e um plano de alto nível que a aborde e 3) divulgar a visão amplamente para ganhar aceitação no mercado.

Identifique uma oportunidade

Para iniciar a formulação de uma visão, você precisa identificar uma oportunidade nascente antes que outros atuem sobre ela. Existem quatro sinais que apontam para o ponto crucial de virada do setor, e servem como gatilhos para uma abordagem visionária: os três sinais mencionados anteriormente – **megatendências, tecnologias inovadoras individuais e insatisfação do cliente** – e, além deles, a atividade de concorrentes às margens do seu setor, também chamados *mavericks*. É essencial identificar cada um desses sinais antes de qualquer outra pessoa, ir além das aparências, perceber as possibilidades intrínsecas e não apenas reconhecer o que representam, mas o que poderão representar.

É preciso compreender profundamente as tendências emergentes para ser capaz de administrá-las no momento certo ou ligar os pontos entre tendências convergentes e identificar uma janela singular de oportunidade. Esse é o caso da 23andMe, onde a visão é proveniente da observação de como os novos desenvolvimentos na genética e na tecnologia digital poderiam permitir o surgimento de uma oportunidade genética voltada ao consumidor. A chave para tal análise de tendência é imaginar a realidade do que poderia ser, como fez a 23andMe quando fixou o preço de seus produtos à frente da curva de experiência para mantê-los abaixo de cem dólares.[21]

Ir além do valor aparente das informações também é importante na descoberta de uma oportunidade relacionada à insatisfação do consumidor ou às necessidades não atendidas. Para detectar sinais de insatisfação, muitas vezes você precisa olhar para além da demanda predominante ou dos registros de satisfação dos produtos ou serviços existentes e se concentrar nos usuários pioneiros, usuários insatisfeitos, ex-usuários e não usuários. Por exemplo, você pode identificar e focar em pequenos grupos de clientes mal-atendidos à margem do seu mercado, ou em uma oportunidade de servir a demanda existente de maneira mais simples, mais acessível economicamente e/ou de modo mais eficaz. Lembre-se, entretanto, de que você não deve apenas solicitar as opiniões de seus clientes e funcionários atuais, uma vez que o primeiro vislumbre da próxima grande novidade muitas vezes encontra-se com os não usuários. Como Steve Jobs, fundador da Apple, observou certa vez: "Você não pode simplesmente perguntar aos clientes o que eles querem e, em seguida, tentar dar isso a eles. No momento em que você terminou de construí-lo, eles vão querer algo novo."[22]

Muitas vezes temos visto como as empresas que exploram o espaço disponível entre produtos tradicionais e serviços oferecidos por empresas dominantes conseguem desfrutar de sucesso. Tomemos, por exemplo, a Intuitive Surgical, fabricante de robôs cirúrgicos. Fundada em 1995, [23] a empresa enxergou uma oportunidade inexplorada para o fornecimento de ferramentas sofisticadas aos cirurgiões. Visando ajudá-los a realizar cirurgias minimamente invasivas, elas acabaram aprimorando o grau de segurança do paciente e ainda reduzindo custos. Ao identificar essas oportunidades e satisfazer necessidades que não tinham sido abordadas anteriormente, a Intuitive Surgical tem visto um crescimento estelar e alcançou receitas anuais superiores a dois bilhões de dólares.[24]

Finalmente, para as grandes empresas, é sempre importante monitorar as pequenas companhias às margens do seu setor. Essas competidoras menores podem ter feito alguma coisa que você não considerou – aproveitado uma nova tecnologia, uma fonte de insatisfação do consumidor ou uma megatendência emergente – porque não seria viável para elas competirem diretamente com você. Observar concorrentes de grande porte, bem estabelecidos e mais conhecidos provavelmente só iria reforçar ainda mais suas crenças existentes. São essas empresas menores, com novas ideias, com as quais você pode aprender, utilizar como parceiras, ou, se necessário, comprar para ter acesso às oportunidades visionárias. A GE rotineiramente investe ou compra de dez a vinte empresas menores a cada ano para ter acesso às suas inovações.[25] No final desse capítulo exploraremos a melhor maneira de identificar e aproveitar essas *mavericks*.

Formule sua visão

Depois de ter detectado uma oportunidade, você precisa criar a visão que aborde essa chance – para desenvolver uma ideia clara e ousada do que irá construir. A visão, muitas vezes, compreende não apenas a oferta de um novo produto ou serviço, mas também um modelo de negócio totalmente novo para explorá-lo. Inovação do modelo de negócio é o que muda vários elementos no modo como você presta serviços aos clientes e cria valor. Talvez ela possa ser mais bem definida como o replanejamento de todos os meios e recursos de uma empresa com o intuito de realizar uma proposição de valor disruptiva. Assim, em vez de mudanças progressivas e individuais nos serviços, produtos ou nas operações, uma inovação do modelo de negócio requer um salto quântico (Figura 4-2). Ela deve incluir a mudança do modelo de distribuição, de receita ou do conteúdo de sua cadeia de valor para ser capaz de aproveitar plenamente o poder de uma nova tecnologia, ou a nova conceituação do produto ou serviço. Por essa razão, essa nova declaração de visão difere em termos fundamentais das tipicamente utilizadas pelas grandes empresas, que tendem a ser afirmações nebulosas e amplas dos modelos de negócios atuais das companhias.

Para Anne Wojcicki, a oportunidade para um novo tipo de empresa era clara. "Ninguém havia feito o que nós fizemos," disse ela. "No começo nós dissemos: 'Não somos uma empresa de cuidados de saúde – estamos totalmente fora da curva estabelecida.'" Essa atitude permitiu-lhe pensar sobre as possibilidades de combinar um produto baseado em testes genéticos e ascendência, com um novo modelo operacional que aproveita o poder dos megadados, do comércio eletrônico e de uma abordagem de retorno centrada no consumidor.

FIGURA 4-2

Quadro de inovação do modelo de negócios

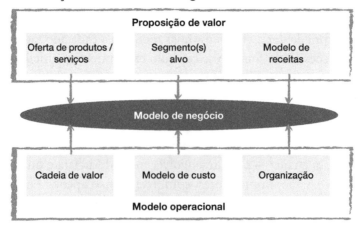

Fonte: Zhenya Lindgardt, Martin Reeves, George Stalk, e Mike Deimler, "Business Model Innovation: When the Going Gets Tough (Inovação do modelo de negócios: Quando as coisas ficam difíceis)," *BCG Perspectives*, dezembro de 2009.

Traçando o plano

Considerando o fato de que uma abordagem visionária envolve um objetivo fixo, mas, ao mesmo tempo, métodos flexíveis para superar obstáculos à medida que se tenta alcançá-lo, a abordagem é mais como uma jornada de longa distância que permite flexibilidade ao longo da rota. Uma vez que, por definição, você está mapeando um território desconhecido, pode ter certeza de que alguns obstáculos inesperados irão forçá-lo a ajustar seu curso. Portanto, uma abordagem visionária não depende do tipo de documentação elaborada, tampouco de marcos financeiros e operacionais detalhados que você esteja acostumado a preparar para uma abordagem clássica, mesmo que alguns investidores possam exigi-lo. Em vez disso, ela apenas define metas de alto nível para mantê-lo direcionado e no caminho certo, movendo-se rapidamente em direção à sua visão final.

Como Wojcicki nos disse: "Meu sonho sempre foi o objetivo final: mudar o panorama de como o indivíduo recebe cuidados de saúde – mas nunca me apeguei com firmeza a um único caminho para chegar lá." Embora ela tenha dito que a empresa "necessita de um 'plano' para agir em cima dessa visão," o plano que ela concebeu permite muitas alterações e tem servido bem à 23andMe. "A única coisa em que nós somos muito bons é mudar os planos quando deparamos com várias barreiras ou oportunidades inesperadas – como, por exemplo, quando pegamos um financiamento adicional e baixamos o preço [do nosso teste de DNA] para US$ 99," disse Wojcicki. "Nós mudamos a estratégia, deixando a rentabilidade de lado e buscando o crescimento." O que não mudou foi a visão.

Divulgue sua visão amplamente

Por fim, sua visão não será realizada até que tenha sido aceita por uma massa crítica de clientes e investidores. A abordagem visionária pode, naturalmente, ser recebida com ceticismo por apresentar algo novo que seja apenas desconhecido, mas também que contradiga as maneiras mais familiares de fazer e pensar sobre o empreendimento. Portanto, na medida em que você desenvolve sua estratégia, você precisa divulgá-la – ou melhor, divulgá-la amplamente – para convencer os clientes a comprarem e os investidores a investirem. Em particular, você deve divulgar amplamente essa visão para seus funcionários e clientes, visto que ambos os grupos se tornarão seus advogados e também os evangelistas da marca. Por último, você deve celebrar e difundir as vitórias iniciais que demonstram que sua visão tem tração e é confiável.

Como você está criando um novo mercado, está pregando para os não convertidos. Então, você precisa dedicar tempo e esforço para inspirar e educar os consumidores e os investidores, inclusive adaptando sua mensagem para o nível dos não iniciados. "O indivíduo comum não faz ideia do por que deveria obter seu genoma," disse Wojcicki. "Então, educá-lo e animá-lo sobre isso foram os nossos primeiros desafios."

A velocidade é a chave:
A criação da estratégia na Mobiquity

Outra companhia que adota uma abordagem visionária à estratégia é a Mobiquity, uma firma de serviços profissionais com base nos EUA que ajuda as empresas a aproveitarem o poder da tecnologia móvel – às vezes chamada de "a quinta onda da computação" (após o *mainframe*, o minicomputador, o computador pessoal e a Internet).[26] Bill Seibel e Scott Snyder fundaram a Mobiquity, em 2011, depois de terem detectado uma oportunidade: enquanto muitas companhias estavam criando aplicativos móveis para grandes corporações, poucas empresas ainda pareciam fornecer serviços completos na área de criação de estruturas de dados, processos de negócios e plataformas de apoio, para garantir que as tecnologias móveis fossem totalmente integradas ao modelo de negócio do cliente.

A Mobiquity reconheceu cedo o surgimento da megatendência da tecnologia móvel. "Nós percebemos que ela estava caminhando a passos largos e se revelava bem mais transformacional e inovadora do que os executivos acreditavam," disse Snyder, presidente e diretor de Estratégia da Mobiquity. Na verdade, a Mobiquity espera que a tecnologia móvel represente 35% dos orçamentos de TI em 2015.[27]

Snyder resiste à tentação de criar planos estratégicos formais, já que "seria muito reativo e constrangedor para o que está realmente acontecendo no dia a dia." Em vez disso, a Mobiquity se concentra na visão e em um plano geral para realizá-la, e essa abordagem tem resistido ao teste do tempo: "A estratégia que criamos ainda está 90% intacta e ainda é nossa âncora de apoio", completou. Snyder e Seibel também tiveram o cuidado de divulgar sua visão, começando com a formação de um Conselho de Inovação na Área de Comunicação Sem Fio (Wireless Innovation Council), que já reúne grandes empresas como a GE, a Marriott e a Fidelity, além de instituições de pesquisa como a Babson College, para criar consciência e credibilidade. O conselho cria um ambiente onde os tomadores de decisões estratégicas de diferentes setores colaboram entre si para descobrir novas oportunidades de inovação.

A velocidade tem sido fundamental para o sucesso da Mobiquity. O ritmo da tecnologia móvel é rápido, portanto, como diz Snyder, "tivemos de arquitetar uma empresa que pudesse realizar toda a corrida de revezamento rapidamente". A empresa fez isso "misturando as melhores agências de *design*, como a IDEO, com as habilidades de integradoras, como a IBM, e aumentando a escala com celeridade". O conceito é: combinar o melhor da estratégia, do *design* e da tecnologia com o desenvolvimento de competências para executar a visão por completo. O prêmio, é claro, é a vantagem do primeiro movimento. "Já que estamos um ou dois anos à frente da concorrência, podemos antecipar quais serão as necessidades futuras, desenvolver produtos para atendê-las, e, em seguida, trabalhar junto com nossos clientes para testá-los e lançá-los no mercado." Para ficar à frente da curva, a Mobiquity também criou o Mobiquity Labs, um ambiente único para experimentação rápida e coinovação com seus clientes.

No período de dois anos, a Mobiquity abriu doze escritórios ao redor do mundo e desenvolveu uma lista de clientes que retrata uma parte importante das 1000 empresas da *Fortune*. Sua receita subiu de 5 para 24 milhões de dólares, com uma agenda de trabalhos em andamento que totaliza US$ 40 milhões.[28]

A SIMULAÇÃO DA ESTRATÉGIA EM UM AMBIENTE PREVISÍVEL E MALEÁVEL

Em nossa simulação clássica e adaptativa de opções estratégicas em ambientes estáveis ou imprevisíveis, partiu-se do pressuposto de que o ambiente existia, independentemente de qualquer estratégia ou competidor específico. No entanto, às vezes, empresas moldam o ambiente por meio da criação de novas opções estratégicas. Por exemplo: pela inovação do espaço disponível ou ampliação do valor das opções existentes.

A SIMULAÇÃO DA ESTRATÉGIA EM UM AMBIENTE PREVISÍVEL E MALEÁVEL

Para refletir um ambiente como esse, simulamos opções maleáveis que aumentam de valor quando uma empresa investe nelas por um determinado período de tempo. O investimento em recursos é elevado, mas o mesmo ocorre no que diz respeito à recompensa potencial.

A estratégia ideal resultante em um ambiente maleável é analisar, ou prever, qual opção seria mais compensadora para um determinado investimento. Uma vez que a opção com maior potencial é identificada, é preciso persistir nessa escolha e investir nela para, então, colher os frutos (retornos) (Figura 4-3). Isso reflete o que os líderes visionários fazem quando se fixam em uma visão depois de um período de exploração ampla ou profunda e a perseguem com entusiasmo.

FIGURA 4-3

As estratégias visionárias têm melhor desempenho em ambientes maleáveis (simulação)

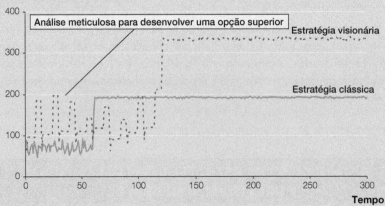

Fonte: Simulação Multi-Armed Bandit (*MAB*) do Instituto de Estratégia do BCG.
Nota: Resultados obtidos com trinta simulações em ambiente não competitivo e com trinta opções de investimento.

A abordagem visionária na prática: Implementação

A organização é o veículo para colocar a visão em prática, persistindo de maneira flexível em face a obstáculos inesperados, e agindo rapidamente para ficar à frente dos outros. Portanto, os princípios orientadores da organização são: 1) clareza de objetivo; 2) celeridade e 3) flexibilidade de métodos que percorram todo o caminho, desde a gestão da informação, até a liderança, passando é claro pela estrutura organizacional.

Informação

Como vimos, detectar primeiro novas oportunidades e agir sobre elas com maior rapidez e clareza que os outros é um dos fatores de sucesso cruciais para uma abordagem visionária.

Para usar as informações com êxito, as pretensas empresas visionárias as aproveitam fazendo uma varredura e identificando oportunidades para criar uma nova realidade de mercado, olhando para além do que os sinais aparentam ser com o intuito de descobrir no que poderão se transformar. Como Henry Ford, o pai da indústria automotiva, supostamente teria comentado: "Se eu tivesse perguntado aos meus clientes o que eles queriam, eles teriam dito um cavalo mais rápido."[29] Por isso, o desafio da informação para as empresas visionárias diz respeito a imaginação, mas é informado por sinais do mundo real sobre as tendências, as tecnologias e os clientes.

Obter essa visão do que poderia ser exige que você, na qualidade de líder, volte atrás e desafie sua própria visão estabelecida sobre seu setor e sua empresa, e que supere os pontos cegos em suas perspectivas atuais. Contudo, para vislumbrar novas possibilidades, também é preciso olhar para as informações que estão disponíveis além dos limites de sua própria zona de conforto – além de sua empresa, do seu país, do seu setor comercial, dos seus clientes e do próprio conhecimento. Às vezes, isso pode exigir colocar alguma distância mental, se não física, entre você e os negócios do dia a dia. No auge da vertiginosa ascensão da Microsoft, em meados dos anos 1990, Bill Gates era conhecido por se afastar por duas semanas a cada ano para "pensar." Ele se isolava da família e dos amigos para que pudesse considerar ideias novas e criativas.[30]

Talvez seja particularmente difícil para empresas bem estabelecidas criar essa distância ou olhar para seu setor de uma nova maneira. As de grande porte podem empregar uma **varredura de *mavericks***, um exercício que permite que você perceba indícios do futuro do seu segmento, observando as ações dos *mavericks* – com frequência os pequenos competidores à margem do seu setor – que possivelmente estejam apostando contra seu modelo de negócio. Então, você identifica qual é a ideia deles e a aposta que estão fazendo. Em seguida, considera quais seriam as implicações para sua empresa caso a ideia deles se prove correta. A partir desse ponto, você será capaz de determinar qual a sua resposta a essas ideias: esperar para obter mais informações, ignorar, replicar, neutralizar ou comprar. A Facebook, por exemplo, verifica continuamente potenciais perturbadores à margem do seu setor e pergunta qual seria o impacto sobre seu próprio modelo de negócio se esses *mavericks* alcançassem sucesso. Às vezes, essa tática leva a novos produtos e serviços; em outras ocasiões, a aquisições de negócios em larga escala, como ocorreu com o Instagram e o WhatsApp.[31] Observar os *mavericks* com atenção ajuda grandes empresas a "se manterem grandes, agindo como pequenos."

Enquanto a tecnologia digital cria muitas oportunidades para novas estratégias visionárias, sistemas de TI caros por si só não são necessários para detectar boas oportunidades. Dennis Gillings fez suas observações consultando grandes empresas farmacêuticas, Jeff Bezos da Amazon.com supostamente leu um relatório sobre a ascensão do comércio eletrônico e Steve Jobs tinha uma imagem em sua mente de um produto único criado pela combinação de um leitor de MP3 e um telefone num dispositivo *touchscreen*. Outras abordagens – particularmente a estratégia adaptativa – muitas vezes precisa de grande capacidade em termos de computação para "peneirar" padrões em pequenas mudanças no ambiente. Enquanto uma empresa visionária pode utilizar tal análise de dados, o mais importante é olhar para além do óbvio, para ideias novas e disruptivas. Mais exatamente, o que permeia as fases iniciais de uma abordagem visionária é a busca por aquilo que poderia ser, *versus* o que realmente é.

Inovação

Uma vez que a abordagem visionária cria uma realidade de mercado inteiramente nova, a inovação naturalmente desempenha papel fundamental na definição e na colocação em prática da visão. Essa inovação é rápida, ousada e revolucionária, mas não evolutiva. Para garantir a velocidade e a concentração de recursos, os esforços de inovação geralmente focam em uma grande aposta única em vez de em um portfólio de opções dispersas, em especial para pequenas empresas com recursos limitados. Quando perguntaram a Bezos o quanto ele estava preparado para gastar no projeto Kindle, ele replicou: "Quanto nós temos?"[32]

Existem três maneiras principais de alcançar essa inovação: 1) a aplicação de uma nova tecnologia; 2) a inovação do modelo de negócio; e 3) o desvio da aplicação dos recursos existentes de um setor para outro.

1. Você pode inventar ou ser o primeiro a aplicar uma nova tecnologia. Em toda a história dos negócios, muitas empresas de sucesso foram as primeiras a fazer uso dominante de grandes invenções: a AT&T e o telefone, a IBM e o computador pessoal e a Remington e a máquina de escrever QWERTY. Mais recentemente, em 1999, a empresa norte-americana TiVo introduziu o primeiro gravador comerciável de vídeo digital (DVR), permitindo aos telespectadores pular os comerciais e/ou gravar *shows* desejados.[33] E por causa de ser a primeira a fazer isso, a palavra "TiVo" tornou-se praticamente sinônimo de gravação e reprodução de vídeo digital.

2. Desenvolver um novo modelo de negócio também é uma maneira diferente de fornecer valor aos clientes. Um bom exemplo é a Zipcar, uma empresa de compartilhamento de automóveis fundada por Antje Danielson e Robin Chase no ano 2000. Eles perceberam que menos pessoas estavam comprando automóveis e, à luz de uma maior urbanização e da crescente ênfase em atividades ambientalmente amigáveis, Danielson e Chase viram uma oportunidade para lançar uma nova maneira de alugar carros.[34]

3. A transferência de recursos de um setor para outro, como fez a Louis Dreyfus Group, fundada em 1851, que se concentra prioritariamente em *commodities* agrícolas. Porém, em 1998, ela entrou no negócio de infraestrutura de telecomunicações, competindo com a líder já estabelecida no setor: a France Telecom. Apesar de não ter experiência prévia nesse setor, o conhecimento da Louis Dreyfus nos negócios de *commodi-*

ties voláteis deu-lhe uma vantagem para navegar pelo ciclo de expansão e recessão do recente e ainda desregulamentado mercado de telecomunicações. A empresa aproveitou sua capacidade para escolher o momento certo para investir em infraestrutura de financiamento e, em seguida, fez o mesmo na hora de dispor proveitosamente desses recursos.[35]

Organização

A organização visionária deve comunicar sua visão rapidamente, com fidelidade em relação à meta, mas também com flexibilidade para superar obstáculos imprevistos. E, na medida em que a visão amadurece, a organização precisa, eventualmente, antecipar os requisitos da próxima abordagem à estratégia. Para garantir o foco no objetivo, evitando a rigidez, organizações visionárias combinam uma estrutura de direção descendente (topo-base) com uma organização flexível e informal que minimiza as regras e os procedimentos inconvenientes. Para alcançar escala e profissionalização enquanto a visão amadurece, a empresa eventualmente alterna os requisitos organizacionais de uma nova abordagem para a estratégia.

Princípios orientadores explícitos e uma direção clara, definidas a partir do topo, contribuem para centrar a organização visionária. A Mobiquity aprendeu essa lição rapidamente quando, no início, não tinha o costume de comunicar sua direção ou os papéis e as responsabilidades individuais de maneira clara o suficiente, permitindo que muitas pessoas tentassem definir elas mesmas a direção da empresa. "Depois de um ano", recordou-se Snyder, "percebemos que havíamos contratado os melhores caras do mercado, mas que tínhamos dezessete ex-CEOs na empresa. Éramos como o time de basquete olímpico norte-americano que perdeu a medalha de ouro em 2008: grandes atletas, equipe errada – excesso de genes de liderança. Precisávamos de colaboradores que colocassem a empresa acima de si mesmos." Ele reformou a equipe de liderança, e à medida que a Mobiquity se expandia, desenvolveu uma abordagem mais específica para que os clientes recebessem um serviço uniforme, não importando se estivessem baseados em Atlanta, Amsterdã ou Amedabade. "Nós tivemos que acertar a fórmula e, em seguida, redimensioná-la em pequenas unidades de negócio geográficas que funcionassem de modo idêntico." Em outras palavras, organizações visionárias não precisam do mesmo nível ou tipo de diversidade organizacional que observamos em empresas adaptativas, porque a direção já é predefinida.

Embora a clareza de direção seja crucial, apenas o objetivo de longo prazo é fixo. Consequentemente, as empresas precisam de flexibilidade de curto prazo para detectar e superar rapidamente obstáculos inesperados. Como disse Bezos: "Nós não nos concentramos na ótica do próximo trimestre, nos focamos no que vai ser bom para os clientes."[36] Para manter a flexibilidade de curto prazo, empresas visionárias são geralmente informais, alocam recursos com flexibilidade e limitam seus procedimentos operacionais detalhados ou sua especialização. Elas mantêm equipes multifuncionais e incentivam a comunicação direta entre a alta gerência e os operários da fábrica para facilitar uma tomada de decisão e execução rápidas. Isso significa que companhias visionárias não requerem os procedimentos operacionais detalhados empregados pelas empresas clássicas para aumentar sua eficiência ou manter uma execução consistente.

Essa mudança de mentalidade é particularmente difícil, porém, muito importante para grandes corporações que tentam adotar uma abordagem visionária. Para essas organizações, os processos arraigados não se convertem facilmente em processos informais e flexíveis que suportam uma abordagem visionária. Como discutiremos mais tarde nesse livro, grandes empresas podem, talvez, ter a necessidade de separar suas unidades visionárias do negócio principal.

Como vimos na Quintiles, que com o tempo fez a transição para uma abordagem mais clássica, a aproximação visionária é com frequência mais utilizada no início em vez de no final de uma jornada estratégica. Assim, os líderes visionários bem-sucedidos antecipam e introduzem gradualmente as funcionalidades da próxima abordagem estratégica necessária para a organização, geralmente movendo-se em direção tanto a uma execução como a uma abordagem mais clássicas à estratégia. Uma eventual mudança em direção a outra abordagem é geralmente necessária porque a informalidade e o foco descendente em um único propósito – que tornam as empresas visionárias – pode, às vezes, autolimitá-las à medida que crescem e amadurecem. "Em função do tamanho e da idade, haverá mudanças", explicou Wojcicki. "Somos 140 pessoas, nosso orçamento é muito maior [do que quando começamos], e nós [agora] temos pessoas que sabem como administrar o capital! Nos primeiros dias, *startups* sem muita estrutura administrativa parecem ótimas. Todavia, depois de um tempo, as pessoas querem amadurecer e ter mais estrutura."

Cultura

Consistente com as implicações para a organização, uma cultura visionária combina um sentido claro de direção, para garantir velocidade, com um certo grau de flexibilidade, para superar os obstáculos ao longo do caminho. Mais importante ainda, a cultura incentiva os funcionários a perseguirem o que os outros ainda não conseguem ver, insinuando algo como "nós contra o mundo." Essa cultura concentra energia sobre a realização da visão e desperta a paixão e a criatividade do indivíduo para acelerar esse processo. Culturas visionárias estão ancoradas em sua visão, o que proporciona uma estrela guia cultural. Wojcicki disse: "Eu amo o potencial da empresa. Isto pode parecer banal, mas se aplica a nós e a muitas outras *startups*: se formos bem-sucedidos, a 23andMe irá realmente transformar o mundo." Ao se ancorar à missão, os funcionários não só a internalizam, mas também se tornam embaixadores da marca ou do produto: em condições ideais, os funcionários de uma empresa visionária são seus maiores fãs. A cultura também precisa encorajar oportunidades sem limites para a iniciativa individual. Isso acelera a realização da visão, e uma cultura assim tão atraente pode ser uma poderosa ferramenta de recrutamento. Como disse Wojcicki: "Preciso criar uma cultura que traga [...] as melhores pessoas para tomar decisões difíceis em áreas absolutamente técnicas."

Por fim, à medida que a visão amadurece, a empresa altera sua mentalidade cultural para começar a mover-se rumo a outra abordagem. Por exemplo, a empresa pode tornar-se mais orientada para o lado externamente ou mais sistemática em um espírito adaptativo ou clássico.

Liderança

O líder de sucesso de uma empresa cuja abordagem é visionária encarna totalmente a dinâmica do **imaginar**, **criar** e **persistir**, de ponta a ponta: você tem o momento eureca e define uma direção clara. Você é o chefe evangelista e o guardião da chama; você constrói a organização e fornece a visão, comunica o objetivo final e comemora as vitórias iniciais. E você visivelmente se compromete – repetidas vezes – até ver essa visão se concretizar. "Estou convencido de que cerca de 50% do que separa os empreendedores de sucesso dos malsucedidos é pura perseverança", disse Steve Jobs.[37] E, finalmente, você precisa orientar a empresa ao longo da difícil, mas, ao mesmo tempo, necessária transição para outras abordagens, depois que a visionária chega a um fim natural.

Felizmente, o carisma e o entusiasmo raramente são desafios para o líder visionário: ele (ou ela) normalmente é um sonhador pragmático. "Eu vejo a mim mesma como a estrategista visionária que está tentando abrir caminho em uma área que não existe," disse Wojcicki. "Sempre fui o tipo de pessoa que não tem medo de estar desempregada ou de fazer algo que não funcione. Eu aceito o fato de que há riscos – mas, para mim, a pior coisa na vida é apenas aceitar o *status quo*. Para sentar lá e dizer: 'É assim que o sistema de saúde funciona.' Eu preferiria mil vezes investir meu tempo e esforço no sentido de mudá-lo [...] O aspecto mais negativo é dizer simplesmente: 'Eu aceito esse disfuncional como está.'"

Por último, o líder deve reconhecer quando mudar sua abordagem estratégica. Como discutido anteriormente, ambientes de negócios que propiciam a aplicação bem-sucedida de uma abordagem visionária raramente persistem por muito tempo. Como vimos com a Quintiles, a empresa já passou de uma abordagem visionária para a clássica. Gillings, seu fundador, refletiu sobre essa transição e disse que empresas visionárias precisam sistematizar seus processos à medida que amadurecem: "Conforme o nosso setor se desenvolveu, tornou-se visível o que eu chamaria de sistematização de uma estratégia visionária."

Poucas pessoas são capazes de combinar essas características divergentes. Mas aqueles que conseguem fazê-lo estão equipados para transformar não apenas o seu empreendimento, mas também o seu setor como um todo.

> ## SUAS AÇÕES ESTÃO EM CONSONÂNCIA COM UMA ABORDAGEM VISIONÁRIA?
>
> Você já estará incorporando uma abordagem visionária se conseguir identificar as seguintes ações:
>
> ✓ A observação de lacunas na oferta atual do setor.
>
> ✓ A criação de uma visão do que poderia ser.
>
> ✓ A construção de um plano de alto nível para o estado final.
>
> ✓ A persistência em realizar sua visão.
>
> ✓ A adaptação à flexibilidade e aos obstáculos ao longo do caminho.

Dicas e Armadilhas

Como vimos ao longo desse capítulo, as bases para uma abordagem visionária bem-sucedida são: 1) ser o primeiro a detectar e agir em cima de uma nova oportunidade (antes dos outros); 2) criar um modelo de negócio para abordá-la e persistir de maneira flexível face aos inevitáveis obstáculos. Todavia, como também já discutimos, quase 80% dos empresários fracassam – e não apenas por conta de ideias de negócio ruins.

Em nossa pesquisa descobrimos que os ambientes de negócios são mais comumente percebidos como visionários, apesar das condições reais avaliadas. Essa mesma pesquisa revela uma tendência a superestimar como realmente são os ambientes maleáveis e previsíveis. Além disso, a julgar pelas práticas informadas pelas empresas, a abordagem visionária também é a mais comumente praticada e, mais uma vez, apesar da estratégia real declarada e das condições do ambiente. Esse conflito entre percepção e realidade provavelmente reflete as mesmas tendências, bem como um alto grau de familiaridade com técnicas visionárias.

A Tabela 4-1 expõe algumas das dicas e armadilhas que podem surgir no caso da seleção e aplicação de uma abordagem visionária.

Visionária **123**

TABELA 4-1

Dicas e armadilhas: Principais contribuintes para o sucesso e o fracasso de uma abordagem visionária

Dicas	Armadilhas
• **Deduzir o momento certo é tudo:** Tire vantagem de um momento decisivo no desenvolvimento do seu setor ou mercado. Aja na hora certa, nem cedo nem tarde demais, detectando e agindo em cima de uma oportunidade antes que outros o façam.	• **Confundir planejamento detalhado com direcionamento claro:** Um plano detalhado não é o mesmo que uma direção clara. Você deve esperar para ajustar seu plano à medida que avança. A única coisa que você deve manter fixa é sua visão.
• **Crie uma visão ousada:** Seja revolucionário (não evolucionário). Olhe para além da visão de mundo atual de sua empresa ou de seus clientes, para, fundamentalmente, prever uma maneira nova e melhor de fazer negócios.	• **Insistir em uma visão delirante:** empresas e/ou fundadores abraçam modas passageiras ou tornam-se obcecados por uma ideia, não por uma oportunidade legítima. Lembre-se de que será uma grande aposta, por isso, esteja tão certo quanto puder de que as probabilidades estão a seu favor.
• **Seja o primeiro e mantenha-se em primeiro lugar:** Não há prêmio por ser o segundo em um jogo no qual o vencedor leva tudo, especialmente em empresas com pessoas conectadas e *stakeholders* comprometidos.	• **Incrementalismo:** Nenhum líder visionário jamais mudou o mundo dando passos de bebê. Empresas que adotam essa abordagem ousada devem ter uma visão convincente.
• **Tenha uma visão clara e métodos flexíveis:** Seja flexível nas táticas de curto prazo para buscar o resultado em longo prazo e sobrepujar obstáculos inesperados.	• **Ser lento para agir:** Toda empresa precisa de um processo – mas evite procedimentos excessivamente burocráticos que impeçam você de ser o primeiro e de se manter em primeiro lugar. Procure investidores que valorizem o crescimento, não a rentabilidade em curto prazo.
• **Divulgar, divulgar, divulgar:** Sua visão é radical: Você precisa contar às pessoas sobre ela – e inspirá-las. Só então seus funcionários farão tudo por você; seus investidores investirão em você; e seus consumidores comprarão o que você tem para lhes oferecer.	• **Não conseguir convencer:** Uma coisa é ter uma visão, outra bem diferente é convencer as pessoas do seu poder. As empresas que não conseguem desenvolver uma boa proposta de valor para educar os colegas, clientes e investidores não conseguirão a tração necessária.
• **Prepare a próxima jogada:** Se for bem-sucedido, você se tornará o líder do mercado, e isso acabará exigindo uma abordagem diferente para a estratégia. Certifique-se de que você está preparado para essa transição.	• **Manter-se visionário para sempre:** A abordagem visionária é apropriada apenas por algum tempo no ciclo de vida da empresa. Uma vez que o negócio esteja estabelecido, as empresas podem precisar adotar outras abordagens para sustentar vantagem competitiva.

124 Sua Estratégia Precisa de uma Estratégia

TABELA 4-1

Dicas e armadilhas: Principais contribuintes para o sucesso e o fracasso de uma abordagem visionária

Dicas	Armadilhas
• **Almeje o céu, mas mantenha os pés no chão:** É difícil, mas necessário equilibrar idealismo e realismo. Sonhe grande **e** atente aos detalhes.	• **Viés de percepção:** Tenha cuidado para não superestimar a maleabilidade e a previsibilidade do ambiente. Aplique uma abordagem visionária apenas quando for justificada por observação cuidadosa. • **Retórica visionária:** Líderes são propensos a usar aleatoriamente e com grande facilidade a palavra "visionária." Tenha cuidado para não confundir **visão**, enquanto floreio retórico, e selecionar a abordagem que se mostrar mais adequada à estratégia.

CAPÍTULO 5

FORMAÇÃO
Seja o Orquestrador

Novo Nordisk: Formando para vencer

Quando August Krogh fundou a Novo Nordisk na Dinamarca em 1923, ele não poderia prever que sua empresa iria desempenhar um papel tão crucial no desenvolvimento do considerável e florescente mercado de insulina da China. Hoje a empresa controla cerca de 60% do mercado.[1]

A Novo começou a desenvolver sua operação na China nos anos 1990, bem antes que a diabetes fosse amplamente avaliada e considerada uma ameaça, ou que o mercado de cuidados médicos para o tratamento dessa doença estivesse totalmente desenvolvido. Uma entrada rápida se fazia crítica, disse o CEO Lars Sørensen: "Nós viemos para a China muito cedo; fomos uma das primeiras empresas farmacêuticas internacionais a estabelecer um empreendimento inteiramente particular [naquele país]."[2] Quando a Novo chegou à China, o grau de conscientização da população em relação à doença era baixo. Não havia protocolos de tratamento estabelecidos, e a Novo não contava com a ajuda de uma base médica com formação adequada com a qual pudesse trabalhar para combater a doença. Por outro lado, acreditava-se que a diabetes afetasse 2,5% da população chinesa, mas o diagnóstico não era confiável. Hoje, entretanto, sabe-se que cerca de um em cada dez chineses sofre com essa condição crônica – algo em torno de 99 milhões de pacientes.[3]

Segundo Sørensen, inicialmente a Novo tentou colaborar com as empresas farmacêuticas locais para entrar no mercado chinês, mas logo descobriu que essas empresas tinham poucos recursos financeiros e tecnologias limitadas. Em vez disso, a Novo procurou outras partes interessadas

126 Sua Estratégia Precisa de uma Estratégia

com o intuito de criar um esforço conjunto visando o aprimoramento na educação dos médicos, pacientes e reguladores, aumentando assim a conscientização e promovendo tratamentos.

A Novo investiu fortemente em educação para ensinar a comunidade médica - clientes em potencial e evangelistas - sobre a ameaça do diabetes e tratamentos potenciais. Sørensen estabeleceu parcerias com o Ministério da Saúde Chinês e a Fundação Mundial para o Tratamento da Diabetes, e a Novo saiu à campo com seu programa Ônibus Para a Transformação do Diabetes (*Changing Diabetes Bus*) para alcançar médicos em áreas rurais remotas.[4] No total, a Novo facilitou mais de 200 mil sessões de treinamento e congressos visando melhorar a triagem, o tratamento e a educação dos pacientes.[5]

Sørensen disse que a parceria com médicos e reguladores foi crucial: "O que fizemos inicialmente - que, aliás, é o que fazemos em todos os lugares do mundo - foi começar a construir um relacionamento com o governo, explicando-lhes sobre o diabetes, listando os problemas que eles teriam de enfrentar e iniciando um trabalho no sentido de educar o setor público de saúde como um todo. Até o presente momento, instruímos provavelmente entre 50 a 60 mil médicos na China sobre o diabetes. Então, você poderia dizer que nosso *marketing* na China tem sido a educação."[6]

Além disso, a Novo aproximou-se dos pacientes para melhorar a compreensão das raízes do problema. Seu grupo de apoio inovador, o NovoCare Club, tem mais de 900 mil membros e redefine o papel da empresa de medicamentos. Mais do que apenas uma fornecedora de insulina, a empresa tornou-se uma parceira no atendimento, oferecendo apoio nas áreas de dieta e estilo de vida, além de mecanismos para ajudar a gerenciar a administração de medicamentos.[7]

Finalmente, a Novo investiu nas comunidades locais para conseguir um lugar à mesa junto com as autoridades. Em 1995, a empresa abriu sua primeira unidade de produção e, em 2002, a Novo se tornou a primeira multinacional farmacêutica a abrir um centro de P&D na China.[8] Sørensen disse que esses investimentos deram a Novo a oportunidade de ajudar a impulsionar o desenvolvimento de diretrizes de tratamento clínico em todo o país através de um trabalho conjunto com o governo e a Chinese Diabetes Society.

Como resultado desses esforços coesos, a Novo ampliou a consciência e ajudou a desenvolver normas para apoiar o tratamento do diabetes, ganhando uma posição de liderança no mercado ao longo do caminho. Em 2010, a participação da empresa no mercado de cuidados com o diabetes no país foi duas vezes o de sua concorrente mais próxima, em um mercado onde se espera que o número de pacientes com diabetes deva dobrar até 2025.[9]

Sørensen explicou como essa abordagem de formação é um modelo para a estratégia de sua empresa em outros mercados emergentes: "A estratégia que empregamos em economias emergentes é exatamente a mesma [...] Basicamente, nós começamos construindo um relacionamento com o Ministério da Saúde, com as associações médicas voltadas para o tratamento do diabetes e também com as associações de pacientes locais e, em seguida, passamos a educar os médicos sobre a doença. Isso significa que, logo depois que os profissionais começarem a diagnosticar pessoas com diabetes, eles serão capazes de iniciar o tratamento delas. Nós ensinamos como tratar os pacientes e, no final, eles se tornam clientes adquirindo nossos produtos. É um modelo muito simples."[10]

A abordagem de formação para a estratégia: Ideia central

Como a Novo, às vezes você têm a extraordinária oportunidade de moldar ou remodelar um setor logo num ponto inicial de seu desenvolvimento, quando as regras ainda não foram escritas e existe uma oportunidade para que o segmento se torne grande, atraente e favorável a você, o "modelador". Tal oportunidade permite e, ao mesmo tempo, requer que você colabore com os outros, porque é impossível moldar o setor sozinho – você precisa de outros que compartilhem o risco, forneçam capacitações e recursos complementares, e construam o mercado rapidamente. Uma empresa de formação opera sob um alto grau de imprevisibilidade, dado o estágio inicial de evolução do setor e a participação de várias partes interessadas, que precisam ser influenciadas, mas não podem ser controladas.

Nessas circunstâncias altamente maleáveis e imprevisíveis, para ter sucesso, as empresas de formação **envolvem** outras partes interessadas a fim de criar uma visão compartilhada no momento mais oportuno, criando uma plataforma pela qual essas companhias possam exercer influência, **coordenar** a colaboração e, finalmente, **desenvolver** a plataforma e o ecossistema, dimensionando-os e mantendo-os flexíveis (Figura 5-1).

FIGURA 5-1

A abordagem de formação para a estratégia

Voltando à nossa comparação com a arte, "formar" é como criar um grande mural com a ajuda de muitos artistas. Você tem que envolvê-los em uma visão compartilhada e convincente e, para evitar o caos, implementar sua influência para que seja possível orquestrar os esforços de todos os colaboradores (pintores). Você aproveita a criatividade deles, iterando o projeto emergente à medida que este avança.

Quando aplicada com sucesso, uma abordagem de formação pode ser extremamente gratificante: um grupo de empresas ou partes interessadas cria, em conjunto, um novo mercado com a empresa de formação. Esta atua como coordenadora, muitas vezes com um ganho desproporcional de recompensas em comparação àquele registrado pelas retardatárias. Os esforços paralelos dos diversos participantes do ecossistema permitem uma inovação mais rápida, com menores custos e riscos para qualquer um dos participantes, e faz com que o sistema cresça e se adapte rapidamente à mudança. Além disso, os ecossistemas de negócios podem ser extremamente poderosos, pois conseguem se beneficiar dos efeitos de rede e *lock-in* (aprisionamento). E mais, muitas vezes existe espaço apenas para um único coordenador e ecossistema para atender a todo um mercado.

Dado que as empresas de formação operam em ambientes imprevisíveis, essa abordagem compartilha algumas características com a adaptativa: a dinâmica do novo setor não pode ser totalmente prevista e surgirá de maneira evolutiva via múltiplas iterações. Todavia, assim como as organizações visionárias, as empresas de formação presumem que o ambiente seja maleável e então tentam explorar uma janela de oportunidade a fim de definirem ou redefinirem um setor e abordarem um novo problema – ou resolverem um já existente – de maneira mais eficaz. No entanto, como a dimensão do empreendimento é maior e mais imprevisível, em vez de fazer uma aposta única e seguir adiante sozinha, a empresa de formação constrói um novo mercado em colaboração com outros participantes. Embora muitas empresas aspirem a um papel de formação, elas raramente têm o poder e/ou a oportunidade de desempenharem um papel principal na evolução de um setor a fim de colherem esses benefícios extraordinários.

APROFUNDANDO O QUE VOCÊ JÁ CONHECE

A noção de que empresas podem ser bem-sucedidas tanto por colaborarem quanto por competirem com partes externas tem suas origens no **pensamento ecológico**, onde têm origem conceitos como "simbiose" ou "relações mutuamente benéficas entre organismos." Nos anos 1960, Bruce Henderson já havia traçado comparações elaboradas entre a concorrência nas esferas natural e de negócios. Mais recentemente, a **teoria dos sistemas adaptativos complexos** tem explorado a maneira como esses sistemas colaborativos dinâmicos se comportam e evoluem.[11]

A **teoria de gestão das partes interessadas –** ou a noção de que *stakeholders* (interessados) externos devem ser considerados na concepção da estratégia de negócios – surgiu nos anos 1980. Inicialmente, esse conceito enfatizava as implicações mais amplas das ações da empresa, e não se concentrava no desenvolvimento conjunto de mercados.[12]

O início dos anos 1990 testemunhou um aumento no número de empresas de alta tecnologia que utilizavam modelos de negócios "desconstruídos", em que uma companhia coordena as atividades de muitas outras. A maior conectividade e custos menores de transação alimentaram essa tendência. Teóricos do campo dos negócios como James Moore e, mais tarde, Marco Iansiti e Simon Levin, formalizaram o conceito de **ecossistema de negócios**: um grupo de empresas que poderiam se beneficiar mutuamente evoluindo em conjunto.

APROFUNDANDO O QUE VOCÊ JÁ CONHECE

Na mesma época, Adam Brandenburger e Barry Nalebuff compartilharam a ideia de **coopetição**, segundo a qual, às vezes as empresas precisam cooperar com potenciais concorrentes, e não apenas com agentes externos não envolvidos diretamente na cadeia de valor.[13]

Em seu livro *Blown to Bits* (ainda não traduzido para o português), de1999, Philip Evans e Tom Wurster do BCG exploraram como a **nova economia da informação** redefiniu a relação entre as empresas e seus clientes, fornecedores e funcionários. Os autores sugerem novos modelos para competir em setores que foram digitalmente abalados. Um desses modelos é o "coordenador", fundamental para a definição de estratégias. Mais tarde, o BCG elaborou as ideias de **vantagem de sistema** e **estratégias de formação** como alternativa à escala clássica e às estratégias baseadas em posição sob certas circumstâncias.[14]

Henry Chesbrough codificou a ideia de **inovação aberta**, que defende a incorporação de ideias e participantes externos no processo de inovação, para, assim, compartilhar recursos e riscos. Em 2004, C. K. Prahalad e Venkat Ramaswamy introduziram o conceito de **cocriação** de produtos entre empresas e seus clientes, argumentando que a criação de valor sofreu mudanças constantes, ultrapassando cada vez mais as fronteiras tradicionais das companhias.[15]

Quando aplicar uma abordagem de formação

Diante de uma oportunidade de escrever ou reescrever as regras de um setor em uma fase inicial de evolução, as empresas precisam implementar uma estratégia de formação. Essas circunstâncias podem se referir a setores altamente fragmentados, jovens e dinâmicos; àqueles recém-subdivididos; e também a mercados emergentes. Nesses casos, uma estratégia de formação pode estimular a demanda, construir a infraestrutura econômica para abordá-la e minimizar os entraves regulamentares ou quaisquer outras barreiras à medida que o mercado se desenvolve. A mudança tecnológica acelerada e a globalização tornam essas oportunidades cada vez mais comuns.

Setores dinâmicos, jovens ou recentemente subdivididos, como os de *softwares* e serviços de Internet, oferecem lucro significativo para empresas corajosas o suficiente para tentar moldá-los. As oportunidades são intrinsecamente imprevisíveis: ninguém poderia prever com certeza o tamanho, a taxa de crescimento e a rentabilidade dos mercados criados pela Facebook ou pelos pioneiros da prática de *fracking*. E esses setores também são maleáveis: as barreiras à entrada são geralmente baixas, os produtos são novos para os reguladores e não está claro quais companhias ou modelos de negócios irão sobressair. A inovação disruptiva também pode ter um efeito similar, empurrando um setor previamente estável e não maleável para uma nova fase de imprevisibilidade e maleabilidade.

Os mercados emergentes, como China e Índia, são caracterizados por circunstâncias similarmente imprevisíveis e maleáveis: os setores estão em um estágio inicial do se desenvolvimento, com regulamentação subdesenvolvida, poucos operadores dominantes e rápido crescimento. Nossa análise sugere que os mercados emergentes são duas vezes mais imprevisíveis e maleáveis que os maduros. Esses mercados em crescimento dependem muito das exportações e do investimento estrangeiro direto, e são vulneráveis às flutuações nos preços dos *commodities* e das taxas de câmbio, a mudanças demográficas e nos padrões de demanda, à evolução da regulamentação, às mudanças nos padrões de competição e às altas taxas de crescimento (Figura 5-2).

Nessas economias e nesses setores jovens em geral não existe nenhum jogador dominante, com os recursos e/ou a tolerância ao risco necessários para "controlar" sozinho o mercado. Além disso, os requisitos dos produtos em mercados novos são muitas vezes pouco claros ou mudam rápido demais para serem facilmente administrados por um único competidor. Finalmente, as empresas podem ter de interagir com um amplo conjunto de partes interessadas, porque o desenvolvimento do mercado depende de moldar a regulamentação ou educar os consumidores. Portanto, a vitória advém do desenvolvimento conjunto do mercado e do setor, promovido por vários participantes.

FIGURA 5-2

Os mercados emergentes são mais maleáveis e imprevisível do que os desenvolvidos

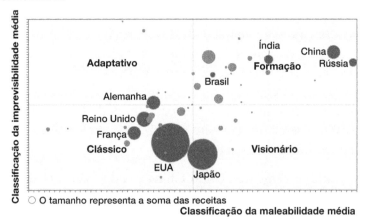

Fonte: Compustat, dados econômicos do Banco Mundial, análise do BCG.

Nota: Média não ponderada dos ambientes dos setores dentro do país; a incerteza é medida como volatilidade e maleabilidade de capitalização de mercado utilizando-se um índice composto de crescimento, retornos de escala e fragmentação do setor.

Considere os ecossistemas de telefonia móvel. Os sistemas operacionais Android e iOS se revelam bem mais atraentes para os clientes pelo fato de a Google e a Apple terem cedido o controle da criação de aplicativos para **outsiders** ainda na infância do setor de *smartphones*, convidando desenvolvedores externos para adentrarem suas plataformas, em um arranjo mutuamente benéfico. Ao mesmo tempo, competidoras tradicionais como a Nokia foram contestadas com base nas arquiteturas de *software* preexistentes. A plataforma Symbian, usada pela maioria das principais empresas de telefonia móvel antes que o Android e o iOS surgissem, não tinha a flexibilidade de arquitetura, tampouco a infraestrutura de loja de aplicativos adequada para criar rapidamente uma ampla variedade de opções.[16] Em contrapartida, a App Store, da Apple, tornou-se um nexo próspero para aplicativos *du jour* (que surgiam diariamente) pelas mãos de inúmeros concorrentes – de Angry Birds até Candy Crush.[17] Stephen Elop, ex-CEO da Nokia, refletiu sobre a dinâmica competitiva: "Nossos concorrentes não estão obtendo participação de mercado com dispositivos, mas por meio da criação de todo um ecossistema."[18] A Nokia, desde então, se reinventou: ela deixou o negócio de dispositivos móveis para se concentrar em equipamentos de rede, licenciamento de tecnologia e locação de inteligência.[19]

Então, quais são algumas das métricas que podem sugerir um ambiente imprevisível, porém, maleável? Limitação na capacidade de prever com exatidão e volatilidade em termos de capitalização de mercado, de lucros ou alcance de posições competitivas podem sinalizar imprevisibilidade. Por outro lado, retornos de escala limitados ou decrescentes, taxas de crescimento elevadas, falta de empresas dominantes e regulamentação em estágio embrionário e mutante sugerem maleabilidade.

Situações de formação estão em alta por causa da acelerada mudança tecnológica, do aumento da conectividade global, da liberalização do comércio e das alterações demográficas que criam novas necessidades para os clientes. No entanto, condições ambientais externas não são o único fator a ser considerado para se adotar uma abordagem de formação. Dois outros são igualmente fundamentais: adequação do momento e capacidade de coordenação. Estrategistas de formação devem aproveitar um ponto de inflexão no início do desenvolvimento de um mercado ou no rompimento de um já existente. A empresa também deve ter influência suficiente para atrair outras partes interessadas poderosas para o seu ecossistema. A maioria das empresas não têm influência suficiente para assumir um papel de liderança, o que explica em parte porque as estratégias de formação bem-sucedidas são mais raras que as demais abordagens estratégicas.

Uma empresa pode ganhar influência suficiente se, por exemplo, inovar de maneira disruptiva para colocar-se no centro de um ecossistema, como fez a Apple com a criação da sua plataforma iTunes. Alternativamente, uma companhia pode garantir influência por meio de conhecimento ou vantagem de escala, como fez a Novo na China; pelo controle de uma plataforma dominante voltada para a interação, como a Facebook; ou, servindo como ponto de acesso a uma base fragmentada de clientes ou fornecedores, como a coordenadora da cadeia de suprimentos Li & Fung.

A falta de influência desqualifica empresas para se tornarem líderes na abordagem de formação, mas não as impede de desempenharem um papel nesse ecossistema: muitas empresas construíram negócios atraentes pela mera participação nos ecossistemas de outras empresas, utilizando uma abordagem clássica ou adaptativa. A Zynga, a Playfish e a Playdom, por exemplo, desenvolveram negócios de vários milhões de dólares participando da plataforma do Facebook apenas como desenvolvedoras de aplicativos.[20]

Por que o ecossistema é importante: Red Hat

A fornecedora de *softwares* Red Hat construiu um negócio de um bilhão de dólares coordenando o desenvolvimento de *softwares* de código aberto baseados na linguagem Linux.[21] A empresa apoia o desenvolvimento de programas por desenvolvedores externos, se envolve com comunidades empresariais e monetiza seus investimentos com a venda de assinaturas das versões profissionais de *softwares* livres.

Como a Red Hat construiu um negócio tão bem-sucedido baseado em *softwares opensource*, que, essencialmente, já estão disponíveis de graça, e utilizando recursos que a empresa não controla de modo direto? Para começar, a Red Hat desenvolveu uma visão clara e colaborativa: "Ser a catalisadora em comunidades de clientes, colaboradores e parceiros, criando uma tecnologia melhor na forma de código aberto."[22]

A empresa engaja seus colaboradores externos de modo profundo e constante. A Red Hat nunca age sem considerar as implicações para as partes interessadas, especialmente para os desenvolvedores de *softwares*. Jim Whitehurst, presidente e CEO da Red Hat, explicou a importância de desenvolver uma proposta de ganho mútuo: "Quando há mudanças a fazer [...] consultamos e interagimos cuidadosamente com todos os participantes." E o papel de coordenador do sistema pode exigir contribuição altruísta para garantir o ganho de confiança e a boa vontade de outros *stakeholders*: "Investimos uma grande quantia no Linux, embora a plataforma não seja diretamente relevante para nós – somos a maior contribuinte para praticamente todas as comunidades de código aberto das quais participamos. Escolhemos fazê-lo por se tratar de um produto que os colaboradores do nosso ecossistema usam e valorizam."

Por ser a coordenadora e uma colaboradora confiável dos seus ecossistemas, a Red Hat acumula influência e licença para monetizar seus serviços. Segundo Whitehurst: "Nossa estratégia gira em torno de ecossistemas: A escala está no nosso DNA para assegurar credibilidade dos que vêm na sequência da cadeia (*upstream*). Nós, então, trabalhamos para construir nosso próprio ecossistema comercial anterior (*downstream*) em torno de versões de tecnologias de código aberto que nos são disponibilizadas de forma exclusiva." Por exemplo, o programa de certificação de *softwares* da Red Hat assegura que os principais aplicativos de empresas como SAP, Oracle e IBM funcionem com os produtos de código aberto da Red Hat, estabelecendo efetivamente a Red Hat como o padrão do setor para a plataforma Linux nos centros de processamento de dados das empresas. Devido a suas grandes contribuições a ais projetos de código aberto, a Red Hat tem a capacidade de influenciar a direção do setor. Simultaneamente, a empresa cria um caminho para a monetização via versões de nível industrial, serviços de certificação, atendimento ao cliente e manutenção de *softwares*, uma vez que a comunidade de código aberto e seus clientes valorizam e confiam no selo de aprovação da Red Hat.

Por outro lado, a Red Hat não tenta atuar nos mercados em que lhe falta influência suficiente. Em outras palavras, a empresa escolhe cuidadosamente onde empregar uma estratégia de formação. Whitehurst explicou: "A pergunta central que nos fazemos é: podemos criar um mundo competitivo de uma maneira que possamos ganhar? Não se trata de agir ou jogar pelas regras. Trata-se de definir as regras." Todavia, sem o poder de influenciação a estratégia de formação irá fracassar. "Se as regras se desenrolarem de um jeito que não nos favoreça," esclareceu Whitehurst, "abandonamos o setor ou mudamos as tecnologia, afinal, de nada adiantará pedalar com mais força."

Os benefícios para a Red Hat como coordenadora são significativos. A empresa acredita que pode desenvolver, lançar e ajustar os *softwares* com mais rapidez que as concorrentes tradicionais de código fechado, como a Oracle ou a SAP. Como resultado da sua abordagem de formação bemsucedida, a Red Hat viu suas ações subirem de menos de 8 dólares para mais de 50 dólares entre 2009 e 2014, e é a primeira empresa de *software* de código aberto com faturamento anual de um bilhão dólares.[23]

A abordagem de formação na prática: A criação da estratégia

Efetivamente, aplicar uma abordagem de formação é algo mais fácil de dizer do que fazer. Em parte porque é a abordagem menos familiar para a maioria das empresas, e elas tendem a usar o conceito de modo muito vago e a superestimar a maleabilidade dos ambientes empresariais, empregando práticas incompatíveis com uma verdadeira abordagem de formação. Por exemplo, verificou-se que cerca de dois terços das empresas com a intenção de usar uma abordagem de formação ainda criam previsões de longo prazo pormenorizadas para o seu negócio, uma prática tipicamente clássica. E pior, menos da metade das empresas pensa que seu sucesso depende de sua colaboração com os outros, e apenas um terço tenta mudar o ambiente externo influenciando a regulamentação. É claro, portanto, que existe a necessidade de desenvolver uma compreensão mais profunda da desafiadora – e ao mesmo tempo poderosa – abordagem de formação.

Tal como acontece com a abordagem adaptativa, a estratégia de formação eventualmente emerge da iteração contínua de três elementos – envolvimento, coordenação e desenvolvimento do ecossistema. Portanto, ao contrário do que acontece numa estratégia clássica, no caso da de formação não existe uma separação clara entre as fases de elaboração estratégica e execução. Todos os três elementos devem, portanto, estar profundamente enraizados nas estruturas e nos mecanismos da companhia.

A definição da estratégia para a abordagem de formação começa com o envolvimento das partes interessadas externas para a criação de uma visão colaborativa do desenvolvimento do setor. Em seguida, o orquestrador do processo constrói e opera uma plataforma que reúne as partes interessadas, o que lhe permite exercer sua influência para criar e extrair valor a partir do ecossistema. Finalmente, esse "coordenador" desenvolve a plataforma e o ecossistema ampliando a escala e mantendo o ambiente flexível face a mudanças externas.

VOCÊ ESTÁ EM UM AMBIENTE DE NEGÓCIOS DE FORMAÇÃO?

Você estará diante de um ambiente de negócios de formação se as seguintes observações forem verdadeiras:

Seu setor:

✓ Tem um potencial inexplorado.

✓ É moldável por meio da colaboração.

✓ Possui regulamentações moduláveis.

✓ Não tem uma plataforma ou concorrente dominante.

Envolvimento das partes interessadas

O benefício de uma estratégia de formação vem, em grande parte, do aproveitamento dos recursos e das capacidades de outras partes interessadas poderosas, de modo que o orquestrador precisa envolver outros na definição da estratégia. Faz-se necessário desenvolver uma visão colaborativa compartilhada, identificando e envolvendo as melhores partes interessadas, compreendendo e incorporando os interesses de todas, e iniciando o ecossistema no momento certo.

Desenvolva uma visão de formação

Uma visão de formação descreve como os colaboradores de um ecossistema são capazes de resolver um problema bem mais facilmente que qualquer empresa individual, e de que modo eles conseguem estimular a demanda, e construir a infraestrutura econômica não apenas para atendê-la, mas também para remover potenciais restrições (como barreiras regulamentares), tudo isso à medida que o mercado se desenvolve. A visão precisa ser mutualista, emergindo da iteração entre os *stakeholders* e a partir da empresa coordenadora.

A visão de formação precisa oferecer ganhos mútuos que envolvam as partes interessadas e antecipar que o "orquestrador" terá de compartilhar recursos sem a expectativa de retorno imediato. Essas qualidades colaborativas criam confiança, boa vontade e influência – vantagens que pagam dividendos ao longo do caminho. Em condições ideais, os recursos compartilhados têm um custo baixo, como no caso da Novo: a empresa de Sørensen compartilhou seu conhecimento pré-existente de cuidados com o diabetes com os médicos e reguladores chineses para assegurá-los como futuros parceiros e, em última análise, como clientes que irão receitar os medicamentos por ela desenvolvidos.

A visão de formação pode surgir isoladamente ou de maneira colaborativa. Por exemplo, a Novo, sozinha, criou sua visão e, em seguida, trouxe as partes interessadas a bordo. Já a visão da Red Hat surgiu da interação iterativa com as comunidades de desenvolvedores. A despeito do modo como se desenrolar, um modulador deve pensar na "configuração da visão" como um diálogo entre os coparticipantes do ecossistema, em especial pelo fato de que, às vezes, pode ser difícil no início compreender os interesses das partes externas e a razão pela qual esses interesses irão evoluir. A Facebook, por exemplo, mudou as regras da sua plataforma de desenvolvimento externo várias vezes desde sua fundação em 2007, para acomodar a mudança de interesses dos desenvolvedores.[24] A estratégia clássica é muitas vezes chamada de estratégia competitiva: as empresas clássicas vencedoras se concentram na superação da concorrência. Em contrapartida, a estratégia de formação é essencialmente colaborativa. Na verdade, se uma estratégia de formação for bem-sucedida, a competição pode ser uma preocupação limitada por causa dos fortes efeitos de rede inerentes à própria estrutura de um ecossistema: quanto maior for o número de participantes, maior será o valor desse ecossistema para os integrantes.

A visão de formação não imagina um estado final preciso ou a especificação do produto final. Em vez disso, ela detalha a proposta de valor mútuo do ecossistema: o modo como o valor é criado e compartilhado por diferentes participantes (Figura 5-3). Isso é diferente da visão de uma abordagem visionária, que, essencialmente, imagina um resultado específico. Não importava para a Apple que o aplicativo mais popular em 2014 fosse o Goblin Sword, e não mais o Koi Pond, como em 2008, ano em que a App Store – a realização da visão do ecossistema – foi lançada.[25] O mais significativo para a Apple era o fato de que o próprio sistema, e não qualquer aplicativo específico, permanecesse atraente para os desenvolvedores e usuários, e rentável para si mesma enquanto "orquestradora". Várias empresas que implantaram com sucesso estratégias de formação enfatizaram que administrar um ecossistema tem mais a ver com a catálise de mecanismos de mercado eficazes do que com a "gestão" voltada para resultados específicos.

FIGURA 5-3

O abrangente ecossistema da *Web* e de aplicativos da Facebook

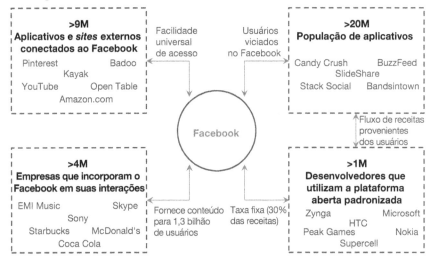

M é indicativo de milhões.
Fonte: Relatórios anuais da Facebook; "Floating Facebook: The Value of Friendship (Facebook flutuante: O Valor da Amizade)," *The Economist*, 4 de fevereiro de 2012; Appdata.com; Análise do BCG.

Identifique as partes interessadas e compreenda seus interesses

Até esse ponto, salientamos a importância da colaboração com múltiplos *stakeholders*. Mas isso levanta a seguinte questão: quais *stakeholders*? Que recursos e talentos você precisa? Em alguns casos, como no estudo de caso da Novo, o conjunto das partes interessadas pode ser facilmente identificado com antecedência, mas, às vezes, isso não é possível nem desejável. Se a atratividade da sua plataforma depende da variedade e do dinamismo de sua oferta, então você precisa moldar sua rede de maneira ampla. Se você estiver desenvolvendo um novo mercado, você necessita de formadores de opinião, de empresas que construam produtos complementares, de clientes e, em certos momentos, até mesmo de concorrentes (o Google Maps é um dos aplicativos mais populares da loja da Apple).

Os interesses dos *stakeholders* no ecossistema devem estar alinhados com os do ecossistema como um todo. Assim, a empresa coordenadora deve mapear a maneira como os interesses de cada parte se encaixam em um ecossistema potencial, e de que modo elas irão contribuir e influenciar outros participantes. As partes interessadas estão concentradas em obter acesso à sua base de clientes, à sua marca ou ao seu IP? Elas querem aproveitar sua escala ou os recursos de sua empresa?

Inicie a colaboração no momento certo

Por fim, o *timing* é crucial. Se agir cedo demais, as condições do mercado podem ainda não estar favoráveis o suficiente para compelir outros a participarem; se agir tarde demais, uma plataforma alternativa com um coordenador diferente poderá já ter se destacado, com potenciais efeitos de rede e de *lock-in* que tornem impossível a recuperação desse atraso.

Orquestre o processo

Coordenar a colaboração entre vários participantes diferentes e, muitas vezes, em constante mudança, exige a criação e a operação de uma plataforma que facilite a interação e a monetização, que amarre as partes interessadas e forneça um ponto focal para que o "formador" implante sua influência. Vamos analisar esses passos em detalhes.

A criação de uma plataforma

O objetivo de uma plataforma é principalmente facilitar a interação direta entre os participantes do ecossistema ou entre integrante e clientes. Portanto, a plataforma ideal reduz os custos de transação para as partes interessadas e os custos de gestão para o coordenador. De outra forma, isso seria proibitivo para grandes ecossistemas, dada a sua complexidade. As plataformas bem-sucedidas, muitas vezes, fornecem *feedback* aos participantes para que estes possam ajustar suas contribuições, sem a necessidade de instruções explícitas e diretas do coordenador. Finalmente, boas plataformas garantem valor através da indução de efeitos de rede que tornam desinteressante a saída dos *stakeholders* e/ou concorrentes para a criação de ecossistemas rivais. Quantos entre nós estariam dispostos a abandonar suas coleções de aplicativos e dados para se embrenharem em ecossistemas rivais?

Por essas razões, as plataformas são muitas vezes mercados (digitais) que facilitam a interação com custos baixos e fornecem *feedback* instantâneo e com base no mercado. Voltando ao exemplo familiar da App Store da

Apple, os desenvolvedores criam aplicativos em gêneros onde a demanda dos clientes é visivelmente mais elevada; os usuários avaliam os aplicativos como melhores ou piores, dependendo da qualidade percebida e "votam eletronicamente." Os desenvolvedores obtêm *feedback* e acumulam recompensas por conta dos votos favoráveis, mas não podem mover facilmente seu aplicativo para outra plataforma, uma vez que ele foi projetado para o sistema operacional iOS.

As plataformas também podem assumir diferentes formatos, incluindo os não-digitais ou que não sejam de mercado, como as conferências que a Novo organizou para reguladores e médicos, ou os canais de distribuição digital, como o Fedora da Red Hat. Elas também podem constituir um conjunto de normas contratuais que detalhe os termos de engajamento dos colaboradores, como as regras para os fornecedores da Li & Fung, por exemplo.

A operação de uma plataforma

A construção de uma plataforma é um começo, mas, assim como num estádio de futebol, não haverá jogo até que os jogadores estejam em campo. Como um bom árbitro (apesar de que, neste caso, esse juiz também seja dono do estádio), as empresas de formação precisam gerenciar ativamente a plataforma por meio do controle seletivo de algumas variáveis fundamentais. Uma vez que seria impossível e indesejável controlar tudo, o foco é sobre o *lock-in* das partes interessadas, a monetização do valor criado e o ajuste do sistema para manter os resultados de ganho mútuo.

Os coordenadores de um ecossistema de sucesso, muitas vezes, controlam as regras e os mecanismos de interação. Isso lhes permite catalisar, em vez de administrar de modo direto e detalhado a evolução do ecossistema. Considere o funcionamento da plataforma da cadeia de suprimentos da coordenadora Li & Fung: a empresa não possui teares, máquinas de costura ou fábricas têxteis, mas é uma das maiores empresas de comercialização de produtos de consumo do mundo, fornecendo serviços de produção e distribuição em grande escala em espaços de tempo mínimos. Como? Todo o trabalho é feito por uma extensa rede de fornecedores externos que se conectam uns com os outros através da plataforma da Li & Fung, a qual aproxima as instalações de produção independentes e as necessidades dos varejistas. A Li & Fung especifica as regras que os membros da sua rede devem seguir

142 Sua Estratégia Precisa de uma Estratégia

para continuar a fazer parte do seu ecossistema, e gere seu grupo de fornecedores de acordo com vários princípios, como a monitoração e atualização constante do ecossistema, *benchmarking* e fornecimento de *feedback* às partes interessadas. Em outras palavras, a Li & Fung controla como as empresas participam e interagem e, portanto, a maneira como o ecossistema atua e evolui. O resultado é um incrível grau de rapidez, flexibilidade e eficiência, com prazos de entrega 50% inferiores à média do setor. Por fim, a Li & Fung capta valor ao monetizar serviços como "garantia de qualidade" por meio de taxas de agenciamento cobradas dos clientes. Em 2013, sua receita ultrapassou 20 bilhões de dólares.[26]

A gestão eficaz da plataforma mantém o valor dentro do ecossistema tornando a participação atraente, maximizando os efeitos de rede que desencorajam potenciais formadores rivais a criarem uma base concorrente, e, ao mesmo tempo, limitando a portabilidade de valor para além dos parceiros colaboradores. Formadores bem-sucedidos fazem isso partilhando seus recursos "com atrelamento," ou seja, oferecendo aquilo que só têm valor dentro do ecossistema, como ferramentas específicas da plataforma para desenvolvedores de aplicativos.

O desenvolvimento do ecossistema

O poder de uma estratégia de formação encontra-se na profundidade e na amplitude das contribuições das partes interessadas, que suportam rápido crescimento e célere adaptação em resposta à mudanças externas. A diversidade em si pode levar à percepção do usuário final: como mencionado anteriormente, a App Store da Apple superou a Nokia em parte por causa da amplitude da primeira. A diversidade deve, portanto, ser mantida, mesmo à custa da eficiência. As empresas de formação também devem investir com persistência em oportunidades para maximizar os efeitos de rede, ampliando ou aumentando a escala da plataforma. Por exemplo, a Alibaba, a gigante chinesa do comércio eletrônico, cuja estratégia iremos explorar em detalhes mais adiante, investiu tão pesadamente na obtenção de mais vendedores no Taobao – seu mercado de transações entre consumidores finais similar ao eBay – que durante oito anos se mostrou não lucrativa.[27] Mas em 2014, foi o décimo primeiro *site* mais visitado no mundo.[28]

A SIMULAÇÃO DA ESTRATÉGIA EM UM AMBIENTE MALEÁVEL E IMPREVISÍVEL

Para garantir o sucesso em ambientes altamente imprevisíveis e maleáveis, as empresas precisam explorar várias alternativas ao longo do tempo e investir profundamente na formação das opções selecionadas. Para moldar um ambiente como esse, nós simulamos opções maleáveis cujo valor aumenta com o investimento. Além disso, alteramos os lucros ao longo do tempo para refletir imprevisibilidade. O cenário resultante é um desafio para a maioria das estratégias: as clássicas perdem, porque apostam em uma opção cujo valor relativo diminui com o tempo. As estratégias adaptativas – que são mais exploratórias – falham em captar o valor de um investimento intenso e prolongado ao moldar um número limitado de opções. Por fim, uma estratégia visionária, que exibe uma fase isolada de análise e subsequente investimento em uma única opção, corre o risco de obsolescência face à evolução das circunstâncias.

De certa maneira, nossa simulação mostrou que uma estratégia que investe periodicamente em exploração e investimento num conjunto selecionado de opções – e que muda esse foco ao longo do tempo – conseguirá superar as demais (Figura 5-4). Tal estratégia se assemelha à abordagem de formação, a qual requer investimento em um conjunto de opções por meio de um ecossistema. Nele você não precisa saber exatamente qual opção será melhor, pois a liderança do ecossistema irá colocar a empresa em uma posição privilegiada para que a mesma se beneficie uma vez que as opções se cristalizem.

A SIMULAÇÃO DA ESTRATÉGIA EM UM AMBIENTE MALEÁVEL E IMPREVISÍVEL

FIGURA 5-4

Estratégias de formação tem um bom desempenho em ambientes imprevisíveis e maleáveis (simulação)

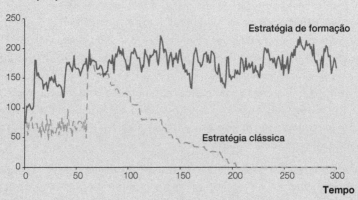

Fonte: Simulação Multi-Armed Bandit (*MAB*) do Instituto de Estratégia do BCG.
Notas: Resultados avaliados em trinta simulações em ambientes não competitivos com trinta opções de investimento.

Uma vez que o sistema tenha garantido massa crítica, o orquestrador deverá manter o ecossistema flexível – os ambientes em formação mudam, e o mesmo deve ocorrer com o ecossistema. À medida que a plataforma cresce, o orquestrador deve permitir que os *stakeholders* se agreguem à mudança para manter o alinhamento. Observamos que os ecossistemas falham quando se tornam rígidos. Às vezes, o orquestrador cai na tentação de extrapolar seu controle, alienando as partes interessadas. Outras vezes, é o encanto pela eficiência e a especialização que prevalece, quando, por exemplo, a empresa de formação reduz o número de participantes do ecossistema ou a redundância entre eles para reduzir custos de gestão. Em última análise, essas tendências clássicas prejudicam a adaptabilidade e o apelo de longo prazo do ecossistema, reduzindo sua diversidade e seu dinamismo. E se apenas um dos participantes produzir uma determinada oferta, o ecossistema correrá o risco de ficar preso às exigências desse integrante específico.

A criação da estratégia na Alibaba

O grupo Alibaba é o "gigante anônimo" do comércio eletrônico mundial – embora tal situação deva mudar após sua oferta pública inicial nos mercados norte-americanos em 19 de setembro de 2014.[29] A empresa, fundada por Jack Ma em 1999, começou com portal Alibaba.com, de empresa para empresa, que ligava fabricantes chineses a compradores estrangeiros. Quatro anos depois, ela lançou sua variante ao consumidor, o Taobao.com. Em 2013, o grupo movimentava um volume de transações superior ao da Amazon.com e da eBay juntas, sendo responsável pela movimentação de mais de 50% de todo o setor de encomendas chinês.[30] Nesse meio tempo, a Alibaba ampliou sua plataforma para outros negócios complementares, com portais associados, como o AliPay, para serviços de pagamento, e o Aliyun, para computação em nuvem. A empresa conseguiu crescer notáveis 60% ao ano desde 2008, definindo uma visão aberta, envolvendo um amplo conjunto de partes interessadas em suas plataformas, investindo na expansão delas e evoluindo constantemente seus ecossistemas.

O diretor de estratégia Ming Zeng nos explicou que a visão da Alibaba reconhecia a imprevisibilidade do mundo digital, mas tinha o compromisso de formar o mercado: "A visão original era de que a internet iria mudar tudo, e nós queríamos estar lá. Mas não sabíamos nada sobre pagamentos ou transações entre empresa/consumidor, ou qualquer outra coisa - foi algo como: 'Será que podemos oferecer alguma coisa a mais à sociedade aproveitando a tecnologia da Internet?' Primeiro, começamos com o comércio internacional, em seguida, com o desenvolvimento de SME (sigla em inglês para pequena e média empresa), daí partimos para vendas no varejo, pagamentos e, então, para a computação em nuvem." A Alibaba examina cuidadosamente se irá ou não entrar em qualquer plataforma de negócios, conforme a oportunidade de estimular o desenvolvimento de um mercado considerável. "Não entramos em um negócio que só ofereça serviços a um número limitado de clientes," disse Zeng. "Se um negócio visa apenas um segmento específico, nós o deixamos para outras pessoas." Ele nos disse que a Alibaba só quer ser a orquestradora onde existam efeitos de rede significativos. "Nosso negócio é um serviço de plataforma, por isso tudo é uma plataforma. A coisa mais importante é o número de cliques - de pessoas que a utilizam -, se você tem massa crítica suficiente na plataforma."

146 Sua Estratégia Precisa de uma Estratégia

A filosofia de orquestração da Alibaba é mais baseada no mercado que administrativa. "Nós tentamos... intervir o mínimo possível," disse Zeng. Em vez disso, a Alibaba busca relações de ganho mútuo através da criação de incentivos no nível de plataforma. "Temos uma competência única no mercado. Você precisa de vendedores para ter algo para comprar. Logo, você dever dar ênfase aos compradores para que mais vendedores venham. [Podemos influenciar] o desenvolvimento de um ciclo de *feedback* positivo para atingir escala." Ele acrescentou ironicamente: "Não aproximamos administradores de empresas de mercados, porque essas pessoas foram ensinadas a 'gerenciar' coisas."

A Alibaba constantemente desenvolve suas plataformas de maneira conjunta. Por exemplo, ela acrescentou troca instantânea de mensagens e classificações de credibilidade dos vendedores em sua plataforma Taobao para aumentar a confiança entre os participantes, um aspecto tradicionalmente importante para o comércio chinês, mas, ao mesmo tempo, um obstáculo potencial crucial capaz de impedir pessoas de efetuarem transações *on-line*.

Talvez o mais importante seja o fato de Zeng perceber que a estratégia da Alibaba é colaborativa e parte de um jogo de múltiplas rodadas: "Estamos administrando uma inovação disruptiva," ele nos disse. "Nós abalamos os paradigmas existentes aproveitando a tecnologia, então, precisamos ter uma visão clara e ser extremamente pacientes para trabalhar com parceiros que também sejam recém-chegados."

A abordagem de formação na prática: Implementação

Visto que a direção de uma estratégia de formação emerge do engajamento frequente e da orquestração de um conjunto de colaboradores em desenvolvimento, para ser eficaz a abordagem deve ser incorporada em todos os aspectos da "organização". A estratégia de formação deve, contudo, estender-se para além das fronteiras conhecidas, fomentando a inovação externa, desenvolvendo uma estrutura organizacional aberta e liderando com o intuito de inspirar e influenciar os outros participantes do ecossistema.

Informação

O orquestrador do ecossistema deve facilitar e acompanhar as relações entre as múltiplas partes e catalisar essas interações para criar resultados mutuamente favoráveis. Isso pode ser um desafio, dada a enorme complexidade transacional de interações entre todas as partes em um grande ecossistema. A rede da Li & Fung tem mais de 15 mil fornecedores; existem mais de 275 mil desenvolvedores iOS apenas nos EUA.[31] A informação é o "lubrificante" que suaviza a interação entre o orquestrador e as partes interessadas, facilita a coordenação, e, como veículo de *feedback* constante, estimula o aprendizado coletivo, aumentando assim o valor percebido da plataforma. Portanto, a informação deve ser facilmente compartilhável, acessível e atual, facilitando um mecanismo de ajuste baseado no mercado que não exija a intervenção constante do próprio orquestrador.

Quase naturalmente, as plataformas (digitais) descritas anteriormente funcionam como um mecanismo de compartilhamento de informações, embora às vezes os orquestradores precisem assumir um papel físico mais ativo, como a Novo faz com suas conferências para a comunidade chinesa de cuidados com a saúde. De maneira ideal, as plataformas são projetadas para gerar automaticamente informações sobre a satisfação do cliente, padrões de demanda e saúde geral do ecossistema, e não precisam da intervenção proposital do orquestrador para coletar e compartilhar dados. Mercados virtuais bem-sucedidos coletam e compartilham dados com os participantes de maneira valiosa e facilmente digerível.

A Alibaba utiliza as informações coletadas para identificar novas oportunidades e estender suas plataformas. Com seu enorme poder de coleta de dados, a empresa está conduzindo uma transformação econômica no varejo chinês, oferecendo um número maior de produtos, de maneira mais rápida e para mais pessoas, por meio de um número mais amplo de modelos de negócios, novos e diferentes. O *feedback* pode aumentar a vitalidade da plataforma da Alibaba e as ofertas de seus integrantes. Os dados de vendas da Alibaba fornecem aos comerciantes *insights* para novas oportunidades, e o *feedback* de seus usuários permite que os revendedores participantes melhorem suas ofertas, dando pistas para a Alibaba sobre como ajustar padrões à medida que a demanda dos usuários finais evolui. Zeng confirmou a enorme importância de tais informações para a estratégia de formação da Alibaba:

148 Sua Estratégia Precisa de uma Estratégia

"É um método de tentativa e erro. Economistas não conseguem adivinhar, então, nós apenas continuamos tentando. Recebemos *feedback* do mercado e fazemos alguns ajustes."

Finalmente, medições quantitativas selecionadas podem informar aos orquestradores se o processo de coevolução está funcionando. As medições podem incluir a captura do índice de vitalidade de novos produtos (IVNP), o crescimento do ecossistema e a rentabilidade combinada ou a participação de mercado de um ecossistema como um todo. Para a Apple, as medições poderiam incluir, por exemplo, a rentabilidade e a concentração de seus desenvolvedores de aplicativos e a participação de mercado dos usuários finais que têm dispositivos iOS em comparação àqueles que contam outros dispositivos, como o Android.

Inovação

O ponto exato de um ecossistema é aproveitar recursos externos para apoiar uma inovação rápida e paralela. Portanto, a inovação acontece na maioria das vezes externamente, aproveitando a diversidade dos participantes do ecossistema, mas é catalisada pela empresa de formação. Inovar com uma abordagem de formação não significa gerir diretamente toda inovação; nem precisaria – uma abordagem controlada em oposição a uma abordagem baseada no mercado seria inviável em grande escala e reduziria a velocidade e a variedade de inovações do ecossistema. O orquestrador catalisa a inovação criando incentivos e fornecendo *feedback* às partes interessadas, permitindo a elas inovar em alinhamento com os interesses do ecossistema como um todo.

Claro que nem toda inovação acontece externamente. As inovações do orquestrador são na sua maioria de segunda ordem – a concepção e o aprimoramento do modelo de negócio e da interação com a plataforma, o que reforça o direito do formador de orquestrar o ecossistema. A Facebook inova internamente para melhorar de modo contínuo a proposta de valor de sua plataforma para colaboradores externos, investindo seletivamente em duas áreas que ajudam a legitimar seu papel como orquestradora do ecossistema. Primeiro, ela prioriza melhorias em suas aplicações de desenvolvimento e na infraestrutura da plataforma para que as outras partes possam colaborar facilmente. Em segundo lugar, e talvez mais importante, ela adapta continuamente sua interface de usuário, adicionando recursos como o *PhotoStream*, a linha do tempo e outros ganchos para manter o interesse e o engajamento da massa crítica de usuários que determinam a atratividade da plataforma para anunciantes e desenvolvedores de aplicativos.

Organização

Ao contrário das outras abordagens para a estratégia já exploradas, a unidade fundamental de análise em um contexto de formação é o ecossistema de negócios, e não apenas a própria empresa. Essa visão mais ampla tem implicações para a estrutura organizacional, cultura e liderança. As organizações de formação precisam estar abertas e entrelaçadas com o ambiente externo, a fim de estenderem seu alcance para além dos limites da empresa e criarem um pacto de confiança. Estruturalmente, isto significa que os orquestradores têm poucos limites organizacionais; eles aproveitam e compartilham externamente recursos e conhecimento, e abrem mão de um certo grau de controle aproveitando os mesmos mecanismos baseados no mercado, como o próprio ecossistema.

Por exemplo, a empresa orquestradora pode integrar-se com outras partes interessadas por meio de uma equipe rotativa, investindo nos *players* (atores) dos ecossistemas de criação e distribuição, ou pela partilha de IP, quando serve aos interesses do ecossistema em um contexto mais amplo. A Google, por exemplo, realiza regularmente conferências para os desenvolvedores, onde ela investe nos colaboradores dando-lhes treinamento, oferecendo sessões de *feedback* personalizadas ou permitindo que os colaboradores desenvolvam aplicativos em conjunto com os próprios engenheiros da Google.[32] Inevitavelmente, essa abordagem organizacional aberta pode exigir uma mudança de mentalidade – especialmente para os líderes ou funcionários que estão habituados a uma divisão clara entre "nós" e "eles." Ela exige que estejamos dispostos a abrir mão. Nesse sentido, em vez de fornecerem regras de funcionamento rigorosas e detalhadas, os líderes definem orientações gerais para fomentar a colaboração externa.

Cultura

Os mesmos princípios de ir além dos limites da empresa se aplicam à cultura, que, em uma empresa de formação deve estar voltada para exterior, ostentar uma atitude inclusiva para com as partes externas e incentivar tanto a catálise (em vez do controle nas interações com as partes interessadas) quanto a colaboração (no lugar da competição).

A empresa deve estimular e recompensar os funcionários para que estes se posicionem além dos limites da empresa e construam relacionamentos. A abertura e a humildade ajudam a gerar a confiança necessária para se criar uma interação bem-sucedida e de longo prazo com os participantes do ecossistema. Como disse o CEO da Novo, Lars Sørensen: "Agora nós temos uma cultura aberta na empresa; esperamos ter sido capazes de criar uma cultura em que as pessoas sintam que podem criticar as decisões que estão sendo tomadas. Sempre, é claro, com a intenção de fazer um trabalho melhor." E, acima de tudo, as culturas de formação encorajam os funcionários a respeitarem os outros participantes do ecossistema. Em vez de gerenciá-los ou controlá-los diretamente, empresas de formação frequentemente promovem uma cultura não gerencial em que a construção de relacionamentos é mais valorizada.

Liderança

O mesmo se aplica à liderança, onde, contraintuitivamente, os líderes de formação ganham influência e respeito por meio da disposição em ceder uma parcela de controle. A liderança de formação se estende para além das fronteiras da empresa. O líder de formação define a visão do ecossistema – muitas vezes de maneira colaborativa – divulga a visão, constrói relações externas enraizadas no interesse mútuo, resolve conflitos e influência em vez de comandar. Dessa maneira, o líder é mais um catalisador que um gerente que reforça estritamente sua própria vontade.

Organização, cultura e liderança na Red Hat: Jim Whitehurst

O CEO da Red Hat, Jim Whitehurst, destacou uma série de imperativos organizacionais e culturais para uma abordagem de formação. Por exemplo, a organização da Red Hat é fortemente focada na construção de relações externas, o que exige contratar de maneira muito seletiva: "A Red Hat tem sido capaz de influenciar as comunidades para que as coisas aconteçam – comunidades formadas por pessoas criativas e técnicos talentosos que exibem grandes egos, impossíveis de controlar – porque nós respeitamos o ecossistema. Organizacionalmente, isso significa que somos cirúrgicos com quem contratamos. Procuramos as pessoas com mais influência e as trazemos para trabalharem para nós."

A cultura de tomada de decisões da Red Hat reflete uma vontade de ceder algum controle de modo seletivo, uma vez que, em uma organização de formação, o engajamento das partes interessadas internas e externas em um processo justo pode ser tão importante quanto o resultado final desse processo. Portanto, a maior parte da energia é investida na criação de uma cultura que apoia o diálogo aberto e transparente:

Nossos associados sempre esperam isso: diga-nos por que estamos fazendo o que estamos fazendo, e permitam-nos, pelo menos, ter uma voz no processo decisório. Agora, ter uma voz não significa possuir direitos de decisão. Isso, em contrapartida, também não significa que você não tenha qualquer influência na resposta. Mas que, pelo menos, você tem um veículo para que sua opinião seja ouvida [...] Envolver as pessoas em como as decisões estão sendo tomadas significa que poderá demorar uma eternidade até que elas sejam definidas e efetivadas. Porém, uma vez que tomar uma decisão, você obtém uma execução perfeita, uma vez que todos estão envolvidos. Eles sabem o que você está fazendo e sabem por que você está fazendo.[33]

Whitehurst vê os requisitos de um líder em uma organização de formação como bastante distintos daqueles em uma organização mais clássica, como os que experimentou enquanto diretor de operações da Delta Air Lines. "A cultura da Red Hat é fundamentalmente diferente," ele nos disse. "Cheguei aqui imaginando que fosse um supervisor experiente, mas reconheci que [...] franqueza gera franqueza. Temos mais de seis mil pessoas em oitenta escritórios ao redor do mundo que estão trabalhando em um sistema de gestão base-topo)."

Whitehurst também não vê o papel do CEO como "de comando e controle". "A liderança na Red Hat não consiste em medidas de controle focadas internamente," disse ele. "Nós somos os catalisadores nas comunidades." Esse ponto de vista externo o ajuda a compreender seu papel: "O líder é o 'catalisador,' não o líder de comando – eu não governo por decreto e não é assim que quero me posicionar em uma comunidade aberta. Nós não lideramos nada, porque a liderança implica que você tenha o controle. Então, de certa maneira, sou o chefe catalisador para a Red Hat. Eu cat300caliso, ajudo diretamente, mas não lidero formalmente. Portanto, essa é uma palavra-chave a qual dedicamos muito tempo: [ser um catalisador significa] credibilidade; consulta, não exercício de controle de comando; e contribuição."

SUAS AÇÕES ESTÃO EM CONSONÂNCIA COM UMA ABORDAGEM DE FORMAÇÃO?

Você estará adotando uma abordagem de formação se observar as seguintes ações:

Você:

✓ Seleciona e envolve as partes interessadas.

✓ Cria uma visão compartilhada para encontrar uma maneira melhor de fazer as coisas.

✓ Constrói uma plataforma para orquestrar a colaboração.

✓ Desenvolve o ecossistema e a plataforma de colaboração em conjunto.

Dicas e armadilhas

Como vimos, os elementos essenciais de uma estratégia de formação de sucesso são: 1) envolver as partes interessadas com uma visão atraente no momento certo; 2) orquestrar o ecossistema para obter resultados que sejam mutuamente benéficos para todas as partes interessadas e 3) desenvolver o ecossistema para acompanhar as alterações externas.

Apesar da crescente popularidade da palavra **ecossistema** no mundo dos negócios, a abordagem de formação para a estratégia é claramente a menos compreendida. Na verdade, mesmo os líderes profissionais que entrevistamos falaram livremente sobre como ainda estão tentando descobrir como criar e moldar posições de primazia dentro de ecossistemas vantajosos. Não é de surpreender, portanto, que, ao contrário da super-representação das abordagens clássicas e visionárias altamente familiares, a abordagem de formação seja frequentemente a menos encontrada. Ela também é a abordagem para a estratégia menos declarada e menos praticada. Observamos também muita inconsistência na abordagem de formação entre os ambientes: 1) real avaliado e 2) o percebido; e as estratégias 1) declarada e 2) praticada. Por exemplo, quando as empresas percebem seu ambiente como maleável e imprevisível, elas são mais propensas a adotar as práticas de uma abordagem adaptativa em vez de uma abordagem de formação.

A Tabela 5-1 apresenta algumas dicas e armadilhas às quais as empresas devem estar atentas para saber quando adotar e aplicar uma abordagem de formação.

TABELA 5-1

Dicas e armadilhas: Principais contribuintes para o sucesso e o fracasso de uma abordagem de formação

Dicas	Armadilhas
• **Empregue seletivamente:** Procure apenas por mercados que estejam em um estágio bastante inicial de desenvolvimento ou que tenham potencial de crescimento suficiente e que sua empresa possa conseguir orquestrar.	• **Momento ruim:** Adotar uma abordagem de formação quando a oportunidade já está muito desenvolvida ou um orquestrador rival já tem uma vantagem competitiva pode levar a desperdício de esforços.
• **Entenda seu papel:** Poucas empresas têm a combinação de influência e capacidade para implementar a abordagem de formação, todavia, muitas outras podem se beneficiar participando do ecossistema.	• **Vazamentos de valor:** Não deixe o valor escapar do seu ecossistema. Certifique-se de que os colaboradores tenham elevados custos de transferência ou que não possam exportar facilmente os recursos ou o IP que você os ajudou a desenvolver para além do ecossistema.
• **Dê generosamente... com rédea curta:** Desenvolva uma proposição de ganho mútuo que crie e monetize valor em seu ecossistema. Os efeitos de rede reforçam o valor de sua plataforma e a tornam mais robusta. Mas limite a portabilidade de propriedade intelectual para além do ecossistema.	• **Excesso de controle:** Evite dominar e controlar o ecossistema em excesso. A integração vertical ou horizontal reduzirá a variedade e o dinamismo do ecossistema.
• **Construa sua influência:** Desenvolva relações para aproveitar as energias de outras partes interessadas. Crie um ponto focal, uma plataforma, a partir da qual você consiga implantar sua influência.	• **Permitir que orquestradores rivais controlem a plataforma:** O outro lado de exercer muito controle é perder o controle para orquestradores rivais, com efeitos prejudiciais sobre a criação de valor de sua empresa.

154 Sua Estratégia Precisa de uma Estratégia

TABELA 5-1

Dicas e armadilhas: Principais contribuintes para o sucesso e o fracasso de uma abordagem de formação

Dicas	Armadilhas
• **Controle seletivamente:** Selecione cuidadosamente onde implantar sua influência e controle os mecanismos de interação e adaptação, não as atividades operacionais ou os resultados.	• **Eficiência a todo custo:** Priorizar a eficiência e a especialização em detrimento da saúde do ecossistema a longo prazo pode prejudicar uma abordagem de formação. Redundância e variação mantêm a robustez de um ecossistema.
• **Mantenha a saúde e a atratividade da plataforma:** Incentive a diversidade e o dinamismo no ecossistema; evite acumular todos os ganhos ou priorizar a eficiência em detrimento da diversidade.	

CAPÍTULO 6

RENOVAÇÃO

Seja Viável

American Express: Retomando a vantagem

Quando a crise financeira atingiu os mercados mundiais em 2008, a American Express (Amex), atualmente a maior emissora de cartões do mundo, com 950 bilhões de dólares em negócios faturados, enfrentou circunstâncias muito difíceis.[1] A inadimplência nos pagamentos dos cartões de crédito aumentou acentuadamente, os gastos dos consumidores despencaram e o mercado de financiamento secou. Em recessões anteriores, a clientela de grande poder aquisitivo da Amex manteve os gastos, mas isso não aconteceu dessa vez.[2]

As circunstâncias exigiam uma resposta drástica, e Ken Chenault, CEO da Amex, tomou medidas rápidas. Ele lançou um programa agressivo de corte de gastos e reestruturação para focar a organização e transmitir um senso de urgência. Chenault nos explicou: "Primeiro, tivemos de lidar com a questão dos custos. O ambiente era tal que não podíamos agir da maneira como fazíamos antes da crise. Tivemos que agir imediatamente – mas, ao mesmo tempo, de ser cuidadosos sobre isso e nos orientar tanto por considerações de curto quanto de longo prazo."

Ele reduziu os custos com pessoal, diminuindo a força de trabalho em cerca de 10% e abaixando temporariamente os salários dos gerentes sêniors.[3] Ele reduziu as despesas com *marketing* e as taxas pagas por serviços profissionais, mas manteve os orçamentos para serviços aos clientes.[4]

Finalmente, para criar novas fontes de financiamento, a Amex entrou no negócio de angariação de depósitos (*deposit-gathering*), e Chenault disse: "Em um período de apenas alguns meses, levantamos mais de 8 bilhões de dólares."

Organizacionalmente, Chenault focou na clareza de papéis e em planos apertados com métricas de sucesso claras: "A responsabilidade pessoal foi motivada por toda a organização." Porém, em meio à escuridão, ele teve o cuidado de projetar uma sensação de otimismo. "A empresa existe há mais de 160 anos. Já enfrentamos crises antes", disse ele, "e sabíamos que era fundamental manter a confiança nas perspectivas para o longo prazo. Nosso mantra era: "Permaneça líquido, continue lucrativo e invista seletivamente para fazer o negócio crescer."

Os movimentos rápidos de Chenault salvaram o dia. No final de 2009, as ações da Amex tinham se recuperado para um preço unitário de 40 dólares, em comparação ao mínimo de 10 dólares em março.[5] A Amex foi uma das poucas empresas financeiras que manteve os dividendos dos acionistas e permaneceu rentável durante a crise. Cinco anos mais tarde, as ações da Amex estavam sendo negociadas por mais de 90 dólares, uma realização atribuída à segunda fase do mantra de Chenault: O plano para o crescimento futuro.[6] Nós lembramos Chenault do que ele havia dito aos investidores em 2009: "No início do ano, a economia parecia estar em queda livre, a queda nos gastos dos cartões dos clientes estava acelerada e as taxas de perdas com empréstimos estavam aumentando rapidamente. Mas durante todo esse tempo nossos desafios de curto prazo não nos impediram de investir em nosso futuro."[7] Chenault reconheceu a existência de céticos: "As pessoas me diziam: 'Ken, como você pode sequer pensar em crescimento num momento em que a empresa está sendo atingida e a economia está em frangalhos?'" Mas, ele disse: "Sustentarei o óbvio: nunca desperdice uma crise. Apesar de toda a loucura que estava acontecendo, [a Amex] iria investir seletivamente em crescimento."

Chenault já havia conduzido a Amex ao longo de crises no passado. Ele assumiu o comando da Amex alguns meses antes do 11 de setembro de 2001 (dia em que ocorreu o ataque terrorista em várias partes dos EUA), e sabia como a empresa deveria reagir. "Quando a pressão sobre os resultados se intensifica durante tempos difíceis, cortar todos os investimentos em crescimento é uma atitude imediatista", explicou. "Fazer isso provavelmente irá colocá-lo atrás dos competidores quando a economia começar a se recuperar, e irá acabar por custar-lhe mais a longo prazo."[8]

Enquanto muitos concorrentes ainda estavam às voltas com perdas, ele se concentrou em construir uma plataforma que levasse ao crescimento. Desenvolveu uma visão do futuro, enxergando a Amex não apenas como uma empresa de cartão de crédito, mas de serviços financeiros mais amplos, apoiada numa plataforma digital forte. Ele também investiu em inovação tecnológica.[9] Chenault procurou maneiras de impulsionar os lucros, oferecendo aos clientes mais maneiras de gastar seu dinheiro. Uma das medidas foi ampliar o número de comerciantes ligados ao icônico programa de recompensas da Amex.[10] Ele explicou: "É por isso que, mesmo cortando despesas operacionais, continuamos a financiar grandes iniciativas de crescimento."[11]

Todavia, o sucesso da Amex não teria sido possível se Chenault não tivesse assegurado que sua estratégia – sobreviver e crescer – fosse disseminada por toda a empresa. Culturalmente, ele incentivou a organização a não "entrincheirar-se num abrigo." Chenault foi inspirado por um ditado do seu principal diretor, Bob Walter: "Bob diz, 'Continue a trabalhar duro e mantenha seus olhos no horizonte.' Talvez parecesse algo impossível naquele momento, mas não deixa de ser uma grande metáfora [...] Ela enfatiza a necessidade de se concentrar no dia a dia, mas com uma visão em 'Qual é a transformação que você irá promover?'" Graças aos esforços de Chenault e sua equipe, a Amex está bem posicionada para o crescimento futuro, com suas ações atualmente em torno de nove vezes o valor da época da recessão.

A abordagem de renovação para a estratégia: Ideia central

Uma estratégia de renovação, como a empregada na Amex, renova a vitalidade e a competitividade de uma empresa quando esta estiver operando em um ambiente adverso. Esse desafio pode ser causado por uma incompatibilidade prolongada entre a abordagem para a estratégia da empresa e seu ambiente, ou por um choque externo ou interno.

Quando as circunstâncias externas são tão difíceis que sua maneira atual de fazer negócios não pode ser sustentada, mudar de curso para preservar e liberar recursos e, depois, redirecionar para o crescimento, é a única maneira de não apenas sobreviver, mas, no fim, voltar a prosperar. A empresa deve primeiro perceber e **reagir** ao ambiente em deterioração o mais cedo possível. Em seguida, ela precisa **economizar** para lidar de forma decisiva com os impedimentos imediatos à sua viabilidade financeira, ou até mesmo com sua própria sobrevivência. Para fazer isso, ela se concentra no negócio, corta os custos e preserva o capital enquanto libera recursos para financiar a próxima parte da jornada de renovação. Finalmente, a empresa precisa alternar para uma das outras quatro abordagens para a estratégia e garantir o **crescimento** a longo prazo e a competitividade, redefinindo a direção da empresa de acordo com seu ambiente e inovando também de maneira estratégica (Figura 6-1).

FIGURA 6-1

A abordagem de renovação para a estratégia

A abordagem de renovação é única, tanto porque é temporária quanto porque é realmente uma combinação de duas abordagens para a estratégia, cada uma com sua própria lógica distinta. A combinação é desafiadora porque os requisitos de duas abordagens são, de certa maneira, diametralmente opostos. Vamos ampliar essa ideia de combinações de abordagens no Capítulo 7.

Em nossa comparação com a arte, a estratégia de renovação é, talvez, como uma pintura cubista. O cubismo rompe com a complexidade das escolas de arte anteriores; os objetos são analisados, divididos, despojados de formas não essenciais e, depois, remontados para criar uma nova perspectiva.

Quando aplicar uma abordagem de renovação

Você deve implantar uma abordagem de renovação quando sua empresa enfrenta circunstâncias difíceis, devido a uma incompatibilidade prolongada entre a estratégia adotada pela companhia e seu ambiente, ou por causa de choques internos ou externos. Tal incompatibilidade pode acontecer, ou porque uma empresa escolheu a estratégia errada ou, mais frequentemente, porque o ambiente mudou e a estratégia não, levando a um subdesempenho crônico. Muitas empresas de *hardware* na área de computadores encontraram-se nesse dilema na medida em que as tecnologias vigentes foram substituídas por outras emergentes, e o valor deixou de estar no *hardware* e migrou para os *softwares*, os serviços e a conectividade. Seus modelos de negócios historicamente bem-sucedidos foram ultrapassados em face de uma grande mudança no ambiente em que operavam.

A estratégia de renovação também é apropriada quando circunstâncias externas tornam repentinamente o ambiente adverso. Choques políticos ou econômicos, ou instabilidades, podem restringir o mercado de capitais, ou os gastos do consumidor. Por outro lado, a demanda em seu setor pode cair de modo inesperado. Por vezes, essas situações podem ocorrer ao mesmo tempo, com consequências devastadoras. A crise financeira que eclodiu em 2008 – e que fez com que a Amex adotasse uma abordagem de renovação – foi uma ocorrência especialmente grave de redução de liquidez e queda da demanda.

APROFUNDANDO O QUE VOCÊ JÁ CONHECE

A estratégia de renovação é um conceito e uma realidade bem conhecida, embora sob nomes diversos, como **transformação, reestruturação** ou **otimização**. Nos anos 1980, as práticas de reestruturação e reviravolta foram progressivamente codificadas e popularizadas, em parte por causa dos retornos lucrativos gerados por empresas de recuperação bem-sucedidas. As firmas de participação privada e os bancos popularizaram a prática de compra por financiamento e técnicas de engenharia financeira semelhantes, como *factoring* de capital de giro e novas estruturas de dívidas que ajudaram as empresas a liberar dinheiro em circunstâncias adversas. O setor de participação privada tem se especializado nas técnicas que sustentam a primeira fase da transformação, maximizando o fluxo de caixa das empresas, reduzindo os custos, eliminando atividades excessivas e otimizando as estruturas de capital.

APROFUNDANDO O QUE VOCÊ JÁ CONHECE

Na mesma época, as próprias empresas captaram e codificaram algumas das técnicas de condução de eficiência em fase de "economia de recursos" da abordagem de renovação. Nos anos 1980, as companhias de manufatura nos EUA desenvolveram o **custo baseado em atividades**, o qual as ajudou a vincular as práticas à rentabilidade, e a melhorarem seletivamente, sem prejudicar o desempenho. No início dos anos 1990, Michael Hammer e James Champy introduziram o conceito de **reengenharia de processos de negócios**, criado a partir da ideia do BCG de **competição baseada no tempo**: atividades que não fazem parte dos principais processos que atendem aos clientes devem ser minimizadas. Apenas alguns anos mais tarde, mais de 60% das empresas da *Fortune* 500 havia se envolvido de alguma forma com a reengenharia.[12]

O BCG desenvolveu mais tarde o conceito de **redução dos níveis hierárquicos (*delayering*).** Este sugere que o número de camadas organizacionais de uma empresa representa sua complexidade e ineficiência, e que a redução das camadas excessivas e o aumento das dimensões de controle melhora a competitividade de uma firma.[13]

Finalmente, em meados dos anos 1990, tanto acadêmicos quanto profissionais deram maior atenção para o lado mais suave da mudança. Autores como John Kotter argumentaram que, sem considerar os fatores humanos e sem criar recursos de **gestão de mudança** em grande escala, as transformações estariam fadadas ao fracasso.[14]

Por fim, grandes desafios existenciais podem surgir mais perto de casa, como, por exemplo, um evento cataclísmico interno como a contaminação da cadeia de fornecimento, o colapso de uma infraestrutura de produção importante ou uma visível crise de confiança. Quando a plataforma de perfuração da BP (British Petroleum) *Deepwater Horizon*, de propriedade e operada pela Transocean, sob contrato com a BP, derramou óleo no golfo do México, o acidente ameaçou a sobrevivência da empresa, não apenas por causa do acidente propriamente dito e suas consequências financeiras, mas também devido ao seu impacto na confiança e nas relações com as partes interessadas.[15]

Embora você possa não perceber imediatamente que sua empresa está entrando em um estado de aflição, uma vez que a dor estiver acentuada o bastante, torna-se difícil não reconhecer a necessidade de uma abordagem de renovação. Subdesempenho competitivo prolongado referentes às margens ou crescimento de vendas, quedas bruscas nos fluxos de caixa ou reduções do capital disponível são sinais de que a sobrevivência a longo prazo da empresa pode estar comprometida. A necessidade de uma renovação estratégica está, portanto, crescendo. Abbott, Bank of America, Conoco Phillips, Daimler, Ericsson, FMC, GlaxoSmithKline – esse é apenas o início de um alfabeto de empresas que anunciaram publicamente esforços de transformação ao longo dos últimos anos. Por que surgiu essa necessidade? Há duas razões principais: primeiro, o ritmo acelerado das mudanças e, em segundo lugar, o alcance crescente das crises econômicas, devido à amplitude na interconectividade das economias.

As empresas atuais enfrentam mudanças mais rápidas e em maior número, aumentando a probabilidade de que sua abordagem para a estratégia se torne incompatível com o ambiente em constante mudança. Nossa análise revela que agora as empresas avançam mais rapidamente através das diferentes fases de seus ciclos de vida – de ponto de interrogação a estrela; de vaca-leiteira a abacaxi. Além disso, os próprios ciclos de vida estão, em geral, tornando-se cada vez mais curtos: em 75% dos setores, o tempo médio que uma empresa passa em qualquer fase do seu ciclo de vida caiu pela metade (Figuras 6-2 e 6-3).[16]

Portanto, os líderes devem estar sempre vigilantes quanto a mudanças e precisam garantir que suas estratégias não fiquem fora de sintonia com seu meio ambiente. Além disso, devido à crescente interconexão da economia mundial, as crises econômicas parecem ser mais profundas e ir além dos setores em que tiveram início.

Anteriormente, as crises muitas vezes permaneciam confinadas ao seu setor ou à sua geografia de origem. Por exemplo, a crise da dívida sul-americana nos anos 1990 manteve-se em grande parte nessa região, e a queda do petróleo nos EUA nos anos 1980 afetou fundamentalmente apenas o setor de energia.

162 Sua Estratégia Precisa de uma Estratégia

FIGURA 6-2

Diminuição do tempo de vida das empresas

Tempo médio de admissão à cotação na Bolsa de empresas ativas em um determinado ano

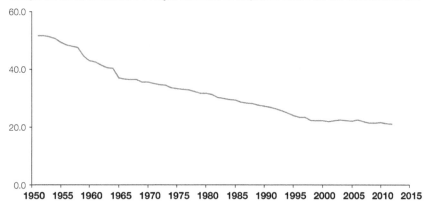

Fonte: Análise do Instituto de Estratégia do BCG (24 de setembro de 2014), Compustat.

Nota: Análise intersetorial com base em 34 mil empresas em setenta setores (média não ponderada), exceto empresas com início desconhecido ou com limites de admissão à cotação da bolsa (listadas e com relatórios de vendas em 1950 e/ou ainda listadas e com relatórios de vendas em 2013) e aquelas que nunca atingiram o pico de vendas de mais de dois bilhões de dólares.

FIGURA 6-3

As posições competitivas mudam duas vezes mais rápido hoje do que em 1992

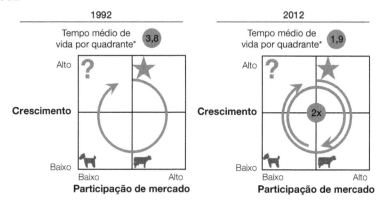

Fonte: Dados do Compustat sobre companhias abertas entre 1980 e 2012.

Nota: Exclui os setores nos quais a circulação diminui.

* Média de tempo que uma única empresa gasta em um quadrante de crescimento e participação específico.

Os fatores ambientais que provocam a necessidade de uma abordagem adaptativa – turbulência, mudança mais rápida e mudança mais fundamental – são os mesmos que provocam a necessidade de renovação. Como já discutimos, a adaptação nem sempre é fácil, mas quando uma empresa perde os primeiros passos da adaptação, então, uma mudança grande, rápida e arriscada sob a forma de transformação corporativa torna-se necessária.

Por que o foco é importante: Bausch & Lomb

A história da Bausch & Lomb (B&L), uma fabricante de produtos de cuidados com a visão, exemplifica quando e como utilizar uma abordagem de renovação. Em 2010, Brent Saunders foi nomeado para conduzir a recuperação da empresa, que, ao longo de um extenso período, havia perdido a sintonia com seu ambiente competitivo. "Havia sinais significativos," disse ele. "Três CEOs em três anos; nenhum crescimento em trinta anos; a companhia deixou de ser a líder de mercado na maioria das categorias em que competia para se tornar uma retardatária de mercado; e enorme complexidade."[17]

Primeiro, ele precisava convencer as pessoas de que a empresa deveria adotar uma abordagem de renovação, e assim, como nos disse, procurou por "alguns fatos incontestáveis [...] para mostrar que precisávamos fazer algo diferente." Em quase todas as principais métricas da empresa - vendas por empregado, taxa de crescimento ao longo dos últimos trinta anos, registros de inovações - A B&L era a última entre suas semelhantes. Saunders mostrou aos outros o argumento a favor da mudança: "Provavelmente o dado mais convincente foi a nossa vontade de recomendar a B&L como um lugar para trabalhar e uma pesquisa com os clientes com a disposição dos médicos em recomendar os produtos da B&L. Foi horrível."

Reconhecendo que a B&L estava lamentavelmente fora de sincronia com o seu ambiente, Saunders respondeu com um plano de três partes (estabilizar, crescer e escapar do cerco em que se colocará) que se concentrava na estabilização da entidade, criando pequenas vitórias e investindo no crescimento através do desenvolvimento de produtos direcionados. Saunders explicou: "Ganhar é contagioso, por isso, se você pode começar com pequenas vitórias rápidas em uma empresa como essa que não vence a tanto tempo, isso traz de volta a força do estímulo do passado."

164 Sua Estratégia Precisa de uma Estratégia

Na verdade, passados dois anos, o valor patrimonial da B&L aumentou cerca de duas vezes e meia; as vendas cresceram 9% ao ano e os lucros antes de juros, impostos, depreciação e amortização (EBIT) aumentaram em 17% ao ano, impulsionados por um "dimensionamento correto" da organização, aquisição focada no crescimento direcionado e a introdução de uma sequência incrível de trinta e quatro novos produtos.[18] Em 2013, a Valeant adquiriu a B&L por 8,7 bilhões de dólares.[19]

VOCÊ ESTÁ EM UM AMBIENTE DE NEGÓCIOS DE RENOVAÇÃO?

Você está diante de uma situação de negócios que pede por renovação se as seguintes observações são verdadeiras:

Seu setor ou empresa:

✓ Mostra crescimento baixo ou negativo.

✓ Está perdendo dinheiro.

✓ Sofreu um choque interno.

✓ Sofreu um choque externo.

✓ Encontra-se numa situação que representa risco de viabilidade para você.

✓ Está sujeita a restrições de acesso ao capital.

A abordagem de renovação na prática: A criação da estratégia

A renovação estratégica é cada vez mais importante: é um jogo de alto risco que às vezes afeta a própria sobrevivência da empresa. A maioria dos líderes está familiarizada com a abordagem sob os pretextos de "transformação", "reestruturação" ou simplesmente corte de custos (racionalização). No entanto, a execução bem-sucedida de uma abordagem de renovação para a estratégia é mais difícil do que se imagina: nossa análise demonstra que 75% das transformações não conseguem criar impacto a curto e longo prazo (Figura 6-4).[20] Para entender por que e definir o que diferencia as renovações bem-sucedidas das malsucedidas, realizamos uma comparação quantitativa e qualitativa do desempenho de longo prazo de duas dúzias de programas de transformação.

O padrão resultante foi impressionante. Todas as empresas que estudamos experimentaram o que chamamos de uma "primeira fase" de economia. Porém, embora essencial, apenas economizar não é o suficiente: de modo não surpreendente, não se pode interromper a trajetória rumo à grandeza. Cortes de custos dolorosos e outras medidas defensivas são abordagens familiares para se manter à tona, entretanto, enquanto essas medidas são rápidas e evidentes, e produzem resultados tangíveis, elas, por si só, não são uma receita para o sucesso a longo prazo.

FIGURA 6-4

Poucas empresas são bem-sucedidas em esforços de transformação

Crescimento TSR em relação ao longo prazo*

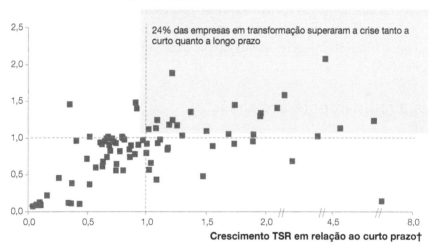

Crescimento TSR em relação ao curto prazo†

Fonte: Análise do BCG.
Nota: Total Shareholder Return (TSR) ajustado pela S&P 500 ou índice de crescimento relevante do setor ao nível mundial; 1 = mesma taxa de crescimento que a do setor; N = 88 empresas passando por uma transformação, de 2001 a 2013.
* Cinco anos desde o início do esforço, ou até hoje.
† Um ano do início do esforço de transformação.

166 Sua Estratégia Precisa de uma Estratégia

Na melhor das hipóteses, apenas economizar provavelmente irá restaurar o retorno total ao acionista em paridade com o setor, porém, essa atitude não conterá a queda na competitividade a longo prazo.

Para as empresas de renovação bem-sucedidas, a história da transformação não termina aí. Nenhuma empresa que estudamos conseguiu prosperar a longo prazo sem embarcar em uma "segunda fase" de transformação, adotando uma nova abordagem para a estratégia, focada em inovação e crescimento. Nós atribuímos uma elevada proporção de falhas de transformação às empresas que nunca foram além da primeira fase (corte de custos). Assim, para que uma estratégia de renovação seja bem-sucedida a longo prazo, a empresa deve iniciar tanto a primeira fase de economia quanto a segunda de crescimento – em outras palavras, a empresa tem que adotar uma das outras quatro abordagens para a estratégia.

A criação de uma estratégia de renovação começa com uma reação rápida às primeiras indicações de um ambiente adverso; a empresa deve passar para a primeira fase (de economia) – a identificação de oportunidades de redução de custo, preservação de capital e planejamento rigoroso para alcançar esses benefícios). Em seguida, a companhia estará pronta para a segunda fase, uma nova abordagem estratégica focada em crescimento e inovação (Figura 6-5).[21]

Reaja rapidamente aos sinais

Reconhecer e responder rapidamente aos sinais de que sua empresa está em um ambiente adverso é o passo mais crítico para ampliar suas chances de sobrevivência: como em situações médicas que exigem reanimação cardiorrespiratória, a pontualidade da primeira resposta em uma situação potencialmente fatal muitas vezes dita o resultado final. As empresas frequentemente reagem tarde demais a uma situação de perigo. Excesso de confiança, indicadores financeiros defasados ou a falta de uma plataforma emergencial podem fazer com que se torne mais difícil enxergar o perigo iminente. Além disso, um modelo de negócios ultrapassado pode atirar pela janela uma grande soma de dinheiro e até parecer saudável quando, na verdade, as sementes da obsolescência já foram espalhadas. No momento em que a pressão financeira chega, os desafios podem já ter se multiplicado e progredido significativamente.

FIGURA 6-5

Trajetórias de transformação

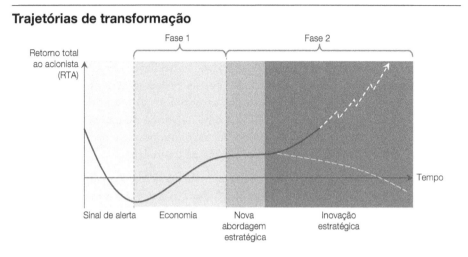

Algumas empresas podem antecipar um ambiente adverso ao reconhecerem os principais indicadores, como: mudanças tecnológicas, surgimento de *mavericks*, mudanças no modo e também nos produtos em que a maior parte do dinheiro está sendo investido, insatisfação ou deserção do cliente, ou ainda taxas de crescimento em declínio. No entanto, esses casos preventivos de renovação são surpreendentemente raros.[22] Aqui, iremos nos concentrar apenas nos casos mais comuns de transformação reativa.

Fase 1: Planejar para economizar

Uma vez que a empresa reconheça a adversidade do seu ambiente, ela precisa embarcar em uma primeira fase de renovação, com dois objetivos em mente: em primeiro lugar, a empresa deve restaurar sua viabilidade financeira e, em segundo, precisa financiar sua jornada de volta ao crescimento. Com esse intuito, as empresas elaboraram um plano para concentrar seus negócios, eliminando atividades não essenciais, reduzindo custos e preservando o capital.

168 Sua Estratégia Precisa de uma Estratégia

Boas intenções não são suficientes: Kodak

A história da Kodak exemplifica não apenas a velocidade e a ferocidade de ruptura tecnológica, mas também a incrível sensibilidade no processo de transformação para tomar as decisões certas.[23] Mesmo as tentativas mais sinceras de transformação podem dar errado. Em 1975, a Kodak possuía 90% do mercado de filmes dos EUA e 85% na venda de câmeras. Poucas marcas eram similares àquele setor. Por isso, quando a empresa entrou com pedido de falência em 2012 foi um dia bastante triste.

Embora pudesse ser fácil enxergar a história da Kodak como um "exemplo de incompetência executiva," de fato a empresa tomou várias medidas no sentido de se ajustar ao desaparecimento do filme fotográfico e à ascensão da fotografia digital. A Kodak desenvolveu e patenteou a primeira câmera digital em 1975. Apenas em 1981 foi que a Sony anunciou o primeiro produto comercial, a Mavica, mas a qualidade da câmera era baixa e seu preço inacessível para o mercado de massa. Enquanto isso, a Kodak fez investimentos secundários contínuos em novas tecnologias ao longo dos anos 1980 e 1990, por exemplo, mudando um pouco seu foco de contratações, fusões e aquisições da área química para as de eletrônica e engenharia.

Todavia, em um período curtíssimo e sem precedentes – cerca de quatro anos – as bases do setor se revelaram abaladas. O ano de 1999 registrou a maior venda de filmes na história, entretanto, em 2003, a Kodak anunciou publicamente que o setor de filmes fotográficos estava em declínio. O que deu errado, afinal?

Embora a Kodak tenha feito um esforço genuíno para se transformar, ela simplesmente não o fez completamente ou com agilidade necessária. A fase 1 da Kodak foi caracterizada por múltiplas, mas insuficientes, rodadas de cortes e demissões, passos que degradaram o moral e deixaram de atrair talentos para fomentar a inovação. Ao mesmo tempo, embora a Kodak tenha identificado claramente a inevitabilidade e a necessidade de migração para a tecnologia digital, a empresa deparou a "armadilha da proporção." Ou seja, a Kodak não alocou recursos suficientes para desenvolver e expandir essa nova estratégia, tampouco antecipou a incrível taxa de mudança tecnológica. Ao cair na "armadilha da persistência," a Kodak reprimiu novos projetos que não correspondiam ao *benchmarking* do seu negócio existente: de filmes. E, na "armadilha do legado," a empresa continuou a fazer investimentos pesados em seu produto principal, evitando assim a canibalização na venda de filmes.

Até certo ponto, os erros da Kodak são compreensíveis. Por exemplo, no final dos anos 1990, prevendo que a China se tornaria o último e maior mercado de filmes fotográficos do mundo, a empresa fez grandes investimentos em instalações de produção desse produto naquele país. Contudo, a China ignorou por completo a fase dos filmes fotográficos, rumando diretamente para a tecnologia digital. Como nos disse uma fonte na empresa: "Nós queríamos investir na nova tecnologia, mas, pelo fato de a substituição tecnológica ter sido, até então, historicamente lenta, adquirimos uma falsa segurança. Quando, no início do anos 2000, a qualidade, o custo e a usabilidade se alinharam, nós não estávamos preparados."

No início de 2013, a empresa saiu da concordata, mas com um porte operacional bem menor.

Empresas em modo de renovação identificam oportunidades para reorientar suas atividades principais. Elas reestruturam seus portfólios, revisitando setores e unidades de negócio que desejam manter e determinam quais produtos e segmentos contribuem, ou não, para a rentabilidade global e a geração de caixa. Pelo menos no curto prazo, como observou Per Gyllenhammar, CEO da Volvo, fabricante de automóveis sueca, supostamente após a queda da bolsa em 1987: "Dinheiro vivo é o que manda."[24]

Reduzir o custo associado com ativos remanescentes pode ajudar a restaurar a lucratividade de curto prazo e fechar as lacunas de desempenho. Muitas empresas otimizam os lucros e reduzem o inchaço cortando custos com pessoal, reestruturando suas organizações ou tornando os processos mais eficientes por meio de gestões mais enxuta, utilização do "seis sigma" ou de abordagens relacionadas. As economias potenciais espreitam em muitos cantos: o custo dos produtos vendidos pode ser reduzido mediante a racionalização do seu portfólio de fornecedores, reduzindo intermediários, mudando o *mix* do sistema de compra de fornecedores ou iniciando esforços mais colaborativos, como reduções de resíduos na cadeia de abastecimento e de tempo na execução dos processos. Custos indiretos são muitas vezes um caminho fácil para se economizar, sem, contudo, afetar imediatamente a experiência do cliente: na fase 1, orçamentos na área de *marketing*, um departamento de P&D com carta branca para gastar e despesas pessoais indiretas são ótimos candidatos a cortes que visam conter o sangramento.

Além de racionalizar seus portfólios e/ou reduzir custos, as empresas também são capazes de liberar recursos em seus balanços. Por exemplo, elas podem reduzir a redundância de ativos, ajustar sua estrutura de endividamento ou otimizar o capital de giro aprimorando inventários, mudando os termos de fornecimento e eliminando práticas ruins de pagamento. De maneira mais radical, elas podem vender e arrendar de volta seus principais ativos, sempre que possível.

As oportunidades que a empresa identifica tornam-se, então, um plano rico e com etapas detalhadas. A gestão disciplinada da fase 1 da estratégia da empresa permite que ela "sobreviva para morrer num outro dia." A empresa se concentra em objetivos de economia de alto nível que são aplicados por meio de planos granulares mês a mês ou individualmente, refletindo o progresso necessário para o objetivo de curto prazo de viabilidade financeira.

O princípio orientador para a primeira fase de renovação deve ser o de maximizar o desempenho imediato, preservando a opção por crescimento em longo prazo. É um equilíbrio difícil, no que se refere à redução de custos entre "não ter elementos intocáveis" e "não eliminar tudo." Ao reduzir custos, as decisões sobre o que cortar e vender devem depender das perspectivas de crescimento futuro. As empresas que "queimam mobiliário" – vendem barato unidades com elevado potencial – arriscam-se a canibalizar suas perspectivas de longo prazo. A racionalização é necessária, mas ativos de alto valor estratégico futuro devem ser vendidos apenas como um último recurso para gerar dinheiro. Uma boa abordagem é ponderar cortes e investimentos, cortando profundamente em algumas áreas, enquanto reinveste seletivamente para garantir o crescimento de longo prazo em outras.

Embora a primeira e a segunda fase terminem sequencialmente, elas também estão interligadas. Em primeiro lugar, as empresas não devem cortar elementos que lhe serão essenciais para a fase 2. Em segundo lugar, a fase 1 financia o crescimento da fase 2, e os objetivos de redução de custos devem, portanto, refletir isso. E, finalmente, enquanto a maior parte das atenções na fase 1 estará totalmente voltada para o árduo trabalho de salvar a empresa, seus líderes precisam ter seus olhos no horizonte também, para antecipar e configurar o processo de elaboração de estratégias para uma segunda fase de sucesso.

Fase 2: Alternar para crescer

A criação da estratégia na segunda fase consiste em fazer bem duas coisas: 1) definir uma nova abordagem estratégica – investindo na inovação estratégica para apoiá-la – e 2) divulgar a nova estratégia.

Para definir a direção da segunda fase de transformação, empresas bem-sucedidas avaliam seu ambiente para informar sua visão de longo prazo. Independentemente de qual abordagem estratégica a empresa adote na segunda fase, ela precisa ajustar o foco a partir de uma perspectiva interna de curto prazo, que gire em torno da eficiência de uma perspectiva externa de longo prazo que incida sobre o crescimento. Para mudar para uma nova abordagem, as empresas precisam inovar de maneira estratégica, muitas vezes fazendo várias mudanças básicas em seu modelo de negócio. A abordagem adequada e a inovação necessária correspondente devem estar fundamentadas na avaliação da empresa do ambiente pós-crise.

No começo do livro, detalhamos as várias abordagens estratégicas que podem ser adotadas na segunda fase. Aqui, vamos explorar brevemente algo que se aplica especificamente à segunda fase: a necessidade de divulgar de modo convincente a nova visão para superar o inevitável ceticismo e restaurar a confiança. Dada a pressão para se concentrar na sobrevivência a curto prazo e os possíveis danos à credibilidade da organização durante o período de crise, seus líderes devem redefinir com firmeza a bússola interna da empresa e investir na comunicação da estratégia, tanto externa quanto internamente. Isso ajuda a trazer pessoas de fora, como *stakeholders* financeiros, dando-lhes uma nova lógica à qual se firmarem e, ao mesmo tempo, elevando o moral dos funcionários e oferecendo a eles uma nova estrutura e uma nova visão.

172 Sua Estratégia Precisa de uma Estratégia

A criação da estratégia na AIG

Como a Amex, a American International Group (AIG), uma das maiores seguradoras do mundo, foi engolida pela crise econômica global ocorrida em 2008.[25] Talvez ela seja o exemplo típico de uma crise existencial corporativa. Naquele ano, a companhia recebeu da Reserva Federal um empréstimo emergencial recorde de 85 bilhões de dólares e, em março de 2009, o mesmo subiu para 182 bilhões. Sua marca era malvista; sua viabilidade a longo prazo, insegura. No verão de 2009, o governo federal recrutou Bob Benmosche, um experiente executivo do setor de seguros para embarcar em um exemplo espetacular de renovação estratégica.[26]

Benmosche e sua equipe priorizaram e agiram de maneira decisiva no sentido de criar valor, preservar e simplificar o negócio principal de seguros, e, finalmente, pagar o empréstimo ao governo dos EUA. Eles passaram de uma "grande liquidação" da AIG a um plano bem pensado e metódico que envolvia desfazer-se de algumas empresas, investir em outras e explorar alguns portfólios. Essas ações se concentraram no ramo de elementares, seguros de vida e aposentadoria, e seguros hipotecários, que representavam as partes restantes e mais rentáveis do negócio. "Todo o resto seria vendido," disse Peter Hancock, atual presidente e CEO da AIG, que, na ocasião, era vice-presidente executivo da AIG no setor de finanças, risco e investimentos. "A organização precisava de clareza quanto ao que seria vendido e o que seria mantido. Por isso, decidimos preservar o núcleo." Quanto aos ativos restantes, a equipe da AIG se concentrou nas eficiências operacionais. "Olhamos para as partes grandes e maduras do negócio e pensamos sobre como a otimização pode ser poderosa," disse ele. "Pagamos cem milhões de dólares em indenizações por dia; por isso, se for possível aprimorar o sistema pelo menos um pouco, vale muito a pena." Finalmente, Benmosche supervisionou uma racionalização significativa da organização. Hancock explicou: "Estamos pondo em prática um exercício de simplificação significativo que visa reduzir a complexidade organizacional e melhorar a tomada de decisões."

Esse foco na simplificação e na solvência alimentou a primeira fase de modo suficiente para aliviar a AIG de seus encargos junto a credores e voltar aos mercados públicos, onde poderia crescer novamente. No final de 2012, a AIG pagou o que devia ao governo, incluiu um lucro de 22,7 bilhões de dólares, manteve sua nota A na área de investimentos, atraiu mais de 3 bilhões de dólares em crédito de bancos do setor privado e voltou para o mercado de ações.[27] Mas, como Hancock explicou: "Esse, entretanto, não foi o ponto de recuperação, mas o de partida!" Hancock foi nomeado para um novo papel: como CEO da área de seguro de propriedades, ele teve de recolocar a unidade na rota de crescimento a longo prazo. A segunda fase havia começado.

Nesse novo papel, Hancock voltou-se para uma abordagem clássica, capitalizando benefícios de escala em sua unidade de negócios e globalizando a estrutura de gestão para criar sinergias e evitar a canibalização. Além disso, ele reorientou os investimentos de modo a posicionar melhor a empresa em áreas de maior crescimento, como os mercados emergentes: "O mais importante, nós criamos uma nova fonte de crescimento, dando às entidades da AIG em todo o mundo um sentimento comum de pertencimento, oferecendo acesso à infraestrutura comum, e criando um número limitado de expansões de negócios estratégicas em países onde estávamos dispostos a investir somas consideráveis com um horizonte de retorno mais distante."

Entre 2011 e 2013, a AIG mais do que triplicou seus lucros, em grande parte por causa da contribuição do ramo de seguro de propriedades, onde o lucro operacional aumentou de 1,1 bilhão de dólares para quase 5 bilhões dólares durante esse período.[28]

A SIMULAÇÃO DA ESTRATÉGIA EM UM AMBIENTE ADVERSO

Em ambientes adversos, as empresas ganham preservando recursos e não despendendo esforços desnecessários em exploração. Nossa simulação confirma isso: quando o ambiente é adverso, a exploração carrega um alto custo de oportunidade e consome os limitados recursos necessários à sobrevivência. Para modelar isso, introduzimos uma quantidade de recursos que qualquer estratégia individual pode utilizar.

Se os recursos são escassos o orçamento se torna mais rígido ou elevam-se os custos de oportunidade. Nessas situações, estratégias que investem demais em exploração ficam rapidamente sem recursos e deixam de ser viáveis (Figura 6-6).

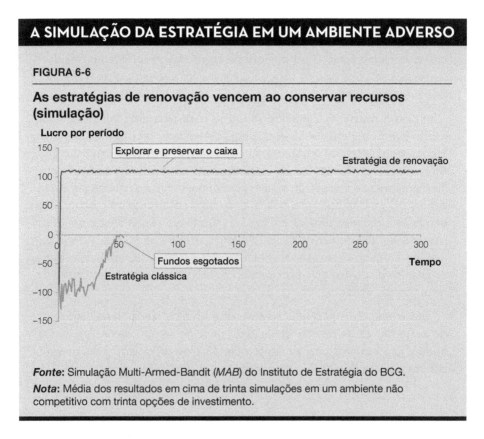

A abordagem de renovação na prática: Implementação

A renovação estratégica é um jogo de alto risco que exige dedicação integral de toda a organização para inicialmente economizar e, no final, voltar a crescer. Como disse Henry Ford: "O fracasso é simplesmente a oportunidade de começar de novo, dessa vez de maneira mais inteligente."[29] Ambas as fases da renovação, desde a gestão da informação até a estrutura, a cultura e a liderança precisam ser incorporadas à organização. E esse é exatamente o desafio: uma renovação de sucesso exige que as empresas equilibrem dois elementos: 1) os requisitos potencialmente contraditórios de um foco de curto prazo sobre a restauração da viabilidade da empresa; e 2) o foco de longo prazo sobre o crescimento.

Informação

Uma estratégia de renovação bem-sucedida põe em prática o plano de se concentrar e economizar e, em seguida, alterna para uma nova estratégia visando a prosperidade a longo prazo. A gestão da informação apoia esses fins de três maneiras cruciais: 1) detectando sinais de alerta; 2) informando o desenvolvimento de planos de economia; e 3) acompanhando o progresso desses planos. As etapas de concentração e de economia exigem a execução disciplinada de projetos de melhoria financeira. Planos de ação detalhados, aplicados em todos os níveis da organização para assegurar a prestação de contas e repetidos frequentemente para acompanhar o progresso, dão sustentação a esse objetivo. Os requisitos de informação para a segunda fase de transformação variam de acordo com as necessidades da abordagem estratégica específica implantada.

Na fase 1, as empresas devem utilizar um conjunto de ferramentas analíticas e de medição para planejar e acompanhar a melhoria do desempenho. Cada dólar é importante, então, as empresas se comprometem com detalhadas atribuições de custos baseadas em atividades para identificar corretamente os produtos de caixa positivo e negativo. Em seguida, elas fazem uso de ferramentas analíticas como *benchmarking* e análise de redução dos níveis hierárquicos para identificar potenciais economias de custos. Para avaliar o provável sucesso de cada projeto, empresas bem-sucedidas usam métodos como o DICE, que avalia o sucesso com base na "duração", na "integridade", no "compromisso" e no "esforço", com destaque para as áreas onde a intervenção é exigida.[30] Finalmente, uma vez que as empresas estão alinhadas com um plano de reestruturação, elas acompanham o progresso utilizando ferramentas que vão desde os simples gráficos de Gantt até *softwares* mais complexos de gerenciamento de projetos.

Vimos algumas dessas ferramentas de gerenciamento de informações na abordagem clássica. Assim como naquela situação, aqui as ferramentas devem ser implantadas de maneira criteriosa em vez de mecânica, para evidenciar novas verdades – mesmo que desconfortáveis – sobre o estado atual e o progresso do programa de aprimoramento. Usar ferramentas para facilitar os diálogos em vez de substituí-los ajuda a evitar a ritualização do processo.

A gestão da informação na Bausch & Lomb (B&L)

Na B&L, Brent Saunders utilizou a capacidade da empresa em obter informações para diagnosticar o problema que estava enfrentando, criar um plano de reestruturação e acompanhar o progresso de estabilização visando o crescimento. Uma vez que o plano já estava estabelecido, ele acompanhou o progresso nos mínimos detalhes. "Tudo era mensurável e para tudo existia um sistema rastreável e avaliável," disse ele. "Na verdade, mudamos as métricas, deixando em segundo plano o corte de despesas (*bottom line*) e o fluxo de caixa e, mesmo que ambos permanecessem importantes, colocamos um peso maior no aumento de receita (*top line*). Com as margens que tínhamos, não seria possível lucrar cortando custos."

Quando ele se voltou para o futuro, Saunders desenvolveu uma visão que foi fundamentada no crescimento da receita e, mais especificamente, em introduzir produtos no mercado. Ele percebeu que o desenvolvimento era o grande obstáculo da empresa. Então, para resolver isso, ele nos disse, "Alterei de P&D (Pesquisa e Desenvolvimento) para D&P (Desenvolvimento e Pesquisa)", e assegurou que informações corretas fossem recebidas para capturar essa mudança na ênfase. Por exemplo, ele mudou os incentivos de modo a recompensar o número de produtos que chegavam ao mercado, não o de projetos em pesquisa.

Inovação

Como vimos, a inovação não é parte importante no primeiro aspecto da renovação, mas torna-se essencial para o segundo. Por essa razão, as empresas de renovação precisam equilibrar duas prioridades opostas: 1) reduzir os custos discricionários na fase 1 e 2) na sequência, inovar de modo estratégico na fase 2 para, assim, renovar o modelo de negócio.

De fato, na primeira fase, é inevitável que a inovação seja reduzida para preservar a viabilidade financeira da empresa, com apenas duas exceções: em primeiro lugar, é preciso que as organizações apoiem inovações que levem a aprimoramentos de custos e lucros no curto e médio prazos, desde que essas melhorias financiem diretamente a jornada de renovação; em segundo lugar, elas devem incentivar inovações que apoiem mudanças no modelo de negócio necessárias para a implantação da segunda fase de transformação. As empresas em processo de renovação precisam "balancear" o dinheiro investido em inovação para se certificarem de que as despesas estejam focadas nessas duas finalidades.

No início da segunda fase, se não antes, uma vez que a ameaça iminente de inviabilidade já tenha sido evitada, as empresas de renovação bemsucedidas embarcam em inovações estratégicas limitadas para testar novas abordagens a fim de impulsionar o crescimento. Muitas vezes, uma vez que a fase 2 pode envolver incertezas e exploração, esse passo pode parecer com a adoção de uma abordagem adaptativa: apostas baixas com ciclos de iteração curtos para limitar o desembolso de caixa e obter rapidamente respostas direcionais. Mais tarde, a empresa poderá investir em inovações de maior escala e adequadas à abordagem específica para a estratégia pela qual tenha optado no longo prazo.

Ken Chenault foi inflexível quanto à decisão de a Amex continuar investindo de modo estratégico em inovações direcionadas à sustentação do negócio no curto prazo e, assim, prepará-lo para o crescimento a longo prazo. Como vimos, mesmo durante a crise, a Amex desenvolveu uma plataforma digital, um avançado programa de recompensas para seus associados e parcerias com empresas como a Delta e a British Airways.

Organização

Primeiro, a organização de renovação deve realizar o trabalho da fase 1 – um projeto salva-vidas, ao mesmo tempo crucial e temporário –, mantendo o foco e a disciplina. O projeto requer cortes de custo rigorosos, o que pode incluir a reestruturação de toda a empresa e, muitas vezes, o uso temporário de uma organização de sobreposição para projetar e supervisionar o processo. Por outro lado, a empresa precisa, então, alternar para uma abordagem focada no crescimento e, assim, ser capaz de executar com êxito a segunda fase. Dado que as duas fases se sobrepõem, as empresas que precisam renovação devem levar em conta a identificação e separação das sementes do crescimento provenientes dos esforços de reestruturação da fase 1, justamente para garantir a proteção delas.

178   Sua Estratégia Precisa de uma Estratégia

Na primeira fase, as empresas agilizam a redução dos custos e garantem a execução disciplinada de suas ações, muitas vezes sobrepondo temporariamente à organização uma camada de gerenciamento do programa para projetar e manter os planos nos trilhos. Os líderes "redimensionam" sua empresa, reduzindo partes não essenciais da organização. No que diz respeito a recursos humanos, a adoção da técnica de *delayering*, ou seja, a redução dos níveis hierárquicos, é um método comprovado para: 1) reduzir camadas organizacionais, 2) ampliar os limites de controle, 3) reduzir custos e 4) aprimorar a comunicação vertical e, assim, a prestação de contas. Operacionalmente, ferramentas como a reengenharia de processos ajudam as empresas a reduzirem a complexidade dos processos, removendo etapas que não agregam valor diretamente ao produto final. Muitas vezes, as companhias em modo de renovação usam hierarquia rígida para garantir a execução diligente de seu programa de economia, implementando a prestação de contas mesmo nas menores subunidades da organização.

Pelo fato de as empresas em modo de renovação estarem operando em uma espécie de "estágio temporário," elas podem contar com um escritório de gerenciamento de projetos, ou PMO, sigla em inglês para *Program Management Office,* uma sobreposição organizacional temporária e dedicada que garante disciplina e seja capaz de proporcionar maior objetividade e impulsionar as decisões difíceis, porém, necessárias, para evitar que interesses escusos impeçam o progresso. O PMO pode elaborar projetos de reestruturação, acompanhar e sintetizar relatórios de projetos frequentes e padronizados, e de métricas para atualizações regulares no nível de chefia (C-Level). Além de proporcionar disciplina, um PMO permite que os gerentes de linha se concentrem inteiramente no negócio em curso, proporcionando transparência sobre os progressos e obstáculos potenciais que permeiem a organização.[31]

Para que a segunda fase funcione, as empresas precisam se mostrar audaciosas nos cortes, sem, entretanto, prejudicar as perspectivas de crescimento. Pode ser difícil combinar métricas e incentivos de curto e longo prazo conflitantes para as mesmas equipes, em especial quando os integrantes temem pela própria segurança no emprego. Existem várias maneiras de enfrentar esse desafio. Por exemplo, empresas em processo de renovação podem balancear a organização à medida que distribuem metas de reestruturação para, desse modo, proteger a inovação almejada de cortes de custo generalizados. Alternativamente, as empresas podem tentar implementar diretamente os passos necessários para a segunda fase de sua transformação, mesmo quando ainda se encontram na primeira. Por exemplo, a Amex, ao invés de criar uma unidade digital separada implantou intencionalmente uma transformação digital em toda a organização com o objetivo de posicionar o negócio como um todo para atender à tendência futura. Às vezes, a organização preexistente está tão longe do seu alvo que a atenção simultânea às fases 1 e 2 se torna impraticável. Nesses casos, as companhias podem criar unidades organizacionais separadas que nutram e protejam o crescimento, permitindo a reestruturação completa do seu negócio principal existente (ver Capítulo 7).

Cultura

Uma empresa em renovação precisa alternar entre duas ênfases culturais bastante distintas. Em primeiro lugar, ela deve se concentrar internamente e abordar as tarefas topo-base, com ênfase na execução. Em seguida, precisa adotar uma mentalidade completamente diferente – muitas vezes oposta – focada externamente e alinhada com a abordagem estratégica a ser perseguida na segunda fase. Não se iluda imaginando que essa alternância cultural seja fácil – ela é bem difícil, porém, necessária. Como Andy Grove, ex-CEO da Intel, salientou: "A corporação é um organismo vivo; ela tem de trocar de pele continuamente. Os métodos têm de mudar. O foco precisa mudar. Os valores devem mudar. A transformação é a soma de todas essas mudanças."[32]

Primeiro, as empresas em crise precisam de uma mentalidade sóbria a fim de apoiar a execução disciplinada e orientada para a execução do plano de sobrevivência. A adesão ao plano deve ser recompensada publicamente, enquanto a assunção de riscos desencorajada. Sempre que possível, a empresa deve ser muito transparente a fim de reduzir medos e atritos com respeito a economia de custos e ajudar a proteger os que não foram demitidos do eventual sentimento de culpa, ou até de ressentimentos. Muitas vezes, empresas que estão na fase 1 propagam involuntariamente uma cultura de pessimismo, alimentada pela insegurança no trabalho, pelo baixo moral por conta de metas não atendidas ou pelo baixo desempenho histórico. Para aliviar essas preocupações, comemore pequenas vitórias tanto quanto possível com o intuito de ajudar a manter o foco na visão maior de longo prazo.

Então, a liderança precisa catalisar uma mudança cultural programada para coincidir com a alternância para uma abordagem estratégica alternativa. Essa mudança exige que as empresas criem uma nova identidade cultural e construam confiança nessa identidade para que sejam capazes de rumar em direção a uma cultura mais voltada para o exterior, focada no crescimento e na assunção de riscos após um período de ansiedade e de foco de curto prazo. Como qualquer transformação cultural, essa é uma tarefa difícil que exige que os líderes inspirem verdadeiramente seus funcionários com uma nova visão para o sucesso de longo prazo. Além disso, os líderes precisam endossar fortemente os elementos culturais que a próxima abordagem à estratégia irá exigir, seja a necessidade de fomentar a dissidência construtiva de abordagem adaptativa ou o compromisso com uma meta clara e comum de uma abordagem visionária.

Organização e cultura na AIG

Conforme descrito anteriormente, antes da chegada do então presidente e CEO Bob Benmosche, no início a AIG focou única e exclusivamente no corte de custos e na reestruturando da organização. Depois de Benmosche, a AIG focou na criação de valor. Uma maneira de fazê-lo foi pela redução ou desdobramento de mais de trinta empresas que operavam em mais de cinquenta países. "Tivemos de cortar alguns galhos da árvore," disse Hancock, "mas a árvore ainda está lá e ela tem um tronco firme e forte." A liderança aproximou os três principais negócios restantes – seguro de propriedades, seguro de vida e aposentadoria e garantia hipotecária – por meio da racionalização e centralização, da reestruturação da empresa que, em última análise, deixou de ser uma federação para se tornar uma união. Nos seguros de propriedades, Hancock mudou radicalmente a estrutura para impulsionar sinergias: "Alterei o negócio de seguro de propriedades, que atuava como uma federação de seguradoras rivais - tínhamos cinco entidades diferentes que podiam competir umas com as outras e minar nosso próprio poder de negociação –, reorganizando-o em dimensões globais. Esses líderes foram capacitados para otimizar os riscos ao redor do mundo e criar massa crítica de competências para firmar contratos melhores."

Para se posicionar para uma segunda fase bem-sucedida, a AIG também renovou sua identidade com o objetivo de inspirar o retorno à confiança. Benmosche desenvolveu uma identidade única para AIG, livrando-se da marca separada Chartis, um nome temporário para o negócio de ramos elementares da AIG que fora colocado em prática por um ex-CEO que acreditava - talvez corretamente na época - que a marca AIG era perigosa e não despunha de credibilidade.[33] Como disse Hancock : "Nós eliminamos a marca Chartis e voltamos a usar somente 'AIG,' inclusive rebatizando as submarcas também como 'AIG,' criando assim uma empresa mais coesa no que se refere a incentivos e ao compartilhamento de informações sob a proteção de um único nome." A AIG também trabalhou duro para restaurar a confiança interna, disse Hancock: "A essência tinha de ser a preocupação em manter a confiabilidade e credibilidade, afinal [dezenas de milhares de] empregados conviveram com cinco CEOs diferentes em cinco anos. A única maneira de reter nossos clientes e continuar a crescer e prosperar, ao ponto sermos capazes de levantar capital público, seria fazer com nossos funcionários acreditassem que a empresa iria sobreviver e prosperar. Foi aí que a personalidade de Bob Benmosche entrou em ação. Reunião após reunião, ele mostrou em seus olhos que acreditava e se preocupava com eles."

Liderança

O principal desafio que os líderes que adotam uma abordagem de renovação encaram é gerir efetivamente as fases de renovação, apesar de suas características quase opostas. Esse ato de equilíbrio exige uma liderança ambidestra que resolva as aparentes contradições entre as fases 1 e 2 e dirija a empresa com sucesso em ambas as fases de renovação. Líderes à beira de uma transformação precisam, então, abraçar algumas verdades inconvenientes e contraditórias. A renovação exige atenção para ambos o curto e longo prazos, tanto no que se refere à eficiência, inovação e ao crescimento, quanto à disciplina e adaptação flexível, e, inclusive, à clareza de direção e capacitação.

Isso significa que, inicialmente, os líderes precisam tomar decisões difíceis com atenção ao detalhe, à clareza e à velocidade, sustentando um rápido lançamento da primeira fase. Eles permanecem próximos da análise do desempenho e dos esforços de rastreamento e estão abertos às ocorrências, mesmo que predomine um clima de medo. Ao mesmo tempo, eles transmitem mensagens otimistas e de alto nível para manter o ânimo e dirigir a atenção dos empregados e de outras partes interessadas para a história de renovação de longo prazo. Essa abordagem pode ser mais fácil para um líder trazido específica e rapidamente para implementar uma transformação, porém, aquele que ocupava a posição no momento em que as condições ambientais se tornaram adversas, pode ter de iniciar o processo a partir de uma perspectiva temerária, de decepção pessoal ou de insegurança. Neste caso, ele ou ela terão de superar esses sentimentos para voltar a liderar com sucesso.

Os líderes de renovação precisam estar à frente para pensar e definir a ampla visão para a segunda fase. Enquanto todo mundo está ocupado "salvando" a empresa, eles precisam imaginar o estado final esperado e a inovação fundamental que irá apoiar o novo crescimento. Então, uma vez que a sobrevivência da empresa estiver razoavelmente segura, eles precisam comunicar a mudança de marcha entre a primeira e a segunda fases, e forçar a mudança para uma nova abordagem, externa e dirigida ao crescimento. Um líder de renovação eficaz pode precisar de considerável poder de persuasão e comunicação, já que o estresse transformacional pós-traumático pode produzir inércia organizacional. Os líderes podem facilitar essa mudança agindo da seguinte maneira: 1) comunicando as vitórias iniciais ao longo da jornada rumo à nova abordagem estratégica; 2) apoiando seletivamente as inovações estratégicas cruciais com recursos adicionais ou visibilidade organizacional e 3) transmitindo paciência e persistência. O salto entre o conforto familiar de um simples corte de custos a curto prazo e a inovação exploratória e não familiar pode parecer estranho à organização, portanto, os primeiros passos precisam necessariamente ser dados por quem ocupa o topo da empresa.

Liderança na Bausch & Lomb: Brent Saunders

Brent Saunders da B&L explicou seu papel em dar foco à empresa e reagir o mais cedo e mais rápido possível a circunstâncias adversas: "No dia em que comecei, fui a Rochester [onde fica a sede da B&L] para um encontro com todos os funcionários. Falei com cada um dos principais executivos e depois fui embora. Foram quatro semanas. Passei praticamente todo esse tempo com clientes ou parceiros que criavam ou vendiam nossos produtos. Fiz isso para ter uma compreensão profunda de como os clientes viam a nossa empresa. Repeti isso em todas as filiais espalhadas pelo mundo e em cada setor do negócio."

Mais importante ainda, Saunders explicou, o estilo de liderança precisa ser topo-base, com foco na definição, na comunicação e no acompanhamento do plano: "Eu elaborei o plano pessoalmente, em grande parte. E este se manteve. Alguns itens mudaram, mas o plano como um todo permaneceu mais ou menos constante." Além disso, disciplina e celeridade são fatores críticos, à medida que se dá grande atenção aos detalhes. Saunders disse: "Você tem de tomar decisões difíceis e se mover rapidamente. Se não estiver disposto a tomar decisões difíceis, a conduzir a companhia à excelência operacional e a colocar as pessoas certas nos lugares certos, provavelmente essa incumbência não será para você."

Ao mesmo tempo, você deve preparar a visão de longo prazo e gerar entusiasmo nos funcionários e no mercado. "O CEO define a estratégia," disse Saunders. Ao fazer isso é preciso transmitir uma sensação de otimismo. "Quando é novo, você tem um monte de oportunidades maravilhosas para mudar de rumo mais radicalmente, as pessoas irão ouvi-lo, elas estão nervosas, então, você pode tirar proveito disso para que elas comprem a ideia."

> ## SUAS AÇÕES ESTÃO EM CONSONÂNCIA COM UMA ABORDAGEM DE RENOVAÇÃO?
>
> Você estará adotando uma abordagem de renovação se implementar as seguintes ações:
>
> Você:
>
> ✓ Reduz sua taxa de despesas.
>
> ✓ Limita o uso de capital.
>
> ✓ Concentra suas atividades.
>
> ✓ Cria um plano de reestruturação.
>
> ✓ O executa por meio da adoção de uma estrutura de sobreposição.
>
> ✓ Alterna, posteriormente, para a fase de crescimento por meio da inovação seletiva e do investimento em novas abordagens.

Dicas e Armadilhas

Como vimos ao longo desse capítulo, um número crescente de empresas enfrenta desafios no âmbito da renovação, quer como resultado de choques externos ou porque não conseguiram se adaptar às mudanças na base competitiva. Vimos também que, a despeito da amplitude e familiaridade dos programas de renovação, eles raramente são bem-sucedidos apesar dos altos riscos. Nossa análise de comparações correlacionando estratégias de renovação bem e malsucedidas sugere que o valor em jogo, calculado como o valor presente da diferença do retorno total ao acionista e sua duração, é da ordem do valor da própria empresa. No entanto, três quartos de tais esforços não conseguem restaurar as receitas de curto e longo prazos do setor à média para o setor em curto e longo prazos. A chave para uma renovação estratégica de sucesso é a capacidade de administrar, conciliar, e engrenar as contradições de duas fases que parecem diametralmente opostas – uma focada na resolução de restrições e outra no crescimento. A Tabela 6-1 apresenta algumas dicas a seguir e também armadilhas a evitar no caso de as empresas desejarem ampliar suas chances de sucesso.

Renovação   **185**

TABELA 6-1

Dicas e armadilhas: principais contribuintes para o sucesso e o fracasso de uma abordagem de renovação

Dicas	Armadilhas
• **Corte imediatamente, com coragem:** Seja suficientemente rigoroso e profundo nos cortes, logo na primeira rodada: várias rodadas de cortes de custos poderão se revelar desmoralizantes para a organização e prolongar o período de insegurança antes que a companhia seja capaz de bancar o processo e voltar a crescer.	• **Vitória antecipada:** Muitas empresas declaram vitória prematura após a fase 1 e deixam de declarar ou desenvolver uma segunda fase voltada para a inovação e o crescimento.
• **Vire a página:** Tome a decisão consciente de ir além das medidas de eficiência da fase 1 e crie uma visão para a renovação com foco no crescimento e na inovação.	• **Eliminação do futuro:** Em vez de olharem para o que está por vir, muitas empresas continuam com várias rodadas de corte de custos e medidas voltadas para a melhoria da eficiência.
• **Preveja o futuro:** Vislumbre (e comunique a todos) como será o futuro, determinando qual abordagem à estratégia será necessária na segunda fase.	• **Visão preexistente:** Muitas empresas não conseguem se livrar de pressupostos e práticas do modelo preexistente, mesmo quando esses hábitos são limitantes ou já não são mais relevantes. Agindo assim, elas minam a abordagem da segunda fase, mantendo-a muito próxima da original.
• **Apoie a inovação fundamental:** Inove nas múltiplas dimensões do modelo de negócio para alternar para outra abordagem à estratégia. Um novo produto dentro da estrutura atual de modelo de negócios pode não ser suficiente.	• **Falta de proporcionalidade:** Várias empresas fazem movimentos promissores – tais como uma série de negócios experimentais – que, entretanto, revelam-se insuficientemente ousados para enfrentar a escala do desafio.
• **Inspire esperança:** Adversidades inevitavelmente geram uma cultura de pessimismo ou insegurança. Pinte para os funcionários uma visão de longo prazo vívida para lhes mostrar que há mais no futuro que apenas se concentrar na sobrevivência de curto prazo. Reforce isso alcançando rapidamente pequenas vitórias.	• **Falsa segurança:** Empresas acreditam que o curso de ação para a fase 2 possa ser rigorosamente planejado, e então, em vez de reconhecerem que geralmente existe um alto grau de incerteza na busca por uma nova estratégia de crescimento, elas superenfatizam a implementação disciplinada de um plano fixo.
• **Encoraje o comprometimento e a paciência:** Persista diante dos inevitáveis contratempos e da oposição interna à mudança para estratégias não comprovadas. Muitas vezes, uma visão voltada para a renovação exige persistência durante um longo período.	• **Falta de persistência:** Muitas vezes as companhias subestimam o tempo necessário para alcançarem os resultados (que de modo inconveniente, chega a levar até a uma década) e, assim, desaceleram cedo demais.

186 Sua Estratégia Precisa de uma Estratégia

RECUPERANDO A EMPRESA BEM-SUCEDIDA

A maioria das empresas adota um estilo de renovação de maneira reacional, ao invés de readequarem preventivamente seu estilo ao seu ambiente. Nossa análise sugere que, antes de embarcarem em esforços de transformação, menos de um quarto das empresas havia se sobressaído no mercado, e que quase a metade apresentava desempenho abaixo do esperado. A dificuldade e a raridade das mudanças preventivas para empresas de sucesso não são, entretanto, um argumento contra a necessidade e a possibilidade de tal reviravolta ocorrer.

Algumas empresas, de fato, administram a mudança preventivamente, sem a necessidade de iniciativas de transformação ou alterações arriscadas. Foram estudados vários setores sujeitos à disrupções – desde bens industriais e de consumo discricionários até nas áreas de TI, saúde, telecomunicações e serviços financeiros – ao longo de um período de mais de trinta anos (de 1980 até 2013). Identificamos um número de empresas que, não obstante os desafios, conseguiram gerar retornos de longo prazo atrativos e relativamente estáveis ao evoluírem preventivamente seus modelos de negócios, enquanto outras em seus setores fracassaram em fazer o mesmo. Qual foi o ingrediente secreto das empresas bem-sucedidas? Identificamos quatro categorias de empresas transformadoras preventivas (Figura 6-7).

As *adaptadoras contínuas* evoluem constantemente seu negócio e modelo operacional, fazendo muitas pequenas mudanças. A McDonald's, por exemplo, enfrentou com sucesso o *baby boom* dos anos 1960 e as crescentes fileiras de adolescentes e mulheres na força de trabalho, proporcionando sempre comodidade e um menu barato e diversificado. Nos anos 1970 e 1980, a empresa aproveitou a megatendência da globalização para expandir sua presença internacional. Atualmente, a McDonald's continua a evoluir. Ela ajusta seu portfólio de produtos para refletir as novas preferências dos consumidores, cria novos formatos de restaurantes e acelera a adaptação franqueando localmente empresários com conhecimento direto do mercado.

RECUPERANDO A EMPRESA BEM-SUCEDIDA

FIGURA 6-7

Modelos para transformação preventiva

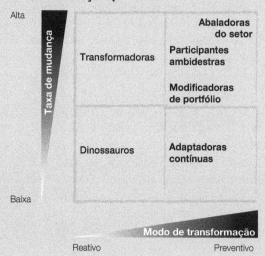

As **participantes ambidestras** mantem um equilíbrio entre o aproveitamento dos ativos existentes e a exploração de novas possibilidades, mesmo depois que a empresa tenha encontrado um modelo de sucesso. A Qualcomm Incorporated, por exemplo, tem prosperado apesar das mudanças maciças no setor de telecomunicações. A empresa tem cumprido consistentemente sua missão – "proporcionar continuamente as soluções *wireless* mais inovadoras do mundo" – através de um modelo de negócio que usa o retorno de seus principais negócios para abastecer os futuros. Suas primeiras inovações em seu padrão de serviço celular (*Code Division Multiple Access*, ou CDMA) permitiu um negócio de licenciamento global, cujos lucros a Qualcomm reinvestiu em um negócio de alinhamento de *chips* (*chip-set*) móvel que também se tornou um sucesso mundial. Atualmente, ambos os negócios apoiam uma contínua prática de P&D interna, bem como parcerias externas de fundos através da Qualcomm Ventures e a unidade de negócios de capital de risco da empresa.

RECUPERANDO A EMPRESA BEM-SUCEDIDA

As **modificadoras de portfólio** executam um portfólio de negócios que se reequilibra ativamente ao longo do tempo. O conglomerado industrial 3M, por exemplo, tem mais de trinta e cinco unidades de negócios divididos entre cinco segmentos reportados. Embora a contribuição de vendas por segmento flutue naturalmente em resposta às condições de mercado, a mistura das linhas de negócios subjacentes reflete a gestão de um portfólio muito ativo. A abordagem da 3M para aquisições estratégicas e vendas de ativos reflete o cenário da evolução na demanda. Por exemplo, a 3M desfez-se da sua divisão de filmes impressos em 1996, antes da ascensão da imagem digital, e o conglomerado fez aquisições antecipando as tendências de crescimento futuro, como a compra da Cogent Systems, em 2010, uma fabricante de sistemas automatizados de identificação datiloscópica (impressões digitais). Essa mistura de alterações, aliada a uma gestão financeira rígida, tem permitido à empresa, aumentar de maneira notável a distribuição de dividendos aos acionistas em uma base anual pelos últimos 55 anos e manter as margens operacionais bem acima dos 20% há mais de uma década.

As **abaladoras do setor** procuram conduzir e moldar a forma do setor em vez de se tornarem vítimas do mesmo. A Amazon.com oferece sistematicamente inovações revolucionárias, mesmo que estas gerem apenas lucros razoáveis. Por quê? Precisamente porque reinveste continuamente no seu futuro – em armazéns frigoríficos para mantimentos, em entrega no mesmo dia em centros urbanos e em servidores de dados e análises, por exemplo. Embora a empresa tenha construído uma vantagem inalcançável na distribuição de livros, ela não descansa sobre os louros. Ela própria boicotou seu negócio de livros com o lançamento do seu leitor de livros digitais, o Kindle, em 2007; em 2010, a empresa estava vendendo mais e-books que cópias impressas. O que vem depois? Com sua capacidade de criar e estabelecer normas para novos mercados, a Amazon.com continua a ter sucesso ao combinar sua habilidade de reconhecer e posicionar-se de maneira ideal para aproveitar as tendências nascentes de longo prazo. E os investidores a recompensam – em 2014, a relação preço-lucro da Amazon.com foi acima de 200, contra uma média do mercado que varia entre 10 e 20.

CAPÍTULO 7

AMBIDESTRIA

Seja Policromático

PepsiCo: Praticando a arte da ambidestria

Quando você pensa na PepsiCo, a primeira coisa que vem à mente é provavelmente sua icônica bebida gaseificada, uma das marcas mais famosas do mundo. Mas a PepsiCo é uma empresa muito mais diversificada. Ao todo, ela tem vinte e duas marcas de alimentos e bebidas no valor de mais de 1 bilhão de dólares, e mais quarenta outras que valem entre 250 milhões e 1 bilhão. Lay's e Walkers (batatas fritas), Lipton (chá), Quaker (aveia) e Mountain Dew (refrigerante) são apenas alguns dos nomes conhecidos que a PepsiCo gerencia. A empresa também é diversificada geograficamente. Hoje, a PepsiCo opera em todo o mundo – apenas 50% de suas vendas vêm dos EUA e do Canadá.[1]

Devido a essa amplitude, a PepsiCo precisa empregar várias abordagens para a estratégia ao mesmo tempo. De maneira mais específica, ela precisa adotar tanto uma abordagem clássica (para capitalizar sobre a vantagem de escala de suas marcas principais), enquanto, simultaneamente, mantém uma abordagem adaptativa de prontidão (para construir seu negócio em mercados imprevisíveis e de rápido desenvolvimento, além de categorias e produtos que se adéquem às mudanças em condições competitivas ou ao paladar local).

Em muitas categorias de alimentos e bebidas, a PepsiCo é líder mundial, seguindo uma abordagem clássica baseada em posicionamento e escala: ela é a número um em salgadinhos, cereais quentes (para mingau, por exemplo) e bebidas esportivas; número dois em refrigerantes gaseificados e sucos ou sumos. E, em muitos países, é a companhia alimentícia líder do mercado

190   Sua Estratégia Precisa de uma Estratégia

– particularmente nos EUA, na Rússia e na Índia. Em vários outros, como o Reino Unido e o México, a PepsiCo está em segundo lugar.[2] Existem enormes economias de escala a serem obtidas em cada etapa da cadeia de valor do negócio principal, desde a propagação de orçamentos de *marketing* sobre volumes maiores, passando pelo poder de negociação com grandes clientes, até a escala de produção do sistema de engarrafamento.

A PepsiCo também exige mais capacidades adaptativas. Ela precisa responder às mudanças no comportamento dos consumidores, tais como um maior enfoque na vida saudável, o que exige a gestão da incerteza a fim de desenvolver novos produtos e novas abordagens de *marketing* e enfrentar concorrentes desconhecidos além das rivais tradicionais, como a Coca-Cola. Ao mesmo tempo, a PepsiCo precisa reagir à rápida evolução das condições nos mercados emergentes para capitalizar sobre uma importante fonte de crescimento. Como resultado, a PepsiCo está experimentando uma abordagem rápida e econômica à inovação tipo "lançar e adaptar", onde a empresa testa novos produtos e serviços em um país antes de serem lançados mundialmente. Por exemplo, a campanha da Lay's "Faça-nos um sabor" (*Do Us A Flavor*)*, que procura um novo sabor de batatas fritas capturando os gostos e o entusiasmo dos consumidores e oferecendo um prêmio de 1 milhão de dólares, começou no Reino Unido e migrou para a Austrália antes de ir para os EUA.[3]

Para combinar esses requisitos aparentemente contraditórios, a PepsiCo tornou-se uma deliberada expoente na arte da ambidestria. "Diferentes negócios em momentos distintos passam por diferentes estágios de estratégia," disse Indra Nooyi, diretora-executiva da PepsiCo. "Em particular, os líderes empresariais têm de negociar a contradição que está no cerne da empresa." Como ela explica: "A PepsiCo (e qualquer grande multinacional) precisa ao mesmo tempo dirigir e reinventar a empresa, em cada um de seus negócios. É algo difícil de fazer."

Administrar a empresa e, ao mesmo tempo, reinventá-la – esse é o desafio. Nooyi nos disse que um equilíbrio tem de ser alcançado entre a obtenção de bons números nos balanços trimestrais e a derrubada de modelos de negócio vigentes para preparar a organização para o futuro. Visando resolver essa dicotomia, ela tem buscado o que chamamos de modelo de **separação** da ambidestria. "Em cada negócio," disse Nooyi, "temos duas

---

* Nota do tradutor: Essa mesma campanha foi usada no Brasil para a marca Ruffle (RUFFLES: Faça-me um Sabor), em 2011, sendo o sabor Strogonuffles vencedor, Fonte: http://exame.abril.com.br/marketing/noticias/ruffles-da-vitoria-ao-sabor-strogonofe

vertentes [funcionando em paralelo]: o grupo do dia a dia e o grupo do pensamento futuro: 'Como faço para me atrapalhar?'" Ela continuou: "A equipe que dirige o negócio principal deve continuar fazendo o que faz de maneira eficiente: preocupando-se com os custos até a fração decimal, como se sua vida dependesse disso." A outra equipe não deve ser "motivada pelo modelo atual e [precisa] se concentrar totalmente em interrompê-[lo]."

"Veja, por exemplo, o negócio de refrigerantes da nossa empresa," acrescentou. "Precisamos promover o Mountain Dew e o PepsiCo para obter até o último dólar possível com esses produtos, mas, ao mesmo tempo, também estamos projetando máquinas de gaseificação caseiras que irão interromper totalmente esses negócios."

Claro, a ideia de ruptura é profundamente desconfortável. Mas Nooyi está convencida de que ela precisa ser abordada porque "se alguém fizer isso, seremos interrompidos de qualquer maneira." A única coisa que mudou é que tais contradições devem ser abordadas simultaneamente – e não sequencialmente – porque "o que costumávamos pensar sobre a interrupção de longo prazo está acontecendo agora na mesma linha de tempo." Isso significa que "a administração e a transformação correm lado a lado em pistas paralelas."

Ambidestria: Ideia central

Como a PepsiCo, a maioria das grandes empresas opera em vários ambientes de negócios que mudam rapidamente ao longo do tempo, abrangendo geografias e categorias de produtos cada vez mais diversas, apoiadas por uma ampla gama de recursos. Essa diversidade exige que as empresas sejam ambidestras, o que já definimos como a capacidade de aplicar múltiplas abordagens para a estratégia em um determinado momento ou até sucessivamente. A ambidestria não é mais uma cor na paleta de estratégias; é uma técnica para utilizar as cinco cores básicas em combinação umas com as outras.

Voltando à nossa comparação com o mundo da arte, a ambidestria pode ser sintetizada por Pablo Picasso, que não só dominava a técnica clássica, mas também mudou seu estilo consideravelmente em várias ocasiões ao longo de sua vida: o período azul (1901-1904), o período rosa (1904-1906), o período de influência africana (1907-1909), o cubismo analítico (1909-1912) e o cubismo sintético (1912-1919).

192 Sua Estratégia Precisa de uma Estratégia

APROFUNDANDO O QUE VOCÊ JÁ CONHECE

Essa noção de que as empresas precisam combinar diferentes abordagens estratégicas potencialmente opostas para prosperarem a longo prazo não é nova.

No início dos anos 1990, companhias redobraram seus esforços para cessar o conflito entre eficiência e inovação, à medida que o aumento das mudanças tecnológicas torna os modelos de negócios e os produtos mais rapidamente obsoletos. Na época, a **separação** das empresas estabelecidas e emergentes era a abordagem dominante.

Na mesma época, estudiosos como James March analisaram os conflitos organizacionais entre **pesquisa e exploração**. No final dos anos 1990, Michael Tushman e Charles O'Reilly descreveram como as empresas poderiam criar **organizações ambidestras** capazes de explorar as oportunidades existentes e pesquisar novas.[4]

No início dos anos 2000, Julian Birkinshaw sugeriu que as empresas poderiam resolver esse desafio pela introdução do conceito de **ambidestria contextual**. Ele convocava os funcionários individuais a escolherem entre pesquisa e exploração em uma base contínua, evitando algumas das armadilhas da separação de abordagens.[5]

Mais recentemente, o BCG identificou **quatro abordagens para a ambidestria**, juntamente com um sistema de escolha que descreve como selecionar os meios mais adequados para alcançar a ambidestria dependendo das características subjacentes do negócio.[6]

A ambidestria é difícil. Apenas uma pequena minoria das empresas supera consistentemente seu setor tanto em períodos turbulentos quanto estáveis – um indicador de ambidestria –, uma vez que essa prática exige uma combinação de maneiras de pensar e agir que podem ser opostas (Figura 7-1). Mas a ambidestria também é valiosa: empresas mais ambidestras superaram o mercado em média entre 10 a 15% referente ao retorno total aos acionistas, entre 2006 e 2011.[7] Em capítulos anteriores, vimos a importância da ambidestria para empresas como a Telenor, que combina unidades clássicas estabelecidas com negócios novos e mais adaptativos e para a Amex e a Quintiles, na alternância de uma abordagem para outra ao longo do tempo.

Ambidestria 193

FIGURA 7-1

Poucas empresas são bem-sucedidas de maneira ambidestra

Fonte: Compustat, análise do BCG.
Nota: Análise de empresas públicas dos EUA, 1960-2011; superação com base no crescimento da capitalização de mercado, calculada em relação à média de crescimento do setor.
*Superação em 75% tanto em períodos turbulentos quanto estáveis; 30% de todos os trimestres observados definidos como turbulentos.

Embora muitos gerentes estejam familiarizados com uma abordagem testada para resolver o desafio, ou seja, a separação em diferentes unidades, identificamos quatro abordagens possíveis e distintas para a ambidestria. Essas abordagens dependem do grau de diversidade (quantos ambientes diferentes que você enfrenta) e de dinamismo (quão frequentemente eles mudam) no seu ambiente de negócios (Figura 7-2):

- **Separação:** Como a PepsiCo, muitas empresas gerenciam deliberadamente qual abordagem à estratégia pertence a cada subunidade (seja pela própria divisão, geografia ou função), e executam essas abordagens de maneira independente uma da outra.

- **Alternância:** As empresas gerenciam um conjunto comum de recursos, e o conjunto alterna entre as abordagens ao longo do tempo ou as combina de maneira adequada em um dado momento.

- **Auto-organização:** As unidades da empresa se auto-organizam e, quando as coisas se tornam demasiado complexas, cada qual escolhe a melhor abordagem para a estratégia para que tais escolhas sejam gerenciadas verticalmente, topo-base.

- **Ecossistema externo:** As empresas obtêm de fora diferentes abordagens para a estratégia por meio de um ecossistema de participantes que autosselecionam a abordagem apropriada.[8]

FIGURA 7-2

Quatro abordagens para a ambidestria, em função da diversidade e do dinamismo do ambiente

Quatro abordagens para a ambidestria: Qual atende suas necessidades?

Então, como as empresas podem, na prática, navegar a diversidade ambiental e seu próprio dinamismo? Vamos explorar como algumas grandes empresas, como a Towers Watson, a Corning, a Haier e a Apple, implantam várias cores da paleta de estratégias para alcançar o equilíbrio e o sucesso em diversas condições.

Separação

Nas situações mais simples, tanto a diversidade quanto o dinamismo no ambiente de uma empresa são muito baixos. A companhia não precisa de uma estratégia ambidestra, uma vez que uma única abordagem será suficiente. Quando o ambiente se torna mais diversificado, a abordagem de primeira

Ambidestria **195**

linha para a ambidestria é a **separação**, onde as empresas escolhem vertical-mente, do topo em direção à base, qual abordagem à estratégia pertence a cada subunidade (muitas vezes de acordo com a divisão, geografia ou função) e executam essas abordagens de maneiras independentes uma da outra.

A separação tem sido a abordagem historicamente dominante: Lockheed Martin usou uma técnica de separação, já em 1943. A empresa foi incumbida de criar um caça avançado enquanto produzia em massa seus consagrados bombardeiros. Lockheed criou duas unidades totalmente separadas (o que marca o nascimento do que se tornaria conhecido como *Skunk Works* – projetos de desenvolvimento avançados), cada qual com sua própria localização física, seus próprios recursos e sua cultura específica.[9] Mais recentemente, empresas como a IBM e a Toyota também usaram com sucesso abordagens semelhantes.[10]

A separação é a abordagem mais simples e mais comum para se alcançar a ambidestria, e é apropriada para empresas que enfrentam ambientes moderadamente diversificados, mas relativamente estáveis ao longo do tempo. Apesar da separação envolver unidades estruturalmente separadas que adotam diferentes abordagens para a estratégia, essa aproximação é diferente de apenas criar unidades de negócios separadas implantando abordagens semelhantes. Cada uma delas requer seus próprios recursos e incentivos, assim como suas próprias métricas e cultura que apoiem em caráter fundamental diferentes abordagens para a estratégia.

Fontes de receita novas e tradicionais: A separação na Towers Watson

A Towers Watson, uma das maiores empresas de serviços de previdência do mundo, enfrenta um desafio que exige, ao mesmo tempo, esforço e habilidade: assegurar que sua principal fonte de receita - o tradicional negócio de pensão/aposentadoria - continue a realizar-se enquanto a empresa procura por novas fontes de renda.[11] O CEO John Haley explicou: "Temos testemunhado o desaparecimento, há muito previsto, do mercado de planos de previdência, e embora no período dos próximos dez anos ele ainda continue sendo uma parte fundamental do nosso negócio, uma vez que é bastante amplo, daqui para frente já não podemos contar com ele com fins de crescimento." Para a primeira parte do desafio, a Towers Watson, na qualidade de líder de mercado em consultoria de benefícios, adota uma abordagem fundamentalmente clássica para a estrategia.[12] Para a segunda parte, no entanto, a empresa começou a adotar uma abordagem mais adaptativa. Como a PepsiCo, ela está empregando o modelo de separação da ambidestria. Haley explicou: "Temos de cuidar do nosso negócio principal a fim de continuarmos a investir em inovação. Não queríamos 14 mil pessoas indo embora e gastando 20% do tempo com experimentos e soluções temporárias."

Haley descreveu a abordagem para a estratégia de sua empresa com base em três pilares: o primeiro concentra-se na execução e no crescimento do negócio central; o segundo está centrado no crescimento por meio de fusões e aquisições; já o terceiro fundamenta-se no desenvolvimento da inovação como uma competência essencial e em sua implantação para o estímulo do crescimento.[13] Como explicou: "Anteriormente, esse terceiro pilar nos faltava como um todo. As pessoas experimentavam com algumas coisas, mas nossa inovação era progressiva." Haley percebeu que para acelerar o crescimento, a empresa teria de fazer "algumas apostas um pouco arriscadas e imprevisíveis." Como parte do esforço de "olhar para além dos espaços já existentes a fim de impulsionar o crescimento," a Towers Watson teria de tentar coisas diferentes "mesmo que não tivéssemos estatísticas que nos ajudassem a saber se as ideias eram boas." Ou seja, a empresa teria de experimentar em vez de planejar e, assim, adotar uma abordagem adaptativa.

A Towers Watson deliberadamente adotou uma abordagem de separação para evitar que o lado exploratório e adaptativo do negócio servisse de entrave para a eficiência do que já existia, e vice-versa. "A maior parte da organização deveria estar focada em garantir que tudo continuasse funcionando como um relógio," observou Haley. Outra razão para isso é que não é fácil preencher as grandes lacunas culturais entre ambas abordagens, disse Haley: "É difícil migrar para uma mentalidade de assunção de riscos."

A abordagem inclui oferecer ao novo e adaptável "mecanismo de inovação" sua própria infraestrutura de apoio e a capacidade de alocar recursos. Por exemplo, Haley lançou um comitê especial de investimento para vetar cada projeto de inovação proposto (isto é, o terceiro pilar da estratégia da empresa). "Temos certeza de que as pessoas têm de obter financiamento para prosseguir: se decidirmos não financiar algo, você não poderá trabalhar nele." Além disso, ele criou um grupo conhecido como os Amigos do Presidente. Esses funcionários diferenciados têm a liberdade para gastar entre 25 e 75% de seu tempo em soluções criativas para melhorar as perspectivas comerciais da empresa por meio da inovação. Em 2014, os Amigos do Presidente estavam focados em modelos potenciais para um intercâmbio na área de cuidados com a saúde.

Já faz três anos desde que a Towers Watson lançou sua estratégia de três pilares, e os sinais de progresso são encorajadores. "Nós tivemos algumas ideias que fizeram barulho no início, mas não amadureceram", disse Haley, "mas existem outras que estão prontas para serem lançadas no mercado – e até mesmo uma que pode [valer] várias centenas de milhões [de dólares] em poucos anos."

A separação é a abordagem mais comum para a ambidestria, em parte porque é a mais simples. Mas é possível que nem sempre ela funcione, uma vez que a estrutura de uma empresa tende a ser parcialmente fixa, enquanto o mesmo pode não ocorrer com seu ambiente. A separação também cria barreiras que impedem o fluxo de informações e recursos entre as unidades, potencialmente prejudicando-as em sua capacidade de coordenar, colaborar, fertilizar as sugestões umas das outras, e/ou alterar a ênfase ou o estilo quando necessário. Isso nos leva a uma situação onde outras abordagens, como a alternância, são mais adequadas.

Alternância

Ambientes dinâmicos, onde a empresa enfrenta apenas um número limitado de elementos que mudam rapidamente, exigem em contrapartida uma abordagem de alternância. Quando as interfaces ou o ambiente são muito complexos ou dinâmicos para separar as diferentes aproximações, os limites de uma abordagem de separação, impostos artificialmente, são capazes de reduzir a eficácia organizacional de maneira inaceitável. Na alternância, a empresa administra um conjunto comum de recursos para 1) combinar as abordagens com fluidez ou 2) para alternar entre elas ao longo do tempo, à medida que o ambiente muda, de modo semelhante àquele como novas empresas naturalmente evoluem.

Os mercados que podem exigir a alternância são aqueles que testemunham uma alta taxa de mudança ou um grande volume de negócios, como os de moda ou tecnologia. A alternância é frequentemente utilizada por empresas nas fases iniciais do ciclo de vida, onde a evolução é rápida. *Startups*, por exemplo, tendem a alternar entre abordagens uma vez que seu produto esteja estabelecido. Inicialmente, essas empresas implantam um estilo exploratório, no sentido investigativo, indo em sua busca de um produto, serviço ou uma tecnologia. Em seguida, ao longo do tempo, elas fazem a transição para um estilo mais explorativo, com o objetivo de ampliar e assegurar uma posição de mercado rentável.

Uma empresa que migrou de uma abordagem para outra foi a Quintiles. Como vimos anteriormente, Dennis Gillings, um dos fundadores da empresa, adotou adequadamente uma abordagem visionária à estratégia. Mas, como sua empresa cresceu para se tornar a maior organização de pesquisa clínica do mundo, a abordagem evoluiu para uma forma mais clássica sob o comando do atual CEO Tom Pike. Como Gillings colocou, a abordagem clássica atual é realmente "a sistematização da estratégia visionária." E, como vimos também, a ênfase de Pike em manter "um pé no futuro" está exigindo cada vez mais uma ênfase mais adaptativa ou de formação, na medida em que as pressões de mudança se expandem no setor de saúde.

Várias táticas ajudam a empresa a gerir a alternância, quer no contexto da transição entre abordagens à estratégia ou na coexistência de várias abordagens para a estratégia dentro de uma única unidade. Em primeiro lugar, a liderança deve reduzir as barreiras que impedem que os recursos e as informações fluam livremente, uma vez que os limites são contrários à fluidez necessária para a alternância. Eliminar os limites dos silos ajuda as unidades a compartilhar recursos e evitar conflitos. Do mesmo modo, a empresa cria incentivos destinados a promover a flexibilidade e a colaboração, premiando ao mesmo tempo a eficiência e a inovação ao invés de se concentrar em apenas uma dessas características.

A alternância é uma abordagem mais difícil de gerir, pois exige flexibilidade e uma supervisão eficaz: quando os líderes decidem mudar estilos já implantados, conflitos relativos a recursos podem irromper entre as unidades; os funcionários tendem a resistir à mudança para uma abordagem que lhes parece estranha e a transição possivelmente não ocorrerá imediatamente. Estes choques culturais podem se revelar reais e frustrantes, mas os líderes conseguem apoiar a resolução de conflitos fornecendo funções centrais flexíveis, como TI e RH, capazes de atender às diferentes necessidades ao longo do tempo e ajudar a aliviar a complexidade durante a transição. Ou seja, a separação parcial (de funções de apoio) pode, ironicamente, facilitar a alternância para outras unidades.

Oscilação de sucesso: A alternância na Corning

A Corning, fabricante de vidro, cerâmica e outros materiais correlatos com sede nos EUA, é uma consistente e bem-sucedida usuária da prática de "oscilar de maneira alternada entre as abordagens clássica e adaptativa ou visionária. Talvez sua maior transição tenha ocorrido em meados dos anos 2000. Em 2006, o preço de uma de suas principais fontes de receita – vidro para telas de LCD – despencou.[14] Em resposta, a Corning procurou desenvolver um outro condutor de lucro. Como o CEO da empresa, Wendell Weeks, explicou em 2014: "Quando experimentamos desafios inevitáveis, nós inovamos a fim de encontrar uma solução."[15]

Os cientistas da Corning começaram a trabalhar, concentrando-se no Chemcor, um vidro "mais forte" que seus antecessores haviam desenvolvido no início dos anos 1960.[16] Após um trabalho de refinamento no processo, a Corning lançou um novo vidro super-rígido e resistente a arranhões chamado Gorilla Glass, que foi introduzido no mercado por meio do iPhone da Apple, e o material foi um sucesso imediato.[17] Então, como detalhado anteriormente, a Corning teve de alternar entre os modos de inovação e execução para que pudesse produzir de maneira lucrativa tanto vidro quanto possível para atender a extraordinária demanda para smartphones. Pelo fato de contar com uma estrutura organizacional bastante flexível, sem silos, e dispor de um conjunto de incentivos comuns que garantiram que todos estivessem seguindo na mesma direção, ela foi capaz de fazê-lo rapidamente. Por exemplo, a Corning manteve seu P&D e os departamentos comerciais intimamente ligados, muitas vezes reunindo os membros dessas equipes em grupos de trabalho para que juntos resolvessem novos desafios em termos de inovação e *marketing*. No início dos anos 2010, o Gorilla Glass da Corning já era encontrado em mais de 2,7 bilhões de dispositivos.[18]

A empresa está agora em um novo ciclo de inovação, tendo desenvolvido uma aplicação totalmente nova, diferente e altamente flexível para o vidro, chamada Corning Willow, projetada para ocupar as telas finas e superfícies inteligentes do futuro.[19]

Auto-organização

Ambientes altamente dinâmicos e diversificados não podem esperar por uma empresa que administre a alternância. Quando uma companhia precisa implantar vários estilos simultaneamente – e esses estilos estão mudando ao longo do tempo – recomenda-se uma abordagem de auto-organização, uma vez que a gestão do processo de separação ou de alternância topo-base torna-se muito complexa e até inviável. Aqui, indivíduos ou pequenas equipes têm o poder de escolher o estilo a ser empregado a qualquer momento para si mesmos.

As empresas podem atingir capacidades de auto-organização dividindo a companhia em pequenas unidades e criando contratos de desempenho individualizados para cada uma. Nesse caso, cada unidade negocia com seus pares de acordo com algumas regras de interação estabelecidas pelo comando central e implanta a abordagem que considera capaz de maximizar sua contribuição de desempenho, seja ela clássica, visionária, adaptativa ou de formação. Em outras palavras, cada unidade determina de maneira independente a abordagem que se encaixa no seu papel e na natureza do seu desafio. Com efeito, a empresa emprega um modelo baseado no mercado em vez de um paradigma gerencial para a seleção de abordagens à estratégia. Isso requer a criação de métricas e incentivos de alto nível e longo prazo, além de "regras de engajamento" claras. O comando central precisa definir o nível em que as unidades se auto organizam; ele deve também definir as regras para a interação (por exemplo, preços de transferência entre unidades internas), proporcionar um fundo comum de recursos pelo qual as unidades individuais possam competir, facilitar a auto-organização e gerir conflitos.

A auto-organização é uma grande questão para a empresa, com desvantagens óbvias. A empresa potencialmente incorre em custos significativos de duplicação, em falta de escala nas unidades individuais e na prática de fazer cumprir regras locais de interação e manter o resultado. Além disso, a gestão deve confiar em seus funcionários para escolherem a abordagem estratégica correta. Devido ao alto custo de coordenação, apenas ambientes altamente dinâmicos e diversificados são bons candidatos para uma abordagem de auto-organização.

Espaço para manobra: A auto-organização na Haier

A Haier, a maior fabricante de geladeiras, máquinas de lavar e outros eletrodomésticos do mundo, é uma das pioneiras da abordagem de auto-organização para a ambidestria.[20] O modelo foi idealizado por Ruimin Zhang, o inspirador presidente e CEO da empresa, em resposta a um conjunto de diversos desafios: a Haier produz uma vasta gama de produtos – em 2002, eram cerca de 13 mil em 85 categorias.[21] Ela compete em mercados de rápida mudança, com uma concorrência feroz de rivais locais e internacionais, e precisa adotar a abordagem correta em cada categoria, inovar rapidamente, e ao mesmo tempo, especializar-se na aquisição de experiência para melhorar a qualidade de seus produtos e permanecer à frente.

Zhang assumiu o controle da empresa em 1984, quando ela estava à beira da falência. Ele começou a procurar uma maneira de gerir aquela empresa tão diversificada. Sua luz guia era o filósofo chinês Lao-Tzu, que disse: "Na mais remota antiguidade, as pessoas não sabiam que existiam governantes."[22] Zhang entendeu isso como "um líder cuja existência é desconhecida a seus subordinados é realmente o mais brilhante."[23]

A partir daí sua meta se transformou em: criar uma organização onde as unidades teriam espaço para tomar suas próprias decisões. "A empresa se tornará grande quando cada setor for capaz de operar por si só," disse Zhang, "com os funcionários agindo como seus próprios líderes, entendendo o que fazer para satisfazer as necessidades dos clientes e do mercado."[24] O conglomerado global nivelou sua estrutura organizacional e desenvolveu duas mil unidades de autocomando. Cada unidade funciona como uma empresa autônoma, com a sua própria declaração de lucros e prejuízos, suas próprias operações e seus programas específicos de inovação e motivação. Para apoiar esse acordo, Zhang inventou metas de alto nível para orientar o desempenho, bem como regras de engajamento para

202 Sua Estratégia Precisa de uma Estratégia

regular a interação entre as unidades – incluindo preços de transferência e compensação por atrasos entre essas unidades.

Nos 12 anos que se seguiram até 2013, a Haier viu sua receita crescer de 9 bilhões para mais de 30 bilhões de dólares.[25]

SUPERANDO O DESAFIO DA AMBIDESTRIA: ALGORITMOS DE AUTOAJUSTE E ORGANIZAÇÕES EVOLUTIVAS

À primeira vista, a ambidestria é um paradoxo, exigindo que as empresas combinem imperativos aparentemente contraditórios sem atrapalhar suas intenções. Essa é uma troca entre pesquisa e exploração.

Mas a ambidestria tem realmente algo a ver com o rompimento de uma contradição? Em nossas simulações de estratégia e ambiente, descobrimos algoritmos que não só têm um bom desempenho em ambientes específicos, mas também encontram automaticamente o melhor equilíbrio entre pesquisa e exploração, superando algoritmos simples que enfatizam uma ou outra forma em ambientes mistos ou em mudança. Além disso, os algoritmos podem autoajustar-se automaticamente às condições de mudança (Figura 7-3). Em outras palavras, além de algoritmos que representam as cores primárias da paleta de estratégias, identificamos algoritmos ambidestros e autoajustáveis que rompem a aparente permuta entre exploração e pesquisa, combinando e recombinando as cores primárias quando apropriado.

Acreditamos que as organizações sejam capazes de reproduzir as características e funções desses algoritmos essenciais de autoajuste para realinhar constantemente suas estratégias, se adotarem as seguintes práticas:

- ✓ Definição de um espaço muito amplo de opções para explorar.
- ✓ Modelagem do retorno esperado das opções aproveitando toda informação disponível.
- ✓ Experimentação de opções promissoras de maneira rápida e com baixo custo.
- ✓ Atualização rápida das avaliações de opções à luz de novas informações, e realocação de recursos ampliando, suspendendo ou redirecionando investimentos.

SUPERANDO O DESAFIO DA AMBIDESTRIA: ALGORITMOS DE AUTOAJUSTE E ORGANIZAÇÕES EVOLUTIVAS

✓ Iteração rápida dos passos acima, assistida por análises adequadas, a fim de superar a complexidade da informação e as restrições na tomada de decisão gerencial explícita em termos de rapidez.

✓ Avaliação dos resultados e otimização do próprio algoritmo em resposta à evolução das circunstâncias.

Talvez não surpreenda o fato de que as empresas que constroem negócios em torno de tais algoritmos, como a Netflix, a Amazon.com e a Google, por exemplo, pareçam fazer essas coisas tão bem, aplicando os mesmos princípios à sua organização e estratégia, embora, de um jeito informal, de modo que todo seu negócio apoie uma rápida aprendizagem adaptativa. Essas empresas são capazes de construir o que chamamos de **organizações evolutivas**, que incorporam a ambidestria organizacionalmente autoajustável. Prevemos que a criação de organizações e estratégias evolutivas irá se tornar cada vez mais importante para todas as empresas, à medida que técnicas como essas se tornem cada vez mais compreendidas e codificadas.

FIGURA 7-3

Estratégias ambidestras se adaptam bem às mudanças dos ambientes (simulação)

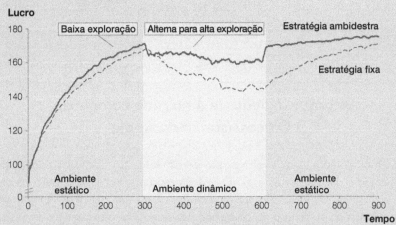

Fonte: Simulação Multi-Armed Bandit (*MAB*) do Instituto de Estratégia do BCG.
Nota: A estratégia fixa tem uma taxa de exploração fixa, a estratégia ambidestra tem uma taxa de exploração autoajustável.

Ecossistema

Nos casos mais complexos e dinâmicos, quando a empresa não pode criar ou gerenciar o conjunto completo de abordagens à estratégia que se fazem necessárias internamente, ela talvez precise orquestrar um ecossistema diversificado de partes externas. Essa abordagem só é adequada nos casos mais complexos por causa dos altos custos e dos riscos envolvidos – a empresa incorre em despesas para construir as plataformas de sustentação do ecossistema, precisa distribuir os lucros para incentivar terceiros a participarem e se arriscarem a encarar uma potencial perda de controle sobre seu modelo de negócio por conta de sua dependência em relação às ações dos outros integrantes. Um ecossistema diversificado é, em essência, uma versão exteriorizada da abordagem de auto-organização. Em muitos aspectos, as permutas e os requisitos para o sucesso também são semelhantes aos da abordagem de formação da estratégia.

Tal como acontece com a formação, durante a construção de um ecossistema, a empresa primeiro define quais recursos ela poderá fornecer e quais serão fornecidos externamente. Ela precisa garantir o desenvolvimento de relacionamentos de ganho mútuo com os participantes. Os incentivos e os processos no ecossistema devem ser estruturados de tal forma que garantam a vitalidade a longo prazo e a diversidade do ecossistema. Internamente, a cultura da empresa deve ser focada na construção de relacionamentos, na diversidade e em uma orientação externa.

A orquestração de uma rede complexa: O ecossistema da Apple

Já vimos como a Apple formou um ecossistema de desenvolvedores de aplicativos para atender à gama e à diversidade necessária para tornar seus dispositivos valiosos para os usuários. A mesma lógica aplica-se para o conjunto diversificado de componentes que necessita para os dispositivos físicos que produz. Sem um ecossistema de fabricação, a Apple nunca poderia ter criado o iPhone em 2007. Do ponto de vista do consumidor, um produto com a assinatura Apple é definido por sua elegante simplicidade: uma interface fácil de usar, um *design* refinado, e um sistema operacional rápido e eficaz. No entanto, sua criação depende de uma complexa rede de empresas, formada e orquestrada pela Apple.

Para construir o iPhone, a Apple precisou de várias abordagens: 1) visionária, para desenvolver tanto o conceito global quanto as novas tecnologias de *chip*; 2) adaptativa, para ajustar os componentes de *software* e *hardware* e mudar rapidamente conforme as necessidades dos clientes e as possibilidades tecnológicas; e 3) clássica, para atingir escala de montagem e eficiência. Além disso, os requisitos mudam a cada geração do produto. De modo realista, a Apple não poderia acomodar internamente toda a diversidade e todo o dinamismo necessários – afinal de contas, ela nunca antes construiu ou vendeu um telefone móvel, muito menos um *smartphone*.

Por isso, em vez de possuir a cadeia de fornecimento completa para fabricar o iPhone, a Apple habilmente criou um ecossistema de empresas. A Foxconn, da China, monta os componentes, a Corning faz a cobertura de vidro (como discutido anteriormente nesse capítulo), a Broadcom fabrica os *chips* Wi-Fi, a Infineon faz o processador de banda base e a ARM Holdings projeta o cérebro do iPhone – o processador móvel. Isso para citar apenas alguns dos principais participantes do ecossistema do iPhone.[26]

A estratégia operando em dois níveis

À primeira vista, os requisitos das diferentes abordagens para a ambidestria em torno de organização, incentivos e alocação de recursos pode parecer confuso. Cada uma das abordagens estratégicas discutidas em capítulos anteriores também tem um conjunto distinto de requisitos em termos de estrutura, recursos e métricas. Será que os requisitos da ambidestria substituem esses conjuntos?

Não. Os imperativos práticos para a ambidestria afetam a empresa em um nível mais elevado do que os de cada abordagem específica para a estratégia. Para dar um exemplo: as abordagens **clássica** e **adaptativa** gerenciam escala e economia de experimentação, respectivamente. A fim de combinar as duas de maneira ambidestra em uma abordagem de **separação**, a empresa teria de criar unidades separadas que fossem geridas individualmente tanto no que diz respeito à escala quanto à experimentação. Por essa razão, a am-

Depois da ambidestria? Colorindo e sombreando com a paleta de estratégias

Nos cinco capítulos anteriores, explicamos as cinco abordagens arquetípicas à estratégia – cada uma compreendendo maneiras distintas de pensar e agir para vencer em diferentes tipos de ambientes. E esse capítulo explorou como combinar ou usar várias abordagens, ao mesmo tempo ou sequencialmente, para responder à variedade de ambientes que as grandes empresas enfrentam na prática.

Até agora, entretanto, destacamos apenas as extremidades dos espectros de previsibilidade ou imprevisibilidade, maleabilidade ou não maleabilidade e atratividade ou aridez. Contudo, na realidade as abordagens estratégicas das empresas irão ocupar pontos intermediários e de mudança nessa sequência. Assim, enquanto as cores básicas das abordagens para a estratégia e suas combinações são os blocos de construção para um negócio, na prática, a empresa também vai utilizar as tonalidades e as matizes das cores na paleta de estratégias.

Em outras palavras, cada abordagem precisa ser calibrada. Por exemplo, empresas adaptativas e clássicas encontram-se em extremos opostos de um conjunto de ritmo estratégico. Mas, na prática, mesmo as empresas mais adaptativas não experimentam tanto e de modo tão rápido quanto teoricamente possível, e as empresas clássicas ainda possuem alguns elementos de experimentação. Em vez disso, o ritmo e o grau de experimento são determinados pelo tempo do ciclo de mudança no ambiente, pela adaptabilidade dos concorrentes e pelos custos de experimentação. O mesmo é verdadeiro para a formação. Enquanto empresas clássicas raramente criam mercados inteiramente novos, elas ainda podem tentar moldar a demanda através de táticas como *branding*, formação de categoria e promoção de novas ocasiões de uso.

Quando considerado como parte desse espectro mais amplo, o pensamento por trás de cada uma das abordagens principais torna-se menos polar e absoluto. Mais exatamente, ele proporciona uma linguagem e uma lógica que permitem fazer escolhas dentro do contexto de um desafio estratégico específico, capacitando os líderes para fazer as perguntas certas e desenvolver o conjunto correto de recursos, tendo em conta onde o ambiente e a companhia se ajustam no espectro. A familiaridade com o pensamento legitima e facilita a necessidade de pensar de maneira diferente dependendo das circunstâncias ambientais e ajuda os líderes a reconhecerem os sinais que podem exigir ajustes na abordagem.

Em última análise, é o líder que serve como o "orquestrador" da coleção de abordagens estratégicas da empresa, um tema que iremos abordar no Capítulo 8.

CAPÍTULO 8

LIÇÕES PARA LÍDERES

Seja Inspirador

Pfizer: Adotando a complexidade

A Pfizer é uma organização grande e complexa, em todos os sentidos: com cerca de 78 mil colaboradores e mais de 50 bilhões de dólares em receitas, trata-se da maior empresa farmacêutica do mundo que tem como base o trabalho de pesquisas. Quando Ian Read assumiu o papel de CEO em 2010, a Pfizer enfrentou desafios significativos: a conclusão da integração da Wyeth; a expiração da patente do Lipitor, o medicamento mais vendido do mundo; o declínio de produtividade do setor de P&D; e uma queda na capitalização de mercado de proporções históricas no início dos anos 2000.[1]

Sob o comando de Read, a Pfizer obteve sucesso na resolução desses problemas e, por conta disso, as ações da companhia valorizaram. Por quê? Por uma razão: Read entendeu que uma empresa tão grande e complexa como a Pfizer necessitava de duas coisas: execução e abordagem à estratégia específicas e diferenciadas – que atendessem a todas as peculiaridades da organização – entre as unidades, como de produtos de consumo e de vacinas e medicamentos inovadores, por exemplo, e também entre mercados maduros e emergentes: "Uma empresa grande e que atua em várias frentes atua em diversos quadrantes [da paleta de estratégias] ao mesmo tempo." Read salientou que cada unidade requer sua própria abordagem para a estratégia: "Essas unidades são distintas e globais, e têm sua própria cultura e seu próprio foco."

No início, durante o exercício de seu cargo, Read conduziu uma reavaliação estratégica que mostrou que a Pfizer precisava repensar a maneira como gerenciava seu variado portfólio de empresas. Como resultado disso ele refinou a estrutura organizacional, criando: 1) unidades de negócios globais separadas para a inovação e para produtos já estabelecidos e 2) unidades separadas para o consumo, vacinas e oncologia, sob o comando de um único executivo sênior. Além disso, ele liderou o desinvestimento bem-sucedido das unidades de nutrição infantil e saúde animal da Pfizer em 2012 e 2013, respectivamente.[2]

O resultado? Um conjunto de operações comerciais diversas, cada qual voltada para o enfrentamento de um ambiente estratégico bastante dissimilar. A unidade The Global Innovative Pharma (GIP) é responsável por terapias novas e de alto valor que são muitas vezes prescritas por médicos especialistas. A Global Established Pharma (GEP), em contrapartida, se concentra em produtos de longa data que perderam ou perderão em breve a exclusividade e, portanto, terão de competir em mercados dinâmicos e altamente concorridos. Read comparou as duas unidades: "A cultura que precisamos na GIP não é a mesma que necessitamos na GEP. A pergunta é: será que podemos fazê-las coexistir se criarmos entre ambas suficientes graus de separação?"

Como explicou Read, a Pfizer, de fato, encara vários ambientes de negócios diferenciados. O negócio de consumo compete em um ambiente menos regulamentado e desfruta de uma entrada relativamente rápida no mercado. As vacinas preventivas, ao contrário do tratamento de doenças, têm aspectos econômicos bem diferentes e envolvem autoridades de saúde pública. A área de oncologia também é bastante específica, uma vez que os produtos são lançados com uma determinada indicação (em seguida, testados em outras) e distribuídos por especialistas, cada vez mais em combinação com testes de diagnóstico genéticos.

Paralelamente a esses ambientes variados, Read criou unidades funcionais como as de fornecimento global, P&D e finanças, todas com abordagens estratégicas bastante distintas. Por exemplo, o departamento de P&D precisa captar e mobilizar-se em torno de novas descobertas que, com frequência, são acidentais. Isso requer uma abordagem exploratória e mecanismos de alocação de recursos flexíveis, todos eles atributos de uma abordagem adaptativa. No entanto, a abordagem das pesquisas científicas da Pfizer, muitas vezes realizada em parceria com instituições acadêmicas e universidades, mais se assemelha à estratégia visionária, com foco em ciência de ponta em áreas da saúde em que prevalece um elevado grau de necessidades não atendidas – uma ciência inovadora que poderá um dia revolucionar os cuidados com a saúde.[3]

Assim, Read efetivamente diferenciou a abordagem estratégica para cada parte da organização, reconhecendo, entretanto, que a aparente complexidade resultante poderia parecer confusa para os funcionários e/ou investidores. Em resposta, ele estabeleceu quatro objetivos ou imperativos simples: 1) melhorar o desempenho do núcleo inovador da empresa; 2) alocar recursos de maneira eficaz; 3) ganhar o respeito da sociedade e 4) criar uma cultura de participação onde os colegas se sintam plenamente responsáveis por suas decisões e seus resultados. Estes quatro temas descrevem de maneira coerente a linha comum que permeia a combinação de abordagens estratégicas da Pfizer, disse Read: "Eu defino um objetivo claro e uma missão com base nos quatro imperativos que nos ajudam a alinhar todos os negócios. Todas as nossas conversas se acomodam nesse contexto."

Por exemplo, o terceiro imperativo exige demonstrar para as partes interessadas, incluindo governos e colaboradores privados, que a inovação na prevenção e no tratamento de doenças é vital para a saúde da sociedade. A estratégia para a execução desse imperativo depende da unidade de negócios. E enquanto as estratégias dentro Pfizer são únicas para cada negócio, o quarto imperativo aspira criar uma cultura de participação em toda a empresa, e sinaliza aos colegas que a assunção de riscos de maneira pensada é incentivada dentro do contexto da abordagem *go-to-market* (ida ao mercado) específica a cada um dos negócios.

Read enfatiza a importância da cultura ao adotar a implementação e a abordagem à estratégia adequadas para cada unidade: "Para ser bem-sucedido, você precisa da cultura certa. Estratégia e organização caminham juntas. Não acho que a parte mais difícil seja adotar a estratégia correta, mas sua implementação."

Em suma, Read identificou a necessidade de diferenciar as abordagens para a estratégia e a execução em partes distintas da organização, e criou o nível certo de segmentação, decidindo quais abordagens aplicar e onde. Ele então "vendeu" sua estratégia interna e externamente por meio da criação de temas unificadores que permitiram aos gestores enxergar o traço comum nas escolhas que ele fez.

Em um setor que ainda tem problemas com produtividade em P&D, apenas em 2013, a Pfizer trouxe uma sucessão de novos medicamentos de marca para o mercado, incluindo dois lançados e um terceiro que aguarda a aprovação da FDA. Simultaneamente, no momento em que nivelou a estratégia, a empresa também reduziu a complexidade e diminuiu sua base de custos anual em mais de 4 bilhões de dólares entre os anos de 2011 e

2013. Por fim, sob a gestão de Read, o valor de mercado da Pfizer aumentou quase 50% até 2014.[4]

Inspirando uma combinação de abordagens: Ideia central

A Pfizer ilustra um tema comum que veio à tona ao longo deste livro: grandes corporações precisam pôr em prática múltiplas abordagens para a estratégia porque, inevitavelmente, operam em múltiplos ambientes estratégicos e, além disso, esses ambientes mudam com o decorrer do tempo. Empresas bem-sucedidas enfrentam o desafio de selecionar, combinar e aplicar efetivamente a mescla adequada de abordagens estratégicas, ajustando-a dinamicamente à medida que as circunstâncias mudam. No Capítulo 7, analisamos diversas soluções organizacionais e operacionais para esse desafio.

Todavia, há um papel crucial e abrangente para o líder que emprega a combinação dinâmica de abordagens estratégicas por toda a organização. Trata-se do que poderíamos chamar de composição de estratégias. O líder deve gerir um engenhoso estado de desequilíbrio, que muitas vezes vai de encontro à tendência natural da organização de restringir-se a uma receita familiar, confortável ou bem-sucedida. Os líderes estão em uma posição única para 1) analisar o contexto externo e determinar onde e qual abordagem para a estratégia deve ser aplicada e 2) colocar as pessoas certas nos lugares certos a fim de executarem cada abordagem. Além disso, os líderes têm um papel vital em vender as ideias centrais das estratégias tanto interna como externamente.

Igualmente importante, eles conservam a composição atualizada mantendo uma orientação externa e desencadeando a autointerrupção ao forçar mudanças na abordagem estratégica. Finalmente, eles influenciam seletivamente a execução das abordagens estratégicas de cada unidade fazendo as perguntas certas, impedindo que uma lógica dominante obscureça a perspectiva de uma das unidades e colocando sua influência por trás de iniciativas estratégicas cruciais.

Muitos dos CEOs que entrevistamos salientaram que a inspiração da composição estratégica é o diferenciador fundamental entre a implementação e o ajuste estratégico eficazes ou ineficazes. Isso é um papel-chave para o CEO. Como Indra Nooyi, CEO da PepsiCo, disse: "Você fala de uma única abordagem para a estratégia – e é aí que reside o problema! Para uma empresa tão diversa como a PepsiCo, é preciso aplicar diferentes modelos de pensamento estratégico para diferentes partes do negócio. Por exemplo, a maneira que escolhemos participar do mundo do comércio eletrônico com nossos produtos tem de ser totalmente repensada, e nós podemos abrir novos caminhos naquele ambiente."

Também ouvimos repetidas vezes que inspirar essa composição de abordagens para a estratégia é difícil, uma vez que tal prática envolve a conciliação de aparentes contradições, entretanto, essa é uma dimensão crítica da liderança. Peter Hancock da AIG disse: "Eu sempre ouço, 'Você está me passando mensagens confusas.' Eu digo, 'Você é um líder – você é pago para transmitir mensagens confusas!' Cresça e encolha. Estamos em um mundo complexo em que temos de crescer em alguns lugares e encolher em outros. E é para isso que pagamos nossos gestores – para pensar!"

Papéis fundamentais de liderança em um mundo complexo e dinâmico

Com os vários e complexos ambientes de mercado vigentes, os líderes precisam ser **os inspiradores de uma combinação dinâmica de múltiplas abordagens para a estratégia**. Essa tarefa requer que as pessoas que estão na liderança adotem – e se destaquem – em oito funções. A Figura 8-1 é um exemplo de como as abordagens à estratégia da empresa variam ao longo do tempo e em cada unidade de negócio ou função.

FIGURA 8-1

A composição de estratégias e os oito papéis de liderança necessários para preservar dinamicamente seu ajuste em um ambiente em transformação

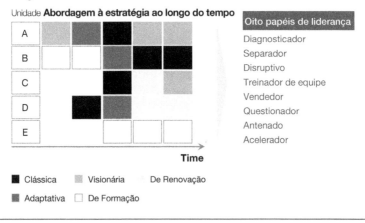

- **Diagnosticador:** Adota continuamente uma perspectiva externa para diagnosticar o grau de previsibilidade, maleabilidade e aridez de cada ambiente de negócios, e combina isso com a abordagem estratégica necessária para cada parte da empresa.

- **Separador:** Organiza a empresa de modo a corresponder à abordagem estratégica para o ambiente no nível correto de granularidade, equilibrando a escolha entre precisão e complexidade.

- **Disruptivo:** Revê o diagnóstico e a segmentação de modo contínuo, de acordo com as mudanças no ambiente, para, assim, impedir que a organização se torne rígida e, ao mesmo tempo, seja capaz de modular ou mudar as abordagens quando necessário.

- **Treinador de equipe:** Seleciona as pessoas certas para o trabalho de gestão de cada célula na composição conforme suas capacidades, e ajuda a desenvolver sua compreensão da paleta de estratégias, tanto intelectual quanto experimentalmente.

- **Vendedor:** Defende e comunica aos investidores e funcionários as escolhas estratégicas como um todo, em uma narrativa clara e coerente.

- **Questionador:** Define e sintoniza o contexto correto para cada abordagem estratégica específica, fazendo perguntas investigativas – sem ditar respostas – para ajudar a estimular o fluxo de pensamento crítico que é adequado e característico de cada abordagem.

- **Antenado:** Olha para fora continuamente e amplifica de modo seletivo sinais importantes que garantam que cada unidade fique em sintonia com o ambiente externo em transformação.

- **Acelerador:** Usa sua influência por trás das iniciativas cruciais selecionadas para acelerar ou reforçar sua implementação, em especial quando a abordagem necessária mudou, não é familiar ou se revela suscetível à resistência.

Na sequência analisaremos em detalhes esses oito papéis, explorando o modo como vários CEOs os incorporam.

Estimulando a composição: Os oito papéis dos líderes

Diagnosticador

O primeiro papel importante do líder é diagnosticar cada um dos ambientes da empresa para determinar a melhor abordagem para a estratégia. Esse líder opera como um meta-estrategista. Ao avaliar as dimensões de imprevisibilidade, maleabilidade e aridez pela geografia, a função e o segmento do setor, os líderes podem selecionar a abordagem para a estratégia mais adequada a cada parte da empresa.

No papel de diagnosticador, os líderes precisam compreender profundamente as dimensões subjacentes do ambiente e, à luz dessa informação, escolher a abordagem estratégica apropriada. Por exemplo, Ian Read explicou que no negócio comercial da Pfizer, diferentes abordagens são adequadas: "A abordagem da Global Established Pharma (GEP) é muito mais centrada em serviços e no consumidor, enquanto que a Global Innovative Pharma (GIP) é muito mais orientada a agregar valor à inovação. Cada uma tem que responder fundamentalmente a diferentes questões." Para a GIP, isso significa considerar: "Posso tornar a inovação previsível? Posso produzir produtos com suficiente valor agregado? A GEP, em contrapartida, precisa perguntar: "Posso baixar minha base de custos? É possível entrar em áreas que são diferenciadas e estão em crescimento?"

Obter o diagnóstico correto depende da identificação de quais características são mais distintas no quadrante onde a empresa está posicionada na paleta de estratégias. Isso nem sempre é simples, uma vez que muitas empresas apresentam frequentemente características de ambos os lados do espectro, e as diferenças podem ser sutis. Por exemplo, Read explicou que para o negócio de produtos estabelecidos de sua empresa, uma abordagem clássica é a mais adequada, embora existam algumas dinâmicas complexas e fontes potenciais de instabilidade: "O negócio da GEP é teoricamente previsível. Os preços podem ser voláteis, contudo, dada a necessidade não atendida, podemos esperar que o volume se ajuste a eles."

Separador

Os líderes precisam segmentar sua organização alcançando o nível correto de granularidade para determinar onde aplicar diferentes abordagens para a estratégia. Nesse sentido, eles têm de equilibrar uma escolha entre precisão e complexidade. Quanto mais granular for o líder na determinação de abordagens estratégicas, mais bem combinadas elas serão. Em teoria, cada cruzamento geográfico, função e setor poderia exigir uma abordagem diferenciada: um plano para uma categoria madura em um mercado maduro pode exigir uma abordagem muito diferente se comparado a uma categoria emergente em um mercado em rápido crescimento. Na prática, entretanto, uma segmentação firmemente diferenciada geraria muita complexidade e elevados custos de coordenação que as justificassem (existem exceções a isso, como destacado anteriormente no livro quando discutimos a auto-organização).

Às vezes, a atribuição pura de abordagens numa base geográfica ou funcional pode ser apropriada; outras vezes, o CEO pode decidir que uma segmentação mais granular é necessária, apesar do custo adicional. Independentemente disso, a responsabilidade reside no topo. Na PepsiCo, Indra Nooyi atribui abordagens no nível de unidades de negócios, mas, ao mesmo tempo, também conduz equipes "disruptivas" paralelas às operações diárias na maioria de suas principais unidades de negócios. Por exemplo, como mencionado anteriormente, ela tem uma equipe de desenvolvimento de dispositivos de gaseificação caseiros com uma instrução adaptativa, ao mesmo tempo em que sua equipe responsável pelo produto Mountain Dew trabalha no sentido de maximizar as vendas de refrigerantes gaseificados com uma abordagem mais clássica:

"Em cada negócio, temos duas vertentes: a do dia a dia e aquela que abriga os pensadores do futuro, imaginando 'Como faço para me romper e ir além?' As pessoas que executam o negócio não podem ser as mesmas que pensam em como irão romper paradigmas."

Por outro lado, o líder pode definir uma abordagem única para toda a organização, especialmente se o setor estiver à beira de uma mudança fundamental que acabará por afetar todas as partes do negócio. Por exemplo, Ken Chenault teceu uma abordagem estratégica alinhada à ruptura tecnológica em todas as esferas da empresa à medida que a Amex saia da recessão: "Nós tivemos de fazer a escolha," disse ele. "Será que formamos uma unidade separada focada no ambiente digital ou fazemos toda a empresa adotar essa transformação simultaneamente? Optei pela segunda alternativa e, o que articulamos não foi apenas o fato de que a transformação digital estava ocorrendo, mas a razão pela qual poderíamos ser bem-sucedidos em conduzi-la."

Disruptivo

Ao longo do livro, vimos como é importante não apenas escolher inicialmente a abordagem correta para a estratégia, mas também manter a concorrência dinâmica adotando novas abordagens no decorrer do tempo. Os líderes têm um papel fundamental tanto no sentido de orientar como de forçar essas transições. Uma vez que os ambientes mudam e os negócios se desenvolvem – e de maneira cada vez mais rápida – os líderes precisam reexaminar continuamente sua coleção de abordagens estratégicas e ajustá-la sempre que necessário para acompanhar as mudanças em seu ambiente, tanto no que diz respeito a imprevisibilidade quanto a maleabilidade.

Esse ajuste contínuo não é fácil nem natural. Como o fundador do BCG, Bruce Henderson, observou: "O sucesso no passado sempre se torna consagrado no presente pela sobrevalorização das políticas e das atitudes que acompanharam esse sucesso."[5] Portanto, um dos papéis fundamentais do líder é manter fluida a abordagem à estratégia da organização. Na prática, isso significa que os líderes precisam estar atentos às alterações nas características subjacentes do ambiente que afetam a escolha da abordagem ao nível do segmento. Por meio dessa avaliação externa, o líder deve servir tanto como uma força contrária à natural inércia organizacional da unidade – para que esta se mantenha no caminho estabelecido – quanto como um catalisador para a autodisrupção periódica.

Como nos disse Nooyi, a possibilidade de uma autodisrupção precisa estar continuamente no radar do líder: "Estou sempre perguntando: 'Como faço para me romper e ir além?' Observamos as tendências do mundo e dizemos: 'Meu Deus, se isso ou aquilo ou aquilo outro acontecer no nosso setor, estaremos fritos.' Só porque você não quer olhar para o problema não significa que ele vá desaparecer." Então, o líder precisa conduzir essa mudança por toda a organização: "Se a ruptura não acontece no topo da pirâmide, a organização não irá promovê-la no conselho diretivo, uma vez que o assunto 'fluxo de caixa' supera o 'desconhecido'."

Treinador de equipe

Visto que os líderes definem as abordagens estratégicas e, em seguida, voltam-se para suas equipes para que sejam executadas, a tarefa de alocar as melhores pessoas e familiarizá-las com a paleta de estratégias, tanto em termos intelectuais quanto experimentais, é um dos trabalhos mais importantes de um líder. A colocação do talento certo no lugar certo em suas organizações foi um tema predominante em nossas entrevistas com os CEOs.

De maneira ideal, qualquer gestor deve ser capaz de executar qualquer uma das abordagens para a estratégia, porém, muitas vezes, gestores individuais são naturalmente inclinados a se mostrarem mais bem-sucedidos em apenas uma das cinco abordagens. O gerente visionário que enxerga além do presente provavelmente tem traços distintos de um líder clássico e disciplinado. E uma vez que as equipes apresentam melhor desempenho em ambientes adequados às suas forças, é fundamental ajustar a equipe ao objetivo: as competências específicas dos membros da equipe devem coincidir com as exigidas para a execução eficaz da abordagem de sua unidade.

Nooyi disse: "Existem dois tipos de pessoas: as ambidestras e aquelas que são muito boas no hoje, mas não conseguem enxergar além de suas viseiras. Na qualidade de CEO, não podemos esperar que todas sejam ambidestras. Isso não vai acontecer... [Mas] permita que sejam muito boas em manter os trens saindo e chegando no horário."

Ao mesmo tempo, até mesmo os gestores que, por exemplo, precisam agir em uma abordagem disciplinada, clássica, podem às vezes precisar implantar pelo menos alguns aspectos de outras abordagens. Portanto, os líderes bem-sucedidos também desenvolvem a paleta de estratégias do seu pessoal, tanto intelectual quanto experimentalmente. Ken Chenault explicou a abordagem da Amex para o desenvolvimento: "Em nossa modelo de liderança, eu falo sobre liderança situacional. As pessoas perguntam: 'Que tipo de líder é você?' Mas essa é a pergunta errada. No final do dia, você precisa liderar de acordo com a situação e a disposição do seu pessoal. Você tem de estar disposto a, de fato, não apenas passar por várias fases, mas, ao mesmo tempo, seguir uma variedade de estilos."

Intelectualmente, o líder desenvolve a capacidade das pessoas para refletir sobre como elas abordam a estratégia e sobre o valor e a distinção entre diferentes abordagens. Ele ou ela ensina aos outros de que maneira cultivar a consciência de seu próprio ambiente e as causas subjacentes mais importantes para o sucesso em ambientes diferentes. Um líder também incentiva a autorreflexão.

Os líderes também oferecem aos seus subordinados oportunidades para que eles próprios experimentem diferentes abordagens para a estratégia. Desde que Peter Hancock se juntou a AIG em 2010, o então CEO Bob Benmosche o ajudou a diversificar sua compreensão das diferentes abordagens estratégicas fazendo-o vivenciá-las em primeira mão. Em 2011, Benmosche trocou o papel de Hancock de gerente de Finanças, Riscos e Investimentos para CEO da divisão de ramos elementares. Hancock precisou se familiarizar rapidamente com uma nova abordagem. "Quando pagamos o Fed de volta e fizemos a permuta de ações em 2011, Bob pediu-me para assumir um papel diferente, então, minha vida mudou da noite para o dia. Deixei de pensar em reestruturação para me concentrar em como faço 1) para saber o suficiente sobre o setor de seguros e 2) para forjar um negócio que permita a essa empresa prosperar? [...] Então, nós tivemos de pensar sobre como inovar e fazer novos negócios de maneira sensata." Proporcionar aos subordinados novos papéis desafiadores que não apenas permitam a construção de um repertório meta-estratégico dentro da base de talentos da empresa, mas também ajudar os funcionários a se sentirem acreditados, criveis, valiosos e qualificados.

Vendedor

Tendo em conta que o sucesso depende do alinhamento interno das partes interessadas e do apoio de agentes externos, como investidores, clientes e/ou parceiros, o líder precisa comunicar o raciocínio estratégico de sua empresa tanto dentro quanto fora dos seus limites físicos. No entanto, como vimos com Ian Read na Pfizer, um conjunto dinâmico e mutável de abordagens estratégicas pode parecer confuso para funcionários e investidores. Portanto, uma das funções do líder é criar uma narrativa para ajudar as partes interessadas a compreenderem a estratégia como um todo e articular o denominador comum.

Tomemos, por exemplo, o papel dos líderes na comunicação com investidores. Quando um líder não consegue prever o desempenho da empresa com exatidão – pelo fato, por exemplo, de a empresa adotar uma abordagem adaptativa – a bolsa de valores ainda pode esperar que os relatórios da empresa apresentem uma linha essencialmente clássica. O CEO, então, tem de enviar uma mensagem que satisfaça as partes interessadas externas, sem distrair ou confundir as internas.

Nooyi nos explicou seu desafio. No caso dela, faz-se necessário equilibrar a comunicação com os investidores para transmitir tanto os elementos clássicos tradicionais da PepsiCo quanto as novas (porém, menos familiares) abordagens disruptivas: "Quando investidores se sentam para conversar com você, em geral buscam informações que lhes permitam inserir números nas colunas de uma planilha. Assim, o que quer que você faça, é preciso primeiramente falar sobre escala, participação de mercado e custos, para só então, quando todos já tiverem as informações básicas, você dizer: 'Ah, a propósito, também estamos fazendo algo diferente.'"

Da mesma forma, Hancock nos contou a história de como Benmosche convenceu as partes interessadas a apoiarem sua abordagem estratégica após a crise financeira, conseguindo o respaldo tanto do Tesouro dos EUA quanto do Federal Reserve para seu plano de manter a empresa intacta, devolvê-la ao mercado público e, em troca, reembolsar os contribuintes norte-americanos na íntegra: "Tivemos de conseguir vários investidores para compor uma carteira de bilhões de dólares em investimento de capital, e não havia nenhum manual que explicasse como fazer isso. Nós precisávamos persuadir uma variedade de *stakeholders* a nos apoiarem, sabendo que cada um deles tinha poder de vetar o que queríamos fazer a curto prazo, além de saber que o apoio deles seria fundamental para o que teríamos de realizar no longo prazo."

Benmosche reconheceu que, essencialmente, as partes interessadas estavam fracassando nesse processo de coordenação, e que essa falta de acordo em relação à visão que se tinha da empresa – como um conjunto de ativos que deveriam ser divididos ou uma fonte de preocupação constante – estava comprimindo o valor total da AIG em cerca de 15 bilhões de dólares. Ele convenceu os *stakeholders* a darem um passo atrás e demonstrou a eles que, se pudessem enterrar suas diferenças no presente, teriam 15 bilhões de dólares em "dividendos gordos" a compartilhar no futuro.[6] Suas táticas de persuasão funcionaram: os credores da AIG concordaram em cooperar, e em uma série de seis ofertas ocorridas nos anos de 2011 e 2012, a AIG vendeu mais de 44 bilhões em ações, compensando o governo dos EUA, obtendo um lucro de 22,7 bilhões e encerrando com sucesso o período em que a empresa pertenceu ao governo.[7]

QUESTÕES PARA CADA ABORDAGEM

Cada abordagem à estratégia tem seu próprio fluxo de pensamento característico e, portanto, seu próprio conjunto específico de questões para orientar a formulação e a execução da estratégia. Vejamos alguns exemplos de perguntas para cada um dos fluxos de pensamento. De um jeito fácil, essas questões irão ilustrar como dar forma e aguçar a abordagem estratégica de uma equipe por meio da sondagem adequada.

Para uma abordagem **clássica**, as perguntas seguem uma sequência linear, de acordo com o fluxo de pensamento: **analisar, planejar e executar**. Os líderes que desejam aplicar uma abordagem clássica podem, por exemplo, perguntar à sua equipa de gestão: "Onde vamos atuar? Qual é a nossa vantagem competitiva? Qual é o objetivo? Quais são os passos necessários para alcançar nosso objetivo? Quais recursos precisamos criar para atingi-lo?"

222 Sua Estratégia Precisa de uma Estratégia

QUESTÕES PARA CADA ABORDAGEM

Em um ambiente **adaptativo**, os líderes devem fazer perguntas, repetidamente, para verificar se a organização está mesmo se atendo ao mantra: **variar, selecionar e ampliar**. Por exemplo, para verificar se o foco de variação está correto, eles poderiam perguntar: "Qual é o padrão de mudança externo? O que é previsível? O que nós não sabemos? Quais os pontos cegos que temos? Será que nossa velocidade está em sintonia com o ambiente?" Eles podem testar mecanismos de seleção, perguntando: "Como sabemos se vale a pena continuar um projeto? Será que estamos falhando o suficiente? O que aprendemos a partir de projetos malsucedidos?" E, finalmente, eles questionam a abordagem a fim de ampliar os projetos que alcançaram sucesso: "O que precisamos saber para transformar o protótipo em produto? O que seria necessário para transformar esse projeto piloto em um negócio de um bilhão de dólares?"

Os líderes que promovem uma abordagem **visionária** devem esperar respostas bastante claras para suas perguntas, conforme o seguinte fluxo de pensamento: **imaginar, criar e persistir**. Eles podem primeiramente perguntar: "Que futuro queremos alcançar? Em quê nos baseamos para confiar que o que planejamos seja plausível e valioso? Será que ninguém já se antecipou a nós? A organização enxerga claramente e acredita nessa visão?" Em seguida, para verificar se a proposta é implementável, é preciso perguntar: "O que estamos tentando construir? Como podemos fazer isso acontecer?" E, finalmente, para verificar se a visão está sendo implantada com persistência suficiente: "Será que estamos à frente da concorrência? Como podemos educar o mercado sobre a nossa visão? Que obstáculos poderiam surgir, ou que barreiras já existem, e como vamos superá-las?"

A organização **de formação** precisa responder perguntas completamente diferentes. Para garantir que a estratégia de **envolver, coordenar e desenvolver** funcione com partes externas, os líderes fazem perguntas do tipo: "Qual é o ganho mútuo aqui? Como podemos influenciar o ecossistema das partes interessadas a nosso favor? O que podemos controlar e o que temos obrigatoriamente de controlar? Como podemos garantir que nosso ecossistema permaneça saudável?" Em vez de perguntar diretamente sobre a estratégia, os líderes verificam se os mecanismos estão disponíveis para deixar que a estratégia emerja por si só de modo contínuo: "Será que estamos evoluindo nossas plataformas de maneira eficaz para facilitar a aprendizagem?"

> ## QUESTÕES PARA CADA ABORDAGEM
>
> Para criar o contexto para uma estratégia **de renovação**, os líderes verificam se sua gestão está preparada tanto para sobreviver quanto para encarar as fases do fluxo de pensamento de **reagir, economizar e crescer**. Primeiro, eles verificam se já foi feito o suficiente para garantir a sobrevivência: "Nós já cortamos o suficiente? Como sabemos se cortamos as coisas certas?" Depois disso, eles garantem que a vitalidade da empresa a longo prazo também esteja sendo pensada: "Como podemos inovar estrategicamente para garantir a prosperidade a longo prazo? Quando poderemos migrar da **sobrevivência** para a **prosperidade**? Nossa organização está preparada para suportar o crescimento e a inovação?"

Questionador

Depois de terem escolhido a abordagem à estratégia adequada para cada unidade e alocado as pessoas certas para o trabalho, os líderes definem o contexto para uma execução eficaz fazendo as perguntas adequadas. Obviamente, o CEO não tem nem o tempo nem a informação para dirigir cada unidade ou estar envolvido em todas as decisões do dia a dia. Ao fazerem as perguntas corretas, os executivos ajudam seus subordinados a raciocinarem conforme as linhas de fluxo de pensamento específicas para a abordagem adequada, ou seja: **analisar, planejar e executar**, para uma parte clássica de seus negócios; ou **variar, selecionar e ampliar** para uma unidade mais adaptativa.

Muitos CEOs que entrevistamos enfatizaram o valor das perguntas. Nooyi explicou: "Você tem de fazer as perguntas certas, supondo, é claro, que você conte com as pessoas certas para lhe fornecer as respostas de que precisa. Na maioria das áreas, os CEOs devem se aprofundar apenas um centímetro e abranger um quilômetro de largura, porém, naqueles setores em que acredite que a empresa não disponha do conhecimento necessário, eles precisam descer a um quilômetro de profundidade. A responsabilidade de conhecer a configuração do terreno e fazer as perguntas certas recai sobre o CEO."

Por meio da investigação e do enquadramento, os CEOs capacitam suas organizações para que executem corretamente a abordagem estratégica apropriada, em vez de apenas ditarem sua execução oferecendo instruções.

Sua Estratégia Precisa de uma Estratégia

Além de capacitar seu pessoal, o CEO que está supervisionando uma gama de abordagens distintas adquire uma visão respaldada e inteligente. A prontidão e a qualidade das respostas permitem que o líder saiba quão bem a gestão compreende a estratégia escolhida. Ao mesmo tempo, as perguntas concentram a atenção dos administradores naquilo que mais importa para a escolha da estratégia correta.

Antenado

Logo após os líderes terem selecionado a abordagem adequada para cada unidade, eles facilitam sua execução contínua certificando-se de que a organização esteja em sintonia com o ambiente externo. Para fazer isso, eles olham continuamente para fora e amplificam sinais importantes de maneira seletiva. Eles confrontam suas organizações com a realidade.

O líder está em uma posição única para colocar de lado a mentalidade dominante da empresa e desafiar as crenças estabelecidas. Isto pode significar, por exemplo, detectar uma nova oportunidade visionária, identificar falsas certezas em uma abordagem adaptativa ou obter novos conhecimentos sobre os limites do setor em uma abordagem clássica.

Ao longo do tempo, as unidades estabelecidas tendem a tornar-se introspectivas e confiantes em uma lógica dominante autoaplicável – tendências que se apresentam com sucesso crescente na execução de uma abordagem específica. O líder pode ajudar a combater essa tendência natural. Como Ken Chenault salientou: "O perigo de uma grande organização está em abraçar apenas uma maneira de pensar e um modo de fazer as coisas. Defendo uma ideia simples para a organização que é a seguinte: 'se vivemos em um mundo em transformação, isso significa que uma fórmula única não irá funcionar.'"

O líder antenado pode procurar ativamente pontos de vista externos e diferentes – até mesmo aqueles que aparentemente não tem conexão com o seu empreendimento. Por exemplo, Nooyi procura diversas fontes de inspiração: "Eu frequento feiras e exposições comerciais – eventos desvinculados do setor em que atuamos, como, por exemplo: exposições dos novos lanchinhos e das novas bebidas que serão lançados no mercado são boas, mas eu prefiro feiras de fornecedores, de produtos digitais, de eletrônica, de *design* e até eventos *speed-dating* no Vale do Silício."

Como Nooyi, Hancock da AIG viu que suas equipes estavam funcionando muito bem em uma base diária, mas que se beneficiariam em ter acesso a perspectivas mais externas e a uma maior utilização de abordagens mais inovadoras. Consequentemente, Hancock fundou uma equipe científica para divisar uma perspectiva totalmente exclusiva para as práticas sóbrias do setor de seguros. Hancock explicou que essa equipe – formada por cientistas sociais, especialistas em dados, físicos, biólogos e economistas – tem uma missão fundamental: continuar oferecendo pontos de vista disruptivos dentro do negócio principal da AIG.[8] "Trata-se essencialmente de uma equipe de P&D que é financiada de modo centralizado e tem autorização para revolucionar o modo como fazemos negócios," explicou.

Acelerador

Finalmente, o papel do acelerador vai além de detectar mudanças externas e oferecer pontos de vista disruptivos, uma vez que mesmo as histórias mais convincentes podem não ser ouvidas em organizações grandes e inertes. No entanto, é impossível para o líder perseguir toda iniciativa potencialmente promissora. Em vez disso, os mais astutos exercem sua influência de modo seletivo, apoiando aquelas que se revelem melhores e então demonstram para a organização que a mudança é possível, benéfica, necessária, emocionante e – mais importante – tem o apoio do topo.

Nooyi aplica seletivamente seus esforços onde eles têm a maior chance de influenciar o direcionamento da empresa. Ela nos deu o seguinte conselho: "Apoie temas que precisem de um pequeno empurrão [...] No início é um impulso a partir do topo, depois torna-se um puxão." Por exemplo, ela reconheceu que o grupo responsável pelas máquinas de bebidas corria o risco de perder espaço ao longo do tempo, então ela formou e financiou uma equipe separada para desenvolver equipamentos mais inovadores. "Certo dia o primeiro grupo despertou para o problema e concluiu, 'Nós precisamos de máquinas dispensadoras de bebidas completamente diferentes, com uma nova interface para o usuário e capaz de oferecer novos sabores.' Então a outra equipe foi capaz de dizer: 'Ah, sim, nós já desenvolvemos isso para vocês.'" O grupo originalmente responsável não teria por conta própria forçado essa mudança, uma vez que isso seria como apostar contra o negócio vigente – parecia uma perspectiva assustadora. Todavia, a partir de sua posi-

Dicas e Armadilhas

O líder exerce vários papéis cruciais ao combinar abordagens estratégicas e ambientes, manter dinâmica a composição resultante e catalisar a execução dessas abordagens. Os CEOs que entrevistamos para este livro nos disseram que o maior e mais difícil desafio – e ao mesmo tempo mais valioso – está em gerir a dinâmica complexidade inerente às grandes empresas que necessitam de múltiplas abordagens para a estratégia, sejam elas simultâneas ou sucessivas.

Um CEO precisa dominar a liderança de uma organização ambidestra e estimular a composição estratégica. Com todas as suas contradições intrínsecas, isso é o que distingue os grandes líderes dos bons gerentes. A Tabela 8-1 oferece algumas dicas e armadilhas que selecionamos em nossas entrevistas e pesquisas.

TABELA 8-1

Dicas e armadilhas: Os principais contribuintes para o sucesso e o fracasso de líderes que navegam ambientes estratégicos diversificados e em transformação

Dicas	Armadilhas
• *Aceite a contradição:* As exigências das várias abordagens que você conduz podem ser diametralmente opostas, e isso está correto, porém, adaptar suas mensagens a cada ambiente é fundamental.	• *Paleta de cor única:* Qualquer grande organização é provavelmente muito complexa para uma visão estratégica única, incontestável e imutável. Evite a simplificação e a uniformidade.
• *Aceite a complexidade:* Introduza em sua organização a complexidade onde ela possa melhorar a correlação entre o ambiente e a estratégia, sem incorrer em custos excessivos de coordenação.	• *Gerenciar em vez de liderar:* Envolver-se profundamente na gestão de cada abordagem poderá impedi-lo de dar forma à composição estratégica em um nível superior, como encapsulado nos oito papéis dos líderes.
• *Explique simplesmente:* A composição estratégica resultante pode ser confusa para funcionários e investidores; encontre um denominador comum para comunicar uma narrativa clara.	• *Planejar o que não se pode planejar:* Em um mundo que muda rapidamente e de maneira imprevisível, investir demasiadamente em previsões e planos precisos é um tiro que pode sair pela culatra. Um líder eficaz reconhece que, às vezes, ter planos **não** é sinal de boa liderança.

Lições para líderes **227**

TABELA 8-1

Dicas e armadilhas: Os principais contribuintes para o sucesso e o fracasso de líderes que navegam ambientes estratégicos diversificados e em transformação

Dicas	Armadilhas
• *Olhe para fora:* Use sua posição privilegiada para contrariar as tendências por parte de sua organização no sentido de autorreforçar a perpetuação de crenças dominantes, mantendo a empresa focada e fluida.	• *Rigidez:* Alguns líderes selecionam uma abordagem, mas não estão dispostos a mudá-la à medida que surgem novas informações, ainda que o curso original provavelmente não sobreviva às marés da mudança.
• *Em caso de dúvida, interrompa:* As organizações naturalmente se entrincheiram por trás de métodos preestabelecidos de fazer as coisas. Em um mundo dinâmico, a ênfase excessiva na continuidade de um processo é um perigo maior que uma interrupção desnecessária.	

EPÍLOGO

DOMINANDO PESSOALMENTE A PALETA DE ESTRATÉGIAS

Vimos como as diversas circunstâncias do empreendimento exigem, fundamentalmente, abordagens distintas que permitam desenvolver estratégias eficazes e implementá-las. Observamos também que as grandes corporações com negócios em vários ambientes precisam dominar a arte de aplicar mais de uma abordagem à estratégia, seja de maneira sequencial ou simultânea. Também enxergamos como os líderes desempenham um papel essencial no estímulo à composição de várias abordagens. Um corolário dessas conclusões é que o nosso sucesso individual enquanto líderes ou gestores também irá depender do domínio pessoal da arte de aplicar a abordagem adequada para a estratégia, nas circunstâncias certas e no momento ideal.

Entretanto, o entendimento é apenas metade da jornada. Afinal, de que maneira você: 1) é capaz de criar e aproveitar as habilidades necessárias para fazer a paleta de estratégias trabalhar a seu favor? 2) desenvolve pessoalmente uma melhor abordagem à estratégia? e 3) leva para a vida o que aprendeu neste livro?

Essencialmente, a estratégia é a resolução de problemas, e, tanto na sua vida profissional quanto pessoal, você tem todos os dias muitas oportunidades para escolher entre abordagens alternativas – se, pelo menos, você se der essa liberdade de escolha. Ao envolver-se com cada oportunidade com o enfoque e a e consciência adequados, você poderá acelerar sua própria jornada pessoal de aprendizagem.

230 Sua Estratégia Precisa de uma Estratégia

Veja a seguir quatro práticas que irão ajudá-lo a construir as habilidades essenciais:

1. Primeiro, aprofunde sua compreensão da paleta de estratégias.

2. Pratique a aplicação dessa paleta tanto no empreendimento que tem nas mãos quanto em situações não relacionadas ao trabalho.

3. Amplie sua experiência.

4. Pratique a habilidade de criar e moldar o contexto para outros.

Aprofundando sua compreensão da paleta

Trabalhe no aprofundamento da sua compreensão de cada uma das diferentes abordagens na paleta de estratégias lendo algumas das referências no apêndice B. À medida que faz isso, pergunte-se de que maneira o processo de pensamento, as perguntas críticas que precisam ser feitas, as ferramentas/os sistemas e a abordagem para a implementação de cada estratégia diferem em cada estilo. Questione-se também de que modo isso difere daquilo com o qual você está mais familiarizado ou se sente mais confortável. Amplie sua zona de conforto, perguntando-se qual abordagem é adequada para as diferentes empresas que você já conhece ou ouviu falar.

Aplicando a paleta aos negócios e à vida

Provavelmente, o passo mais importante que você poderá dar é fazer a si mesmo uma pergunta a mais quando abordar qualquer desafio estratégico: que tipo de desafio ou oportunidade é essa, e qual é a melhor abordagem para, respectivamente, superá-lo e aproveitá-la? Ou seja, antes de embarcar em qualquer fluxo de pensamento específico para enfrentar um desafio, faça uma pausa para considerar o que há de melhor para encarar o desafio à mão.

Por uma ótica mais técnica, utilize a ferramenta de diagnóstico contida no apêndice A (ou a versão mais detalhada *on-line*, em inglês) para determinar a abordagem estratégica adequada para o seu negócio. Releia o capítulo apropriado e tente aplicar as várias técnicas e ferramentas associadas a esse estilo. Observe o que é desconhecido ou difícil, e procure ao redor por modelos com os quais você possa aprender. À medida que fizer isso, você começará a desenvolver seu próprio repertório de perguntas, ferramentas e técnicas.

Você também poderá praticar as diferentes disciplinas mentais de cada estilo aplicando-as na resolução de problemas diários. Por exemplo, ao planejar sua estratégia de investimento pessoal você poderia experimentar diferentes abordagens: 1) registrar entradas e saídas futuras e criar um plano completo detalhado (clássica); 2) distribuir seu investimento em vários tipos de aplicação de risco e, em seguida, realocar rapidamente e de maneira iterativa conforme o desempenho de cada produto (adaptativa); 3) fazer um grande investimento em algo que você possa controlar diretamente, como uma empresa familiar ou um interesse pessoal (visionária); 4) tentar compartilhar fundos e colaborar com outros para desenvolver uma nova oportunidade de retornos (formação) e 5) focar no corte de despesas desnecessárias e criar um rigoroso orçamento de gastos para liberar recursos para a poupança (renovação).

Outra experiência interessante é perguntar a si mesmo qual caminho é o mais apropriado em termos de pensamento. Você então será capaz de simular mentalmente abordagens distintas quando confrontado com um desafio – você irá planejar, adaptar, imaginar, formar ou renovar? Você desenvolverá a intuição de quais abordagens se adéquam melhor ao enfrentamento de cada problema, e, neste caso, é provável que obtenha percepções diferentes e complementares à medida que realizar essa série de experimentos mentais.

Lembre-se de que a paleta de estratégias não serve apenas para a elaboração de táticas, mas também para todo o ciclo que engloba desde o pensamento e a ação até o alcance do resultado desejado. Portanto, aplique esse pensamento em todo o seu conjunto de ações, e certifique-se de que você esteja usando as informações, inovando, organizando e liderando de maneira consistente com a abordagem escolhida.

Diversificando sua experiência

Você deve tentar trabalhar em diferentes tipos de negócios para que possa ganhar experiência prática com cada estilo. Posicione-se em situações diferentes, mesmo que elas não representem seus pontos fortes naturais. Você será capaz de fazê-lo sem migrar de um emprego para outro, uma vez que qualquer grande empresa compreende vários negócios com atributos bastante distintos, e qualquer negócio individual requer diferentes abordagens em diversas regiões geográficas e em diferentes estágios do seu ciclo de vida.

Além disso, cada produto ou função dentro de uma empresa tem de enfrentar desafios estratégicos de natureza diferente. Muitas empresas japonesas mantêm como tradição a prática de "transição rápida horizontal," que serve para ampliar a experiência de funcionários promissores, alocando-os em diferentes partes da companhia. Considere desenvolver seu próprio plano de carreira utilizando-se dessa mesma linha de raciocínio.

Definindo o contexto para os outros

Você deve desenvolver sua capacitação em liderança estratégica pela construção e gestão de equipes para a implantação de cada abordagem. De modo mais específico, pense em selecionar indivíduos com as características certas e as capacidades adequadas para cada abordagem (ou abordagens) desejada(s). Você precisa de um analista ou de um empreendedor, de um visionário ou um seguidor?

Você também precisa praticar as perguntas observadas no Capítulo 8 para definir o contexto de cada estilo. Desenvolver seu próprio repertório de tais questões é uma das melhores ações que você pode tomar no sentido de melhorar suas habilidades de liderança.

Mantenha um olhar sobre as condições de mudança, e ajude sua equipe a se conectar com essa realidade em transformação e a modular sua abordagem adequadamente. Lembre-se de que você está tentando gerenciar um engenhoso desequilíbrio, e não aperfeiçoar uma receita imutável. Pergunte e observe constantemente o que precisa mudar e, em seguida, seja o agente dessa mudança.

A revolução tecnológica digital, a globalização e outros condutores de transformação parecem ajustados para continuar: a diversidade de condições que os negócios enfrentam provavelmente irá persistir ou mesmo aumentar durante os anos vindouros. Longe estão os dias em que um gerente podia iniciar e terminar sua carreira em uma única empresa, em um negócio relativamente imutável, sendo promovido enquanto acumulava e implantava um conjunto estático de conhecimentos e habilidades. Os gerentes que dominam a paleta de estratégias certamente irão gerar mais valor para suas empresas e terão vantagem no desenvolvimento bem-sucedido de suas carreiras.

Agora, que tal começarmos a pintar?

APÊNDICE A

Autoavaliação

Qual sua abordagem para a estratégia?

Essa pequena autoavaliação foi projetada para analisar a adequação entre seu ambiente, a abordagem pretendida para sua estratégia e suas práticas estratégicas atuais.

Suas práticas estratégicas atuais

Selecione a afirmação que **melhor** descreva suas práticas estratégicas atuais.

A. Estabelecemos um objetivo claro, que não muda com frequência, e então planejamos e executamos o trabalho no sentido de alcançarmos o que foi idealizado.

B. Tentamos perceber um final imaginado e reagimos de maneira flexível a obstáculos que encontramos pelo caminho.

C. Norteados por planos detalhados, identificamos oportunidades de reduzir custos e preservar capital, de modo que possamos eventualmente identificar um novo caminho para o crescimento.

D. Constantemente escaneamos o ambiente em busca de sinais de mudança. Então os utilizamos para orientar um portfólio de experimentos e realocar nossos recursos em torno dos mais bem-sucedidos.

E. Engajamos ativamente outros *stakeholders* e outras companhias em nosso setor, criamos uma visão compartilhada de longo prazo e construímos plataformas que possibilitem a colaboração.

Circule a resposta escolhida e escreva a letra no box:

Seu ambiente de negócios percebido

Selecione a afirmação que **melhor** descreva seu ambiente de negócios percebido.

F. Nosso setor ou nossa empresa foi abalada por choques internos ou externos ou perdeu o alinhamento com um ambiente de negócios em transformação.

G. Nosso setor está maduro para disrupções proporcionadas por um novo jogador que seja criativo.

H. Nosso setor é marcado por um elevado grau de dinamismo e imprevisibilidade, estimulado pela demanda por parte dos clientes, tecnologias e estruturas competitivas em constante transformação.

I. Nosso setor tem um padrão de demanda e uma estrutura competitiva previsíveis e estáveis.

J. Nosso setor pode ser modelado ou remodelado pela coalisão de novos jogadores atuando de maneira coordenada.

Circule a resposta escolhida e escreva a letra no box:

Sua abordagem para a estratégia pretendida

Selecione a afirmação que **melhor** descreva sua abordagem para estratégia pretendida.

K. Renovamos de forma contínua nossa vantagem competitiva, utilizando nossa agilidade e flexibilidade.

L. Construímos vantagem competitiva sustentável por meio de uma escala ou capacitação superior.

M. Somos bem-sucedidos ao enxergar e perceber novas possibilidades, utilizando nossa imaginação, rapidez e pessistência.

N. Somos bem-sucedidos ao construirmos e mantermos plataformas para orquestrar as atividades de outras empresas e outros *stakeholders*.

O. Estamos focados em assegurar viabilidade de curto prazo como um prelúdio para reinflamarmos o crescimento através do realinhamento de nossa estratégia.

Circule a resposta escolhida e escreva a letra no box: ☐

Resultados: Você está utilizando a Abordagem para Estratégia mais adequada?

Por favor circule os quadrantes que melhor reflitam suas respostas com relação a práticas estratégicas, ambiente percebido e estilo desejado:

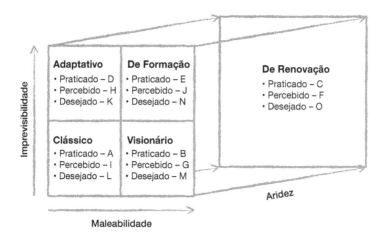

Observando os resultados, reflita a respeito das seguintes questões:

- Nossas práticas estratégicas atuais estão alinhadas como o que desejamos em termos de abordagem para a estratégia?

- Nossa abordagem para a estratégia desejada está de acordo com o ambiente percebido?

- Quais são as razões para qualquer desalinhamento, e de que modo poderíamos resolver isso?

APÊNDICE B

Leitura adicional

Capítulo 1: Introdução

Freedman, L. (2013) *Strategy: A History (Estratégia: Uma História)*. Oxford: Oxford University Press.

Ghemawat, P. (2002) "Competition and Business Strategy in Historical Perspective" ("Estratégia de Negócios e Concorrência em Perspectiva Histórica"), *Business History Review* 76, n.1, 37-74.

Reeves, M.; Love, C. e Tillmanns, P. (2012) "Your Strategy Needs a Strategy" ("Sua Estratégia Precisa de uma Estratégia"), *Harvard Business Review*, setembro.

Wiltbank, R.; Dew, N.; Read, S. e Sarasvathy, S. D. (2006) "What to Do Next? The Case for Non-Predictive Strategy" ("O Que Fazer a Seguir? O Caso da Estratégia Não Prevista"), *Strategic Management Journal* 27, n.10, 981-98.

Capítulo 2: Clássico: Seja Grande

Ansoff, I. H. (1977) *Estratégia Empresarial*. Porto Alegre: McGraw-Hill do Brasil.

Barney, J. (1991) "Firm Resources and Sustained Competitive Advantage" ("Recursos das Empresas e Vantagem Competitiva Sustentada"), *Journal of Management* 17, n.1, 99-120

Henderson, B. (1968) "The Experience Curve" ("A Curva da Experiência"), *BCG Perspectives*.

Henderson, B. (1970) "The Product Portfolio" ("O Portfolio do Produto"), *BCG Perspectives*.

Henderson, B. (1976) "The Rule of Three and Four" ("A Regra do Três e Quatro"), *BCG Perspectives*.

238 Apêndice B

Henderson, B. (1980) "Strategic and Natural Competition" ("Competição Estratégica e Natural"), *BCG Perspectives*.

Lafley, A. G. e Martin, R. L. (2014) *Jogar para Vencer*. São Paulo: HSM.

Lochridge, R. (1981) "Strategy in the 1980s" ("Estratégia na Década de 1980"), *BCG Perspectives*.

Peters, T. J. e Waterman Jr., R. H. (1982) *In Search of Excellence (Em Busca da Excelência)*. Nova York: Warner Books.

Porter, M. (1979) "How Competitive Forces Shape Strategy" ("Como as Forças Competitivas Moldam a Estratégia"), *Harvard Business Review*, março-abril, 137-45.

Porter, M. (1996) "What Is Strategy?" ("O Que É Estratégia?"), *Harvard Business Review*, novembro.

Prahalad, C. K. e Hamel, G. (1990) "The Core Competence of the Corporation" ("A Principal Competência da Empresa"), *Harvard Business Review*, maio-junho.

Stalk, G.; Evans, P. e Shulman, L. E. (1992) "Competing on Capabilities: The New Rules of Corporate Strategy" ("Competindo em Habilidades: As Novas Regras da Estratégia Empresarial"), *Harvard Business Review*, março-abril.

Wernerfelt, B. (1984) "A Resource-Based View of the Firm" ("Uma Visão Baseada em Recursos da Empresa"), *Strategic Management Journal* 5, 171-80.

Capítulo 3: Adaptável: Seja Rápido

Darwin, C. (2014) *A Origem das Espécies*. São Paulo: Martin Claret.

Eisenhardt, K. M. e Sull, D. N. (2001) "Strategy as Simple Rules" ("Estratégia em Regras Simples"), *Harvard Business Review*, Janeiro.

Fine, C. (1999) *Mercados em Evolução Contínua: Conquistando Vantagem Competitiva num Mundo em Constante Mutação*. Rio de Janeiro: Campus.

McGrath, R. G. (2013) *O Fim da Vantagem Competitiva*. Rio de Janeiro: Elsevier.

Mintzberg, H. (1978) "Patterns in Strategy Formation" ("Padrões na Formação da Estratégia"), *Management Science* 24, n.9, 934-48.

Nelson, R. e Winter, S. (2005) *Uma Teoria Evolucionária da Mudança Econômica*. São Paulo: Unicamp.

Reeves, M. e Deimler, M. (2012) *Adaptive Advantage: Winning Strategies for Uncertain Times (Vantagem Adaptável: Estratégias Vencedoras para Períodos de Incerteza)*. Boston: Boston Consulting Group.

Reeves, M. e Deimler, M. (2011) "Adaptability: The New Competitive Advantage" ("Adaptabilidade: A Nova Vantagem Competitiva"), *Harvard Business Review*, agosto.

Stalk, G. (1988) "Time: The Next Source of Competitive Advantage" ("Tempo: A Próxima Fonte de Vantagem Competitiva"), *Harvard Business Review*, julho-agosto.

Capítulo 4: Visionário: Seja o Primeiro

Bower, J. L. e Christensen, C. M. (1995) "Disruptive Technologies: Catching the Wave" ("Tecnologias Disruptivas: Pegando a Onda"), *Harvard Business Review*, janeiro-fevereiro.

Hamel, G. e Prahalad, C. K. (2005) *Competindo pelo Futuro: Estratégias Inovadoras para Obter o Controle do Seu Setor e Criar os Mercados de Amanhã*. Rio de Janeiro: Elsevier.

Johnson, M.; Christensen, C. e Kagermann, H. (2008) "Reinventing Your Business Model" ("Reinventando seu Modelo de Negócio"), *Harvard Business Review*.

Kim, W. C. e Mauborgne, R. (2004) "Blue Ocean Strategy: How to Create Uncontested Market Space and Make the Competition Irrelevant" ("Estratégia do Oceano Azul: Como Criar Espaço de Mercado Incontestável e Tornar a Competição Irrelevante"), *Harvard Business Review*, outubro.

Lindgardt, Z.; Reeves, M.; Stalk, G. e Deimler, M. (2009) "Business Model Innovation: When the Going Gets Tough" ("Inovação de Modelo de Negócios: Quando o Jogo Fica Difícil"), *BCG Perspectives*, dezembro.

Moore, G. A. (1991) *Crossing the Chasm: Marketing and Selling High-Tech Products to Mainstream Customers* (*Atravessando o Abismo: Marketing e Venda de Produtos de Alta Tecnologia para o Cliente Convencional*). Nova York: Harper Business Essentials.

Reeves, M.; Stalk, G. e Lehtinen, J. (2013) "Lessons from Mavericks: Staying Big by Acting Small" ("Lições dos Mavericks: Mantendo-se Grande com Pequenas Ações"), *BCG Perspectives*, junho.

Capítulo 5: Modelando: Seja o Orquestrador

Brandenburger, A. M. e Nalebuff, B. J. (1996) *Co-opetição: Um Conceito Revolucionário que Combina Competição e Cooperação*. Rio de Janeiro: Rocco.

240   Apêndice B

Chesbrough, H. (2006) "Open Innovation: The New Imperative for Creating Profit from Technology" ("Inovação Aberta: O Novo Imperativo para a Criação de Lucro a partir da Tecnologia"), *Academy of Management Perspectives* 20, n.2, 86-88.

Evans, P. e Wurster, T. (2000) *A Explosão dos Bits: Estratégias na Economia*. Rio de Janeiro: Campus.

Freeman, R. Edward. (1984) *Strategic Management: A Stakeholder Approach (Administração Estratégica: Abordagem das Partes Interessadas)*. Boston: Pitman.

Henderson, B. (1989) "The Origin of Strategy" ("A Origem da Estratégia"), *Harvard Business Review*, novembro.

Iansiti, M. e Levien, R. (2004) *The Keystone Advantage: What the New Dynamics of Business Ecosystems Mean for Strategy, Innovation, and Sustainability (A Vantagem da Pedra Angular: O Significado da Nova Dinâmica dos Ecossistemas de Negócios para a Estratégia, a Inovação e a Sustentabilidade)*. Boston: Harvard Business School Press.

Levin, S. (2000) *Fragile Dominion: Complexity and the Commons (Frágil Domínio: A Complexidade e as Práticas Comuns)*. Nova York: Basic Books.

Moore, J. F. (1996) *O Fim da Concorrência: Como Dominar o Ecossistema em que Sua Empresa Está Inserida*. São Paulo: Futura.

Prahalad, C. K. e Ramaswamy, V. (2004) *O Futuro da Competição: Como Desenvolver Diferenciais Inovadores em Parceria com os Clientes*. Rio de Janeiro: Elsevier.

Reeves, M. e Bernhardt, A. (2011) "Systems Advantage" ("Vantagem do Sistema"), *BCG Perspectives*.

Reeves, M.; Venema, T. e Love, C. (2013) "Shaping to Win" ("Modelando para Vencer"), *BCG Perspectives*.

Capítulo 6: Renovação: Seja Viável

Burrough, B. e Helyar, J. (1990) *Barbarians at the Gate: The Fall of RJR Nabisco (Bárbaros nos Portões: A Derrocada da RJR Nabisco)*. Nova York: HarperBusiness.

Duck, J. D. (2001) *O Monstro da Mudança nas Empresas: as Forças Ocultas que Interferem nas Transformações Organizacionais*. Rio de Janeiro: Campus.

Hammer, M. e Champy, J. A. (1995) *Reengenharia: revolucionando a empresa em função dos clientes, da concorrência e das grandes mudanças da gerência*. 29 ed. Rio de Janeiro: Campus.

Hout, T. M. e Stalk, G. (1995) *Competindo Contra o Tempo: Como as Empresas que Agem com Maior Rapidez Maximizam Qualidade, Inovação e Satisfação do Cliente.* Rio de Janeiro: Campus.

Kaplan, R. S. e Bruns, W. J. (1987) *Accounting and Management: A Field Study Perspective. (Contabilidade e Administração: Perspectiva de Estudo de Campo).* Boston: Harvard Business Review Press.

Kotter, J. P. (2001) *Liderando Mudança.* Rio de Janeiro: Campus.

Reeves, M.; Goulet, K.; Walter, G. e Shanahan, M. (2013) "Lean, but Not Yet Mean: Why Transformation Needs a Second Chapter" ("Enxuta, Mas Ainda Não Eficaz: Por Que a Transformação Precisa de um Segundo Capítulo"), *BCG Perspectives,* outubro.

Reeves, M.; Haanæs, K. e Goulet, K. (2013) "Turning Around a Successful Company" ("Transformando uma Empresa de Sucesso"), *BCG Perspectives,* dezembro.

Capítulo 7: Ambidestria: Seja Policromático

Birkinshaw, J. e Gibson, C. (2004) "Building Ambidexterity into an Organization" ("Contruindo a Ambidestria dentro de uma Organização"), *MIT Sloan Management Review,* verão.

March, J. G. (1991) "Exploration and Exploitation in Organizational Learning" ("Aproveitamento e Exploração na Aprendizagem da Organização"), *Organization Science* 2, n.1, 71–87.

Reeves, M.; Haanæs, K.; Hollingsworth, J. e Pasini, F. L. S. (2013) "Ambidexterity: The Art of Thriving in Complex Environments" ("Ambidestria: A Arte de Prosperar em Ambientes Complexos"), *BCG Perspectives,* fevereiro.

Reeves, M.; Nicol, R.; Venema, T. e Wittenburg, G. (2014) "The Evolvable Enterprise: Lessons from the New Technology Giants" ("A Empresa que Evolui: Lições dos Novos Gigantes da Tecnologia"), *BCG Perspectives,* fevereiro.

Tushman, M. L. e O'Reilly III, C. A. (1996) "Ambidextrous Organizations: Managing Evolutionary and Revolutionary Change" ("Organizações Ambidestras: Administrando Mudanças Evolucionárias e Revolucionárias"), *California Management Review* 38, n.4, 8-30.

Capítulo 8: Lições para Líderes: Seja o Animador

The Boston Consulting Group. (2014) "Jazz vs. Symphony – a TED Animation" ("Jazz vs. Sinfonia – uma Animação da TED"), *BCG Perspectives*, 24 de outubro.

Clarkeson, J. (1990) "Jazz vs. Symphony" ("Jazz vs. Sinfonia"), *BCG Perspectives*.

Torres, R.; Reeves, M. e Love, C. (2010) "Adaptive Leadership" ("Liderança Adaptável"), *BCG Perspectives*, 13 de dezembro.

von Oetinger, B. (2002) "Leadership in a Time of Uncertainty" ("Liderança em Tempos de Incertezas"), *BCG Perspectives*.

APÊNDICE C

Multi-Armed Bandit (MAB)

Modelo de Simulação

Pesquisamos as características e a efetividade/eficiência de cada abordagem na paleta de estratégias simulando como elas desempenham em diferentes ambientes de negócios. Modelamos ambientes conforme um problema a que denominamos de Multi-Armed Bandit (*MAB*), que é capaz de capturar com riqueza de detalhes o lado econômico por trás de decisões tomadas sob situações de incerteza. Diferentes soluções algorítmicas para o problema representam as abordagens estratégicas na paleta.

Um problema *MAB* recebe esse nome por causa de um problema bem conhecido na teoria da decisão. Um jogador se vê diante da escolha de qual máquina irá usar para jogar. Depois do jogo, ele terá algum conhecimento sobre o quanto alguns equipamentos pagam, mas não saberá nada em relação aos outros e, assim, se verá forçado a escolher entre conhecimentos parciais e o que lhe é desconhecido. Esse problema é, portanto, ideal para dar forma a permutas entre a utilização de opções conhecidas e a exploração de alternativas novas, assim como para o teste de estratégia sob elevado grau de ignorância e incerteza.

De maneira mais técnica, cada máquina caça-níquel, ou *bandit*, é modelada com uma probabilidade de distribuição, com um dado valor médio e um padrão de desvio. Esses dois parâmetros podem mudar com o tempo, ambos de forma independente (por exemplo, até a exaustão do modelo ou uma transformação dinâmica do ambiente) e também em resposta a escolhas feitas por um ou mais jogadores (ou seja, para modelar a competição ou o formato do ambiente). A probabilidade em termos de distribuição é, obviamente, desconhecida para os jogadores, mas pode ser aprendida com

244 Apêndice C

o tempo à medida que mais e mais valores são extraídos de cada *bandit*. Em outro modelo, as máquinas correspondem a um conjunto de opções de investimento, cujos pagamentos são independentes entre si e desconhecidos para a estratégia que está sendo testada.

Ao mudar os parâmetros do modelo, tais como a incerteza da distribuição dos pagamentos, a taxa e incerteza pela qual o meio de distribuição muda, o grau em que as distribuições se alteram em resposta ao comportamento de investir, e os custos de fazer investimentos, podemos modelar de maneira elaborada um conjunto de ambientes de negócios. Sendo mais específico, a imprevisibilidade é modelada pela incerteza nas transferências na distribuição de pagamentos ao longo do tempo. A maleabilidade é moldada como pagamentos que se alteram em resposta a investimentos repetidos. A aridez é moldada como um custo imposto na transferência entre opções contrárias a uma restrição à fonte geral de recursos. Desse modo, todos ambientes – clássico, adaptativo, visionário, de formação e renovação – podem ser amoldados.

As estratégias que competem nesses vários ambientes também podem ser modeladas como as escolhas que o jogador fictício ou estrategista faz, de acordo com a informação que ele possui a respeito dos pagamentos oriundos de investimentos anteriores. Os algoritmos que norteiam essas escolhas podem ser variados no que diz respeito à quantidade de informação que é retida a partir de investimentos anteriores, ao modo como tal informação é pesada, à quantidade de esforço e tempo devotados à exploração de novas opções, à maneira como as crenças sobre os pagamentos dos investimentos são atualizadas, e a quão rápido a estratégia converge e se estabelece em um investimento de escolha. Desse modo, é possível modelar os comportamentos de pesquisa, adaptação, modelação e conservação de recursos, o que serve de base para as cinco estratégias da paleta.

Mais especificamente, estratégias clássicas são moldadas como um período limitado de exploração seguido pela convergência por uma opção preferida de investimento. As adaptativas são moldadas pela alocação contínua de uma parte dos investimentos na exploração de opções aleatórias. Uma estratégia visionária se modela como uma profunda exploração (de várias etapas) de múltiplas opções, seguida pela convergência em direção ao uma opção favorita. Já uma estratégia de formação é simulada como uma exploração periódica, contínua e profunda de múltiplas opções. Uma estratégia de renovação é simulada como uma rápida convergência em relação à melhor opção possível dentro de um tempo limite de exploração.

Simulamos qual estratégia apresenta melhor desempenho em cada ambiente ao permitir que elas compitam entre si nos vários ambientes representados na paleta de estratégias, uma vez certificado que as estratégias icônicas da paleta fossem de fato as mais adequadas para seus respectivos ambientes (Figura C-1).

Para facilitar a representação visual, comparamos cada estratégia a uma estratégia de base de exploração moderada: essa estratégia investe na exploração ao testar novas opções – uma em cada dez etapas. Pelo resto do tempo, ela opta pela melhor alternativa encontrada até aquele momento, que é determinada pela média de recompensas reunidas ao longo das últimas dez etapas nas quais qualquer opção foi perseguida.

O mesmo modelo de simulação forma o cerne analítico do aplicativo associado a esse livro. Com o aplicativo, os leitores terão a chance de construir uma memória forte e poderosa das diferentes abordagens para a estratégia administrando uma banca de limonada em uma série de ambientes que correspondem àqueles da paleta de estratégias.

FIGURA C-1

Simulação das cinco estratégias principais (visão esquemática)

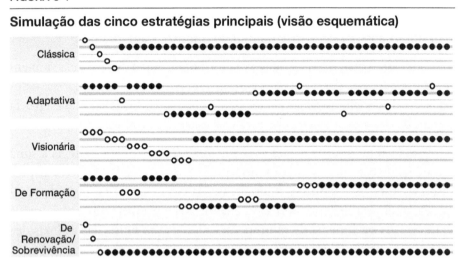

NOTAS

Capítulo 1

1. McGrath, R. G. (2013) *O Fim da Vantagem Competitiva*. Rio de Janeiro: Elsevier.

2. Reeves, M.; Love, C. e Tillmanns, P. (2012) "Your Strategy Needs a Strategy" ("Sua Estratégia Precisa de uma Estratégia"), *Harvard Business Review*, setembro.

3. A discussão a respeito da Mars ao longo desse livro é oriunda de entrevista dos autores a Paul S. Michaels (CEO da Mars) em abril/2014 e é suplementada com outras fontes conforme indicado.

4. Tata Consultancy Services (2014), "Fatos Corporativos", Sobre a TCS, acessado em 7 de maio, www.tcs.com/about/corp_facts/Pages/default. aspx; Times Internet Limited (2014), "Circuit of Glory" ("Circuito da Glória"), "Times of Tata" ("Tempos de Tata"), *Economic Times*, 14 de maio, http://economictimes.indiatimes.com/timesoftata.cms. A discussão a respeito da Tata Consultancy Services (TCS) ao longo desse livro é oriunda de entrevista dos autores a Natarajan Chandrasekaran (CEO da TCS) em junho/2014 e é suplementada com outras fontes conforme indicado.

5. "Quintiles Named Preferred Provider in Phase I Market Report" ("Quintiles [é] Nomeada Fornecedora de Escolha para Fase I [de pesquisa, conforme] Relatório de Mercado"), *Wall Street Journal*, 9 de agosto de 2013, http://online.wsj.com/article/PR-CO-20130809-908208. html. A discussão a respeito da Quintiles ao longo desse livro é oriunda de entrevista dos autores a Dennis Gillings (fundador da Gillings) e Tom Pike (CEO da Gillings), em fevereiro-março/2014 e é suplementada com outras fontes conforme indicado.

6. Jie, L. (2014) "Paying Price for Success in Commerce" ("O Preço Pago pelo Sucesso no Comércio"), *China Daily*, Biz Updates, 3 de fevereiro, www.chinadaily.com.cn/beijing/2014-02/03/content_17272245.htm.

248 Notas

7. Lepro, S. (2011) "American Express to Cut 7,000 Jobs" ("American Express deve cortar 7 mil cargos"), *Huffington Post Business*, 25 de novembro, www.huffingtonpost.com/2008/10/30/american-express-to-cut-7_n_139476.html. A discussão a respeito da American Express ao longo desse livro é oriunda de entrevista dos autores a Ken Chenault (CEO da Amex) em abril/2014 e é suplementada com outras fontes conforme indicado.

Capítulo 2

1. Kaplan, D. A. (2013) "Mars Incorporated: A Pretty Sweet Place to Work" ("Mars Inc.: Um Doce Lugar para Trabalhar"), *Fortune*, 17 de janeiro, http://fortune.com/2013/01/17/mars-incorporated-a-pretty-sweetplace-to-work/.

2. Para valores de marca veja Mars, "How We Work" ("Como Trabalhamos"), website da Mars, acessado em 8 de maio de 2014, www.masterfoodsconsumercare.co.uk/global/careers/how-we-work.aspx. Para a classificação nos EUA. veja "Mars", em *Forbes*, 12 de maio de 2014, www.forbes.com/companies/mars/. A discussão sobre Mars ao longo desse livro foi baseada na entrevista dos autores a Paul S. Michaels (CEO da Mars) em abril/2014 e é suplementada com outras fontes conforme indicado.

3. Joseph, S. (2013) "Cadbury and Mars Push to Boost Chocolate Sales in Slow Summer Months" ("Cadbury e Mars Buscam Estimular Vendas de Chocolates nos Meses de Verão"), *Marketing Week: News*, 13 de julho, www.marketingweek.co.uk/news/cadbury-and-mars-push-to-boost-chocolate-sales-in-slow-summer-months/4007375.article.

4. Henderson, B. (1970) "The Product Portfolio" ("O Portfolio do Produto"), *BCG Perspectives*, www.bcgperspectives.com/content/classics/strategy_the_product_portfolio/.

5. Instituto de Estratégia do BCG, "Average Operating Margin 2007–2012" ("Média da Margem de Operação entre 2007 e 2012"). Análise baseada em informações da Compusat e da CapitalIQ.

6. Lynch, D. J. (2008) "Thousands of Layoffs by DHL, ABX Air Hit Wilmington, Ohio" ("Milhares de Demissões na DHL, a ABX Air Chega a Ohio), *USA Today*, 15 de dezembro, http://usatoday30.usatoday.com/money/economy/2008-12-15-wilmington-dhl-abx-air-layoffs_N.htm.

7. Ansoff, I. H. (1977) *Estratégia Empresarial.* Porto Alegre: McGraw-Hill do Brasil.

8. Henderson, B. (1968) "The Experience Curve" ("A Curva da Experiência"), *BCG Perspectives*, www.bcgperspectives.com/content/classics/strategy_the_experience_curve/.

9. Henderson, "The Product Portfolio" ("O Portfolio do Produto").

10. Lochridge, R. (1981) "Strategy in the 1980s" ("Estratégia na Década de 1980"), *BCG Perspectives*, www.bcgperspectives.com/content/classics/strategy_strategy_in_the_1980s/.

11. Porter, M. (1979) "How Competitive Forces Shape Strategy" ("Como as Forças Competitivas Moldam a Estratégia"), *Harvard Business Review*, março-abril, 137-45.

12. Wernerfelt, B. (1984) "A Resource-Based View of the Firm" ("Uma Visão Baseada em Recursos da Empresa"), *Strategic Management Journal*, 5, 171-80; Barney, J. (1991) "Firm Resources and Sustained Competitive Advantage" ("Recursos das Empresas e Vantagem Competitiva Sustentada"), *Journal of Management* 17, n.1, 99-120; Prahalad, C. K. e Hamel, G. (1990) "The Core Competence of the Corporation" ("A Principal Competência da Empresa"), *Harvard Business Review*, maio-junho.

13. Stalk, G.; Evans, P. e Shulman, L. E. (1992) "Competing on Capabilities: The New Rules of Corporate Strategy" ("Competindo em Habilidades: As Novas Regras da Estratégia Empresarial"), *Harvard Business Review*, março-abril.

14. Cramer, B. (2014) "With Developed Markets Reaching Maturity and Emerging Markets Slowing Down, What Will Drive Future Growth?" ("Com o Alcance da Maturidade dos Mercados Desenvolvidos e com a Diminuição da Velocidade dos Mercados Emergentes, O Que Vai

Orientar o Crescimento Futuro?"), *Bidness Etc.*, 5 de fevereiro, www.bidnessetc.com/business/the-household-and-personal-productsindustry-dark-clouds-on-the-horizon/.

15. Marten, I. e Mack, A. (2013) "The European Power Sector: Only the Nimble Will Survive" ("Setor Europeu de Energia: Somente os Ágeis Sobreviverão"), *BCG Perspectives*, março, www.bcgperspectives.com/content/articles/energy_environment_european_power_sector_only_nimble_will_thrive/.

16. Klose, F. e Prudlo, J. (2013) "Flexibilization: The New Paradigm in Power Generation" ("Flexibilização: O Novo Paradigma na Geração de Energia"), *BCG Perspectives*, junho, www.bcgperspectives.com/content/articles/energy_environment_flexibilization_new_paradigm_in_power_generation/; Pieper et al., C. (2013) "Solar PV Plus Battery Storage: Poised for Takeoff" ("Energia Solar Fotovoltaica Mais Armazenamento de Energia: Equilibrados para Decolar"), *BCG Perspectives*, julho, www.bcgperspectives.com/content/articles/energy_environment_solar_pv_plus_battery_storage_poised_for_takeoff/; Deutsche Telekom (2014), "QIVICON Wins Innovation Prize and Gains New Partners" ("QIVICON Conquista Prêmio de Inovação e Ganha Novos Parceiros"), *Qivicon: Media Information*, 7 de setembro, www.qivicon.com/en/meta/media-relations/qivicon-wins-innovation-prize-and-gains-new--partners/.

17. Welch, J. (2004) *Paixão por Vencer* (Rio de Janeiro: Elsevier).

18. William Reed Business Media SAS (2013), "Inside Quintiles: The World's Largest CRO" ("Por Dentro da Quintiles: A Maior Organização de Pesquisa Clínica [CRO] do Mundo"), *Outsourcing Pharma*, 29 de julho, www.outsourcing-pharma.com/ClinicalDevelopment/Inside-Quintiles-The-World-s-Largest-CRO. A discussão a respeito da Quintiles ao longo desse livro é oriunda de entrevista dos autores a Dennis Gillings (fundador da Quintiles) e a Tom Pike (CEO da Quintiles, em fevereiro-março/2014 e é suplementada com outras fontes conforme indicado.

19. Porter, M. (1996) "What Is Strategy?" ("O Que É Estratégia?"), *Harvard Business Review*, novembro.

20. Deutsche Bahn (2013), "Competition Report 2013" ("Relatório de Competição 2013"), 6–23.

21. Diageo (2013), "Reserve: Leading Growth in Luxury Spirits" ("Reserve: Crescimento Líder em Bebidas Finas"), transcrição da conferência de investidores, novembro, www.diageo.com/en-row/investor/Pages/resource.aspx?resourceid=1600.

22. A discussão a respeito da Huawei ao longo desse livro é oriunda de entrevista dos autores a Guo Ping (CEO da Huawei) em março/2014 e é suplementada com outras fontes conforme indicado.

23. Ahrens, N. (2013) "China's Competitiveness: Myth, Reality, and Lessons for the United States and Japan: Case Study: Huawei" ("A Competitividade da China: Mito, Realidade e Lições para os Estados Unidos e o Japão: Estudo de Caso: Huawei"), *Center for Strategic and International Studies*, Washington DC.

24. Silverstein et al., M. J. (2013) *O Prêmio de 10 Trilhões de Dólares: Cativando a Classe Emergente da China e da Índia* (DVS Editora).

25. Connors, W. e Maylie, D. (2011) "Nigeria Gives Huawei a Place to Prove Itself" ("Nigéria Oferece um Lugar para a Huawei se Provar Capaz"), *Wall Street Journal*, 12 de setembro, http://online.wsj.com/news/articles/SB10001424053111904279004576524742374778386.

26. Henderson, "The Product Portfolio" ("O Portfolio do Produto"); Henderson, B. D. (1976) "The Rule of Three and Four" ("A Regra do Três e Quatro"), *BCG Perspectives*, www.bcgperspectives.com/content/Classics/strategy_the_rule_of_three_and_four/; Reeves, M., Deimler, M. e Stalk, G. (2012) "BCG Classics Revisited: The Rule of Three and Four" ("Clássicos da BCG Revisitados: A Regra do Três e Quatro"), *BCG Perspectives*, dezembro, www.bcgperspectives.com/content/articles/business_unit_strategy_the_rule_of_three_and_four_bcg_classics_revisited/.

27. Byrne, J. A. (1988) "How Jack Welch Runs GE" ("Como Jack Welch Dirige a GE"), *BusinessWeek*, 8 de junho, www.businessweek.com/1998/23/b3581001.htm.

252 Notas

28. Henderson, B. (1968) "The Experience Curve" ("A Curva da Experiência"), *BCG Perspectives*.

29. Jopson, B. (2013) "P&G Chief AG Lafley Promotes Four Executives to Head Major Units" ("CEO da P&G, Alan G. Lafley, Promove Quatro Executivos à Direção das Principais Divisões da Empresa"), *Financial Times*, 5 de junho, www.ft.com/intl/cms/s/0/d0579dc2-ce2e11e2-8313-00144feab7de.html?siteedition=intl#axzz3DUT2FjD3.

30. A discussão a respeito da Mahindra ao longo desse livro é oriunda de entrevista dos autores a Anand Mahindra (CEO da Mahindra) em junho/2014 e is suplementada com outras fontes conforme indicado.

31. Shell International BV (2012), "Chairman's Message" ("Mensagem do Presidente"), Relatório Anual 2012: Nossos Negócios, acessado em 7 de maio de 2014, http://reports.shell.com/annual-report/2012/businessreview/ourbusinesses/chairmansmessage.php.

32. Shell International (2012), "Introduction from the CEO" ("Introdução do CEO"), Relatório de Sustentabilidade 2012, acessado em 7 de maio de 2014, http://reports.shell.com/sustainability-report/2012/introduction.html.

33. A discussão a respeito da Mylan ao longo desse livro é oriunda de entrevista dos autores a Heather Bresch (CEO da Mylan) em abril/2014 e é suplementada com outras fontes conforme indicado.

34. Diageo (2014), "Diageo Opens Its New Customer Collaboration Centre" ("Diageo Abre Seu Novo Centro de Colaboração ao Cliente"), Diageo, website de Our Brands, acessado em 12 de maio, www.diageo.com/en-row/ourbrands/infocus/Pages/CustomerCollaborationCentre.aspx.

35. Goodreads (2014), "Peter F. Drucker", *Quotes* (*Citações*), 8 de maio, www.goodreads.com/author/quotes/12008.Peter_F_Drucker.

36. MastersInDataScience.org (2014), "Data Science in Retail" ("Ciência da Informação no Varejo"), 17 de maio, www.mastersindatascience.org/industry/retail/; McKenney, J. L. e Clark, T. H. (1995) "Procter & Gamble: Improving Consumer Value Through Process Redesign" (Procter & Gamble: Melhorando o Valor do Consumidos Por Meio do Redesenho de Processos"), Estudo de Caso 195126 (Boston: Harvard Business School, 31 de março).

37. Quintiles (2014), "Where We Are: Locations" ("Onde Estamos: Locais"), 8 de maio, www.quintiles.com/locations/.

38. Hartman, A. (2003) "The Competitor: Jack Welch's Burning Platform" ("O Competidor: A Plataforma em Chamas de Jack Welch"), *Financial Times Press*, 5 de setembro, www.ftpress.com/articles/article.aspx?p=100665&seqNum=5.

39. Kaplan, "Mars Inc."

40. A discussão a respeito da Pfizer ao longo desse livro é oriunda de entrevista dos autores a Ian Read (CEO da Pfizer) em fevereiro-março/2014 e é suplementada com outras fontes conforme indicado.

41. Ward, A. (2014) "Pfizer Break-up May Follow AstraZeneca Deal" ("Fragmentação da Pfizer Deve Ocorrer Após Fusão com AstraZeneca"), *Financial Times*, 4 de maio, www.ft.com/intl/cms/s/0/ba383d00-d399-11e3-b0be-00144feabdc0.html?siteedition=intl#axzz31X8zJqbT.

42. Collins, J. (2003) "The 10 Greatest CEOs of All Time" ("Os 10 Melhores CEO's de Todos os Tempos"), website de Jim Collins, 21 de julho, www.jimcollins.com/article_topics/articles/10-greatest.html.

Capítulo 3

1. A discussão a respeito da Tata Consultancy Services (TCS) ao longo desse livro é oriunda de entrevista dos autores a Natarajan "Chandra" Chandrasekaran (CEO da TCS), em junho/2014 e é suplementada com outras fontes conforme indicado.

2. Veja os seguintes documentos da Tata Consultancy Services, todos acessados em 7 de maio de 2014: "Corporate Facts" ("Fatos Corporativos") em www.tcs.com/about/corp_facts/Pages/default.aspx; "Innovation Brochure" ("Manual de Inovação"), em www.tcs.com/SiteCollectionDocuments/Brochures/Innovation-Brochure-0513-1.pdf; página do Facebook da Tata Consultancy Services em www.facebook.com/Corporate.Learnings/posts/571975139536810?stream_ref=5.

3. Chandrasekaran, N. (2014) Mensagem via *e-mail* aos autores, 20 de maio.

254 Notas

4. Kalbag, C. e Das, G. (2013) "The Whole Organisation Is Pumped Up and I Have to Keep That Going" ("A Organização Inteira Está Bombando e Eu Preciso Mantê-la Assim"), *Business Today*, 10 de novembro, http://businesstoday.intoday.in/story/bt-500tcs-ceo-natarajan-chandra-sekaran-interview/1/199788.html.

5. Tata Consultancy Services (2014), "Relatório Anual 2009-10", acessado em 6 de maio.

6. Prasad, S. (2012) "TCS' N Chandrasekaran: Planet of the Apps" ("N. Chandrasekaran, da TCS: Planeta dos Aplicativos"), *Forbes India*, 10 de outubro, http://forbesindia.com/printcontent/33871.

7. Rai, S. (2013) "India's TCS Becomes the World's Second Most Valuable IT Services Firm" (TCS, da Índa, se Torna Segunda Empresa de Serviços de TI Mais Valiosa do Mundo"), *Forbes*, 13 de setembro, www.forbes.com/sites/saritharai/2013/09/13/indias-tcs-is-second-most-valuable-it-services-firm-globally/.

8. Pantaleo, D. e Pal, N. (2008) *From Strategy to Execution: Turning Accelerated Global Change into Opportunity* (*Da Estratégia à Execução: Transformando a Mudança Global Acelerada em Oportunidade*) (Berlin: Springer), 10.

9. A discussão a respeito da Zara e Inditex ao longo desse livro é oriunda de correspondência entre os autores e a administração senior da Zara, em junho/2014.

10. Petro, G. (2012) "The Future of Fashion Retailing: The Zara Approach, Part 2 of 3," *Forbes*, 25 de outubro, www.forbes.com/sites/gregpetro/2012/10/25/the-futureof-fashion-retailing-the-zara-approach-part-2-of-3/; Unique Business Strategies (2014), "The Story of Zara: The Speeding Bullet" ("A História da Zara: A Toque de Caixa"), *The Strategist's Choice*, 12 de maio, www.uniquebusinessstrategies.co.uk/pdfs/case%20studies/zarathespeedingbullet.pdf.

11. Fraiman, N. M. (2014) "Zara", Columbia Business School, Estudo de Caso 080204, Nova York, 13 de maio.

12. Stevenson, S. (2012) "Polka Dots Are In? Polka Dots It Is!: How Zara Gets Fresh Styles to Stores Insanely Fast – Within Weeks" "Bolinhas

Estão na Moda? Então Venderemos Bolinhas!: Como a Zara Abastece, de Maneira Insanamente Rápida, as Lojas de Roupas com Estilos Novos – Em Semanas"), *Slate: Operations*, 21 de junho, www.slate.com/articles/arts/operations/2012/06/zara_s_fast_fashion_how_the_company_gets_new_styles_to_stores_so_quickly_.html.

13. Mintzberg, H. (1978) "Patterns in Strategy Formation" ("Padrões na Formação da Estratégia"), *Management Science* 24, n.9, 934-48.

14. Nelson, R. e Winter, S. (2005) *Uma Teoria Evolucionária da Mudança Econômica*. São Paulo: Unicamp; Stalk, G. (1988) "Time: The Next Source of Competitive Advantage" ("Tempo: A Próxima Fonte de Vantagem Competitiva"), *Harvard Business Review*, julho-agosto.

15. Fine, C. (1999) *Mercados em Evolução Contínua: Conquistando Vantagem Competitiva num Mundo em Constante Mutação*. Rio de Janeiro Campus; Eisenhardt, K. M. e Sull, D. N. (2001) "Strategy as Simple Rules" ("Estratégia em Regras Simples"), *Harvard Business Review*, janeiro; McGrath, R. G. e MacMillan, I. C. (1999) "Discovery Driven Planning: Turning Conventional Planning on Its Head" ("Planejamento Orientado pela Descoberta: Virando o Planejamento Convencional pelo Avesso"), *DeepCanyon*, agosto.

16. Reeves, M. e Deimler, M. (2011) "Adaptability: The New Competitive Advantage" ("Adaptabilidade: A Nova Vantagem Competitiva"), *Harvard Business Review*, agosto; Reeves, M. e Deimler, M. (2012) *Adaptive Advantage: Winning Strategies for Uncertain Times (Vantagem Adaptável: Estratégias Vencedoras para Períodos de Incerteza)*. Boston: Boston Consulting Group.

17. Análise do Instituto de Estratégia do BCG, "Increasing Unpredictability of Returns 1950–2010" ("O aumento da Imprevisibilidade dos Retornos entre 1950 e 2010") média do desvio padrão corrente no período de cinco anos da porcentagem de crescimento da capitalização de mercado da empresa por setor, influenciada pela capitalização de mercado da firma para todas as companhias públicas norte-americanas, com base nas informações de Compusat.

18. Bjacek, P. (2012) "Commodities Volatility: It May Not Go Away Soon!" ("A Volatilidade das Commodities: Não Deve Terminar Logo"),

256 Notas

Accenture, 10 de fevereiro, www.accenture.com/us-en/blogs/cnr/archive/2012/02/10/Commodities-volatility.aspx.

19. Informa Australia (2013), "BHP Billiton: Flexibility Needed in Mining Industry" ("BHP Billiton: A Flexibilidade Necessária ao Setor de Mineração"), *Mining and Resources*, 27 de setembro, http://informaaustralia.wordpress.com/2013/09/27/bhp-billiton-flexibility-needed-in-mining-industry/.

20. Bennett, N. (2014) "What VUCA Really Means for You" ("O Que VUCA Realmente Significa para Você"), *Harvard Business Review*, janeiro-fevereiro.

21. Reeves et al., M. (2010) "Signal Advantage" ("Vantagem do Sinal"), *BCG Perspectives*, fevereiro.

22. Sterngold, J. (1991) "New Japanese Lesson: Running a 7-11" ("Nova Lição Japonesa: Administrando um 7-11"), *The New York Times*, 9 de maio, www.nytimes.com/1991/05/09/business/new-japanese-lesson-running-a-7-11.html.

23. Rumsfeld, D. (2009) "Donald Rumsfeld Unknown Unknowns!" ("Donald Rumsfeld incógnitas desconhecidos!"), YouTube, 7 de agosto, www.youtube.com/watch?v=GiPe1OiKQuk.

24. Standing Committee to Review the Research Program of the Partnership for a New Generation of Vehicles (2001) (Comitê Permanente para Revisão do Programa de Pesquisa da Parceria para uma Nova Geração de Veículos), *Review of the Research Program of the Partnership for a New Generation of Vehicles* (Washington, DC: National Academy Press).

25. Toyota Motor Sales USA (2014), "Worldwide Sales of Toyota Hybrids Top 6 Million Units" ("Vendas Mundiais dos Híbridos Toyota Alcançam 6 Milhões de Unidades"), comunicado de imprensa, 14 de janeiro, http://corporatenews.pressroom.toyota.com/releases/worldwide+toyota+hybrid+sales+top+6+million.htm; Bekker, H. "Most-Popular Japanese Passenger Vehicle Brands and Cars" ("Carros e Marcas Japoneses Mais Populares de Veículos de Passageiros"), Lista Anual Integral 2009 dos Top 10 Carros Mais Vendidos no Japão, 20 de junho de 2011, www.best-selling-cars.com/japan/2009-full-year-list-of-top-10-best-selling-cars-in-japan/.

26. Serwer, A. (2008) "Larry Page on How to Change the World" ("Larry Page sobre Como Mudar o Mundo"), *Fortune*, 29 de abril, http://archive.fortune.com/2008/04/29/magazines/fortune/larry_page_change_the_world.fortune/index.htm.

27. Halliday, J. (2011) "Google+ Launch: Search Giant Closes 10 Products" ("Lançamento do Google+: Gigante de Busca na Internet Fecha 10 Produtos"), *Guardian* (Londres e Manchester), 5 de setembro, www.theguardian.com/technology/2011/sep/05/google-plus-launch-closes; Mediratta, B. (2007) "The Google Way: Give Engineers Room" ("O Jeito Google: Deem Espaço aos Engenheiros"), *The New York Times*, 21 de outubro, www.nytimes.com/2007/10/21/jobs/21pre.html?_r=0.; Mims, C. (2013) "Google's '20% Time', Which Brought You Gmail and AdSense, Is Now as Good as Dead" ("Política de 20% de Tempo Livre para Funcionários da Google, Que Resultou no Gmail e no AdSense para Você, Não Vale Mais Nada"), *Quartz*, 16 de agosto, http://qz.com/115831/googles-20-time-which-brought-you-gmail-and-adsense-is-now-as-good-as-dead/.

28. Lytras, M. D.; Damiani, E. e de Pablos, P. O. (2008) *Web 2.0: The Business Model* (*Web 2.0: O Modelo de Negócio*), (Berlin: Springer); Reeves, M., Salha, H. e Bokkerink, M. (2010) "Simulation Advantage" ("Vantagem da Simulação"), *BCG Perspectives*, 4 de agosto, https://www.bcgperspectives.com/content/articles/strategy_consumer_products_ simulation_advantage/.

29. Halliday, "Google+ Launch."

30. A discussão a respeito da Telenor ao longo desse livro é oriunda de entrevista dos autores a Jon Fredrik Baksaas (CEO da Telenor), em junho/2014 e é suplementada com outras fontes conforme indicado.

31. Goleniewski, L. (2002) *Telecommunications Essentials: The Complete Global Source for Communications Fundamentals, Data Networking and the Internet, and Next-Generation Networks* (*Princípios Básicos de Telecomunicações: A Fonte Global Completa para Fundamentos da Comunicação, Rede de Informações e Internet e Redes da Próxima Geração*) (Boston: Addison-Wesley Professional).

258 Notas

32. Telenor Group (2014), "Telenor Digital", Nosso Negócio, acessado em 5 de junho, www.telenor.com/about-us/our-business/telenor-digital/.

33. Stross, R. (2012) "So You're a Good Driver? Let's Go to the Monitor" ("Então Você É Bom Motorista? Vejamos o Monitor"), *New York Times*, 25 de novembro, www.nytimes.com/2012/11/25/business/seeking-cheaper-insurance-drivers-accept-monitoring-devices.html.

34. Morningstar (2012), "Q1 2012 Earnings Call Transcript" ("Transcrição de Coletiva de Imprensa sobre o Relatório Financeiro de 2012 da QI"), *Morningstar*, 14 de junho, www.morningstar.com/earnings/39922695-progressive-corporation-pgr-q1-2012.aspx.

35. Brokaw, L. (2011) "In Experiments We Trust: From Intuit to Harrah's Casinos" (Nós Confiamos em Experimentos: da Intuit ao Harrah's Casinos"), *MIT Sloan Management Review*, 3 de março, http://sloanreview.mit.edu/article/in-experiments-we-trust-from-intuit-to-harrahs-casinos/.

36. Brynjolfsson, E. e Schrage, M. (2009) "The New, Faster Face of Innovation: Thanks to Technology, Change Has Never Been So Easy or So Cheap" ("A Nova e Mais Rápida Face da Inovação: Graças à Tecnologia a Mudança Nunca Foi Tão Fácil e Tão Barata"), *The New York Times*, 17 de agosto, http://online.wsj.com/news/articles/SB1000142405297020 48303045741308201842603400.

37. Halliday, "Google+ Launch."

38. Reeves, M.; Morieux, Y. e Deimler, M. (2010) "People Advantage" ("Vantagem de Pessoas"), *BCG Perspectives*, março, www.bcgperspectives.com/content/articles/strategy_engagement_culture_people_advantage.

39. Gregersen, H. (2014) "How Intuit Innovates by Challenging Itself" ("Como a Intuit Inova ao Se Autodesafiar"), *Harvard Business Review Blog Network*, 6 de fevereiro, http://blogs.hbr.org/2014/02/howintuit-t-innovates-by-challenging-itself/.

40. Sutton, R. I. e Rao, H. (2014) "When Subtraction Adds More" ("Quando a Subtração Adiciona Mais"), *BusinessWeek*, 11 de fevereiro, www.businessweek.com/articles/2014-02-11/when-subtraction-adds-more.

41. Safian, R. (2012) "The Secrets of Generation Flux" ("Os Segredos da Geração Fluxo"), *Fast Company*, novembro, www.fastcompany.com/3001734/secrets-generation-flux.

42. Weintraub, S. (2012) "Apple Acknowledges Use of Corning Gorilla Glass on iPhone, Means Gorilla Glass 2 Likely for iPhone 5" ("Apple Confirma a Utilização de Gorilla Glass no iPhone, Significa que o Gorilla Glass 2 Provavelmente Estará no iPhone 5"), *9to5Mac*, 2 de março, http://9to5mac.com/2012/03/02/apple-acknowledges-use-of-corning-gorilla-glass-on-iphone-meansgorilla-glass-2-likely-for-iphone-5/.

43. Hastings, R. (2009) "Netflix Culture: Freedom and Responsibility" ("A Cultura Netflix: Liberdade e Responsabilidade"), *Slideshare*, 1 de agosto, www.slideshare.net/reed2001/culture-1798664.

44. Yahoo! (2014), "Netflix: Historical Prices" (Netflix: Preços Históricos"), *Yahoo! Finance*, 20 de maio, https://uk.finance.yahoo.com/q/hp?s=NFLX&a=00&b=01&c=2009&d=11&e=31&f=2009&g=-d&z=66&y=198; Huddleston Jr., T. (2014) "Netflix Is Gobbling Up Internet Traffic, Study Finds" (Estudo Descobre que Netflix está Devorando Tráfego na Internet"), *Fortune*, 14 de maio, http://fortune.com/2014/05/14/netflix-is-gobbling-up-internet-traffic-study-finds/.

45. Hastings, "Netflix Culture" ("A Cultura Netflix"), 80.

46. 3M (2014), "McKnight Principles" ("Princípios de McKnight"), website da empresa, página da história da companhia, acessado em 11 de maio, http://solutions.3m.com/wps/portal/3M/en_US/3M-Company/Information/Resources/History/?PC_Z7_RJH9U52300V200IP-896S2Q3223000000_ assetId=1319210372704.

47. Foege, A. (2013) "The Trouble with Tinkering Time" ("O Problema com a Manipulação do Tempo"), *The Wall Street Journal*, 18 de janeiro, http://online.wsj.com/news/articles/SB1000142412788732346860457824607051529862602.

48. von Hippel, E.; Thomke, S. e Sonnack, M. (1999) "Creating Breakthroughs at 3M" ("Criando Avanços na 3M"), *Harvard Business Review*, setembro.

Capítulo 4

1. A discussão a respeito da Quintiles ao longo desse livro é oriunda de entrevista dos autores a Dennis Gillings (fundador da Quintiles) e Tom Pike (CEO da Quintiles) em fevereiro-março/2014 e é suplementada com outras fontes conforme indicado. Veja também Herper, M. (2013) "The Next Billionaire: A Statistician Who Changed Medicine" ("O Próximo Bilionário: Um Estatístico Que Mudou a Medicina"), *Forbes*, 8 de maio, www.forbes.com/sites/matthewherper/2013/05/08/the-next-billionaire-a-statistician-who-changed-medicine/.

2. Quintiles (2014), "Investor Overview" ("Perspectiva do Investidor"), 8 de maio, http://investors.quintiles.com/investors/investor-overview/default.aspx; Herper, M. (2010) "Money, Math and Medicine" ("Dinheiro, Matemática e Medicina"), *Forbes*, 3 de novembro, www.forbes.com/forbes/2010/1122/privatecompanies-10-quintiles-dennis-gillings-money-medicine.html.

3. TED Conferences (2014), "Alan Kay", Conferencista TED, 17 de maio, www.ted.com/speakers/alan_kay.

4. Hamel, G. (1999) "Bringing Silicon Valley Inside" ("Trazendo o Vale do Silício para Dentro"), *Harvard Business Review*, setembro.

5. A discussão a respeito da 23andMe ao longo desse livro é oriunda de entrevista dos autores a Anne Wojcicki (fundadora e CEO da 23andMe), em fevereiro/2014 e é suplementada com outras fontes conforme indicado.

6. Genomeweb (2012), "23andMe Raises $50M in Series D Financing" ("23andMe Arrecada 50 Milhões de Dólares em Financiamento de Série D"), *Genomeweb*, 11 de dezembro, www.genomeweb.com/clinical-genomics/23andme-raises50m-series-d-financing.

7. Krol, A. (2014) "J. Craig Venter's Latest Venture Has Ambitions Across Human Lifespan" ("A Aventura Mais Recente de J. Craig Venter Tem Ambições Sobre a Longevidade Humana"), *Bio IT World*, 4 de março, http://www.bio-itworld.com/2014/3/4/j-craig-venters-latest-venture--ambitions-across-human-lifespan.html.

8. Ibid.

9. Hamilton, A. (2008) "1. The Retail DNA Test" ("1. O Teste de DNA de Varejo"), Invention of the Year (Invenção do Ano), *Time*, 29 de outubro, http://content.time.com/time/specials/packages/article/0,28804,1852747_1854493,00.html.

10. Murphy, E. (2013) "Inside 23andMe Founder Anne Wojcicki's $99 DNA Revolution" ("A Revolução do 'Seu DNA por 99 Dólares' de Anne Wojcicki, fundadora da 23andMe"), *Fast Company*, 14 de outubro, www.fastcompany.com/3018598/for-99-this-ceo-can-tell-you-what-might-kill-you-inside-23andme-founder-annewojcickis-dna-r.

11. Kiss, J. (2014) "23andMe Admits FDA Order 'Significantly Slowed Up' New Customers" ("23andMe Admite que Ordem da FDA 'Diminuiu Significativamente' o Número de Novos Clientes"), *The Guardian* (Londres e Manchester), 9 de março, www.theguardian.com/technology/2014/mar/09/google-23andme-anne-wojcicki-genetics-healthcare-dna.

12. Langreth, R. e Herper, M. (2008) "States Crack Down on Online Gene Tests" ("Departamento de Saúde do Estado de Nova York Mantém Rédeas Curtas sobre Testes Genéticos Online"), *Forbes*, 18 de abril, www.forbes.com/2008/04/17/genes-regulation-testing-biz-cx_mh_bl_0418genes.html; Pollack, A. (2013) "F.D.A. Orders Genetic Testing Firm to Stop Selling DNA Analysis Service" ("FDA Ordena que Empresa de Testes Genéticos Pare de Vender Serviço de Análise de DNA"), *New York Times*, 25 de novembro, www.nytimes.com/2013/11/26/business/fda-demands-a-halt-to-a-dna-test-kits-marketing.html; US Food And Drug Administration (2013), "23andMe, Inc. 11/22/13", Inspections, Compliance, Enforcement, and Criminal Investigations ([Departamento de] Inspeção, Conformidade e Aplicação de Leis e Normas e Investigações Criminais), 22 de novembro, www.fda.gov/ICECI/EnforcementActions/WarningLetters/2013/ucm376296.htm.

13. Sander, A.; Haanæs, K. e Deimler, M. (2010) "Megatrends: Tailwinds for Growth in a Low-Growth Environment" ("Megatendências: Impulsos para Crescimento num Ambiente de Baixo Crescimento"), *BCG*

Perspectives, maio, www.bcgperspectives.com/content/articles/managing_two_speed_economy_growth_megatrends/.

14. Kim, W. C. e Mauborgne, R. (2004) "Blue Ocean Strategy: How to Create Uncontested Market Space and Make the Competition Irrelevant" ("Estratégia do Oceano Azul: Como Criar Espaço de Mercado Incontestável e Tornar a Competição Irrelevante"), *Harvard Business Review*, outubro; Hamel, G. e Prahalad, C. K. (2005) *Competindo pelo Futuro: Estratégias Inovadoras para Obter o Controle do Seu Setor e Criar os Mercados de Amanhã* (Rio de Janeiro: Elsevier); Bower, J. L. e Christensen, C. M. (1995) "Disruptive Technologies: Catching the Wave" ("Tecnologias Disruptivas: Pegando a Onda"), *Harvard Business Review*, janeiro-fevereiro; Reeves, M., Stalk, G. e Lehtinen, J. (2013) "Lessons from Mavericks: Staying Big by Acting Small" ("Lições dos Mavericks: Mantendo-se Grande com Pequenas Ações"), *BCG Perspectives*, junho.

15. United Parcel Service of America (2014), "Sobre a UPS", website da UPS, acessado em 15 de maio, www.ups.com/content/us/en/about/index.html?WT.svl=SubNav.

16. United Parcel Service of America (2014), "1991-1999: Embracing Technology" ("1991-1999: Aderindo à Tecnologia"), História, website da UPS, acessado em 15 de maio, www.ups.com/content/ky/en/about/history/1999.html?WT.svl=SubNav.

17. Reeves, M. (2014) "UPS: Big Bet Vision" ("UPS: Visão de Aposta Grande"), estudo de caso do mercado de fretes norte-americano, India Strategy Summit, Mumbai, 22 de agosto.

18. United Parcel Service of America (2014), "Enabling E-Commerce" ("Capacitando o Comércio Eletrônico"), Soluções Empresariais, website da UPS, acessado em 15 de maio, www.ups.com/content/us/en/bussol/browse/ebay.html.

19. Reeves, M. "UPS: Big Bet Vision" ("UPS: Visão de Aposta Grande")

20. Wagner, E. T. (2013) "Five Reasons 8 out of 10 Businesses Fail" ("Cinco Motivos para que 8 de cada 10 Empreendimentos Falhem"), *Forbes*, 12 de setembro, www.forbes.com/sites/ericwagner/2013/09/12/five-reasons8-out-of-10-businesses-fail/.

21. Murphy, "Inside 23andMe founder Anne Wojcicki's $99 DNA Revolution" ("A Revolução do 'Seu DNA por 99 Dólares' de Anne Wojcicki, fundadora da 23andMe").

22. Nale, S. (2012) "The 100 Greatest Steve Jobs Quotes" ("As 100 Melhores Citações de Steve Jobs"), *Complex*, 5 de outubro, www.complex.com/pop-culture/2012/10/steve-jobs-quotes/.

23. Intuitive Surgical (2014), "Company Profile" ("Perfil da Empresa"), website da Intuitive Surgical, acessado em 11 de maio, www.intuitive-surgical.com/company/profile.html. A discussão a respeito da Intuitive Surgical ao longo desse livro é oriunda de entrevista dos autores, em abril de 2014, à administração da empresa; e BCG, "Meet the Mavericks" ("Conheça os Mavericks"), seminário na Conferência da Associação de Administração Estratégica, Genebra, em março/2013 e é suplementada com outras fontes conforme indicado.

24. Intuitive Surgical, "Relatório Anual 2013."

25. Pedersen, J. P. (2012) *International Directory of Company Histories: General Electric Company* (*Diretório Internacional de História de Empresas: General Electric Company*), vol. 137 (Detroit: St. James Press).

26. Butterworth, T. (2010) "The Fifth Wave of Computing" ("A Quinta Onda da Computação"), *Forbes*, 6 de junho, www.forbes.com/2010/06/29/computing-technology-internet-media-opinionscolumnists-trevor-butterworth.html. A discussão a respeito da Mobiquity ao longo desse livro é baseada na entrevista dos autores a Scott Snyder (presidente e cofundador da Mobiquity) em fevereiro de 2014 e é suplementada com outras fontes conforme indicado.

27. Cohan, P. (2013) "Mobiquity's Founder and CEO Bill Seibel Is Unstoppable" ("Bill Seibel, Fundador e Presidente da Mobiquity, é Impossível de Ser Parado"), *Forbes*, 17 de julho, www.forbes.com/sites/petercohan/2013/07/17/mobiquitysfounder-and-ceo-bill-seibel-is-unstoppable/.

28. Cohan, P. "Mobiquity's Founder and CEO" ("Fundador e Presidente da Mobiquity").

264 Notas

29. The Henry Ford (2013), "Henry Ford's Quotations" ("Citações de Henry Ford"), 12 de março, http://blog.thehenryford.org/2013/03/henry-fords-quotations/.

30. Karnjanaprakorn, M. (2012) "Take a Bill Gates-Style 'Think Week' to Recharge Your Thinking" ("Tire uma 'Semana para Pensar' ao estilo Bill Gates para Recarregar suas Ideias"), *Lifehacker*, 22 de outubro, http://lifehacker.com/5670380/the-power-of-time-off.

31. Covert, A. (2014) "Facebook Buys WhatsApp for $19 Billion" ("Facebook Compra WhatsApp por 19 bilhões de dólares"), *CNN Money*, 19 de fevereiro, http://money.cnn.com/2014/02/19/technology/social/facebook-whatsapp/.

32. Baldacci, K. (2013) "7 Lessons You Can Learn from Jeff Bezos About Serving the Customer" ("7 Lições que Você Pode Aprender com Jeff Bezos Sobre Atendimento ao Cliente"), *Salesforce Desk*, 6 de junho, www.desk.com/blog/jeff-bezos-lessons/.

33. Davis, J. (1998) "TiVo Launches 'Smart TV' Trial" ("TiVo Lança Teste de 'Smart TV'"), *CNET*, 22 de dezembro, http://news.cnet.com/TiVo--launches-smart-TV-trial/2100-1040_3-219409.html.

34. Gates, D. (2007) "Seattle's Flexcar Merges with Rival Zipcar" ("Flexcar, de Seattle, Realiza Fusão com Rival Zipcar"), *Seattle Times*, 30 de outubro, http://community.seattletimes.nwsource.com/archive/?-date=20071030&slug=flexcar31; DeGroat, B. "Hitchin' a Ride: Fewer Americans Have Their Own Vehicle" ("Pedindo Carona: Menos Americanos Possuem Veículo Próprio"), *Michigan News*, 23 de janeiro de 2014, http://ns.umich.edu/new/releases/21923-hitchin-a-ride-fewer-a-mericans-have-their-own-vehicle.

35. Pedersen, J. P. (2004) *International Directory of Company Histories: Groupe Louis Dreyfus S.A. History* (*Diretório Internacional de História de Empresas: História da Groupe Luis Dreyfus S.A.*), vol. 60 (Detroit: St. James Press); BCG (2013), seminário "Conheça os Mavericks" na Conferência da Associação de Administração Estratégica, em Genebra, março.

36. O'Connor, C. (2014) "Amazon's Wholesale Slaughter: Jeff Bezos' $8 Trillion B2B Bet" ("O Massacre da Venda por Atacado da Amazon: a

Aposta B2B de 8 Trilhões de Dólares de Jeff Bezos"), *Forbes*, 7 de maio, www.forbes.com/sites/clareoconnor/2014/05/07/amazons-wholesale-s-laughter-jeff-bezos-8-trillion-b2b-bet/.

37. Harroch, R. (2014) "50 Inspirational Quotes for Startups and Entrepreneurs" ("50 Citações Inspiradoras para Startups e Empreendedores"), *Forbes*, 10 de fevereiro, www.forbes.com/sites/allbusiness/2014/02/10/50-inspirationalquotes-for-startups-and-entrepreneurs/4/.

Capítulo 5

1. Novo Nordisk (2011). "The Blueprint for Change Programme: Changing Diabetes in China" ("Planta para Mudança de Planos: Alterando o Diabetes na China"), *Sustainability*, fevereiro, www.novonordisk.com/images/Sustainability/PDFs/Blueprint%20for%20change%20-%20 China.pdf. A discussão a respeito da Novo Nordisk ao longo desse livro é oriunda de correspondência por escrito entre os autores, em julho de 2014, e a administração senior da Novo Nordisk e é suplementada com outras fontes conforme indicado.

2. PharmaBoardroom (2013). "Interview with Lars Rebien Sørensen, CEO, Novo Nordisk" ("Entrevista com Lars Rebien Sørensen, CEO da Novo Nordisk"), *PharmaBoardroom*, 30 de abril, http://pharmaboardroom.com/interviews/interview-with-lars-rebien-s-rensen-president-ceo-novo-nordisk.

3. China Daily Information (2013). "Diabetes in China May Reach Alert Level" ("O Diabetes na China Pode Alcançar Nível de Alerta"), *China Daily USA*, 4 de setembro, http://usa.chinadaily.com.cn/china/2013-09/04/content_16941867.htm; International Diabetes Federation (2014). "IDF Diabetes Atlas" ("Atlas do Diabetes IDF"), acessado em 16 de maio, www.idf.org/sites/default/files/DA6_Regional_factsheets_0.pdf.

4. Novo Nordisk (2014). "Changing Diabetes" ("Alterando o Diabetes"), Novo Nordisk School Challenge, acessado em 17 de maio, http://schoolchallenge.novonordisk.com/diabetes/novo-nordiskchanging-diabetes.aspx.

5. Novo Nordisk, "Blueprint for Change Programme" ("Planta para Mudança de Planos"), 8.

6. PharmaBoardroom, "Entrevista com Lars Rebien Sørensen."

7. Novo Nordisk, "Blueprint for Change Programme" ("Planta para Mudança de Planos").

8. Ibid.; Novo Nordisk (2004). "Novo Nordisk Expands R&D Centre in China" ("Novo Nordisk Expande Centro de Pesquisa e Desenvolvimento na China"), *Novo Nordisk News*, 3 de agosto, www.novonordisk.com/press/news/chinese_r_and_d.asp.

9. Novo Nordisk, "Blueprint for Change Programme" ("Planta para Mudança de Planos"), 3.

10. PharmaBoardroom, "Entrevista com Lars Rebien Sørensen."

11. Henderson, B. D. (1989) "The Origin of Strategy" ("A Origem da Estratégia"), *Harvard Business Review*, novembro.

12. Freeman, R. E. (1984) *Strategic Management: A Stakeholder Approach* (*Administração Estratégica: Uma Abordagem das Partes Interessadas*) (Boston: Pitman).

13. Moore, J. F. (1996) *O Fim da Concorrência: Como Dominar o Ecossistema em que Sua Empresa Está Inserida.* (São Paulo: Futura); Iansiti, M. e Levien, R. (2004) *The Keystone Advantage: What the New Dynamics of Business Ecosystems Mean for Strategy, Innovation, and Sustainability* (*A Vantagem da Pedra Angular: O Significado da Nova Dinâmica dos Ecossistemas de Negócios para a Estratégia, a Inovação e a Sustentabilidade*) (Boston: Harvard Business School Press); Levin, S. (2000) *Fragile Dominion: Complexity and the Commons* (*Frágil Domínio: A Complexidade e as Práticas Comuns*) (Nova York: Basic Books); Brandenburger, A. M. e Nalebuff, B. J. (1996) *Co-opetição: Um Conceito Revolucionário que Combina Competição e Cooperação* (Rio de Janeiro: Rocco).

14. Evans, P. e Wurster, T. (2000) *A Explosão dos Bits: Estratégias na E-conomia* (Rio de Janeiro: Campus); Reeves, M. e Bernhardt, A. (2011) "Systems Advantage" ("Vantagem dos Sistemas"), *BCG Perspectives*, junho, www.bcgperspectives.com/content/articles/future_strategy_strate-

gic_planning_systems_advantage/; Reeves, M.; Venema, T. e Love, C. (2013) "Shaping to Win" ("Modelando para Vencer"), *BCG Perspectives*, outubro, www.bcgperspectives.com/content/articles/business_unit_ strategy_corporate_strategy_portfolio_management_shaping_to_win/.

15. Chesbrough, H. (2006) "Open Innovation: The New Imperative for Creating Profit from Technology" ("Inovação Aberta: O Novo Imperativo para a Criação de Lucro a partir da Tecnologia"), *Academy of Management Perspectives* 20, n.2, 86–88; Prahalad, C. K. e Ramaswamy, V. (2004) *O Futuro da Competição: Como Desenvolver Diferenciais Inovadores em Parceria com os Clientes* (Rio de Janeiro: Elsevier).

16. Null, C. (2013) "The End of Symbian: Nokia Ships Last Handset with the Mobile OS" ("O Fim do Symbian: Nokia Despacha Seu Último Handset com o Sistema Operacional Móvel"), *PC World*, 14 de junho, www.pcworld.com/article/2042071/the-end-ofsymbian-nokia-ships- -last-handset-with-the-mobile-os.html.

17. Ingraham, N. (2013) "Apple Announces 1 Million Apps in the App Store, More than 1 Billion Songs Played on iTunes radio" ("Apple Anuncia Ter Alcançado 1 Milhão de Aplicativos na App Store, Mais de 1 Bilhão de Músicas Tocadas na Rádio do iTunes"), *Verge*, 22 de outubro, www. theverge.com/2013/10/22/4866302/apple-announces-1-million-apps- -in-the-app-store.

18. BBC (2011). "Nokia at Crisis Point, Warns New Boss Stephen Elop" ("Novo Chefe da Nokia, Stephen Elop, Avisa que a Empresa está em Ponto de Crise"), *BBC News: Technology*, 9 de fevereiro, www.bbc.co.uk/ news/technology-12403466; Ziegler, C. (2011) "Nokia CEO Stephen Elop Rallies Troops in Brutally Honest 'Burning Platform' Memo? (Update: It's Real!)" ("CEO da Nokia, Stephen Elop, Convoca Tropas [de funcionários] em seu Memorando Absolutamente Direto sobre a Queima (Venda) de Plataforma"), *Endgaget*, 8 de fevereiro, www.engadget. com/2011/02/08/nokia-ceo-stephen-elop-rallies-troops-in-brutally-ho- nest-burnin/.

19. Scott, M. (2014) "Nokia Announces New Strategy, and a New Chief to Carry It Out" ("Nokia Anuncia Nova Estratégia e um Novo Presidente para Realizá-la"), *New York Times*, 29 de abril, www.nytimes.

268 Notas

com/2014/04/30/technology/nokia-announces-new-strategy-and-chief-executive.html?_r=0.

20. Smith, J. (2009) "Facebook Platform Payment Providers Report Strong Growth in Q1" ("Fornecedores de Meios de Pagamento pela Plataforma do Facebook Reportam Forte Crescimento no 1o Trimestre"), *Inside Facebook*, 14 de abril, www.insidefacebook.com/2009/04/14/facebook-platform-payment-providers-report-strong-growth-in-q1/.

21. Bort, J. (2012) "It's Official: Red Hat Is the First Open Source Company to Top $1 Billion a Year" ("É Oficial: Red Hat é a Primeira Companhia de Código Aberto a Bater 1 Bilhão de Dólares num Ano"), *Business Insider*, 28 de março, www.businessinsider.com/its-officialred-hat-becomes-the-first-1-billion-open-source-company-2012-3. A discussão a respeito da Red Hat ao longo desse livro foi baseada na entrevista dos autores a Jim Whitehurst (CEO da Red Hat), em fevereiro de 2014, e foi suplementada com outras fontes conforme indicado.

22. Red Hat (2014). "Our Mission" ("Nossa Missão"), website da Red Hat, acessado em 18 de setembro, www.redhat.com/en/about/company.

23. Yahoo! (2014). "Red Hat Inc.," *Yahoo! Finance*, 18 de setembro, https://uk.finance.yahoo.com/q/hp?s=RHT&b=11&a=00&c=2008&e=16&d=11&f=2008&g=d.

24. Facebook (2014). "Facebook Platform Migrations" ("Migrações de Plataforma do Facebook"), website do Facebook, acessado em 23 de maio, https://developers.facebook.com/docs/apps/migrations.

25. Apple (2014). "iTunes Charts" Apps Pagos, acessado em 18 de setembro, www.apple.com/uk/itunes/charts/paid-apps/; Kumparak, G. (2008) "Apple Announces Top 10 iPhone App Downloads of 2008" ("Apple Anuncia os Top 10 Downloads de Apps para iPhone de 2008"), *Tech Crunch*, 2 de dezembro, http://techcrunch.com/2008/12/02/apple-announces-top-10-iphone-app-downloads-of-2008/.

26. Urbina, I. e Bradsher, K. (2013) "Linking Factories to the Malls, Middleman Pushes Low Costs" ("Middleman Reduz Custos ao Conectar Fábricas aos Shopping Centers"), *New York Times*, 7 de agosto, www.nytimes.com/2013/08/08/world/linking-factories-to-the-malls-mi-

ddleman-pushes-low-costs.html?_r=0; Fung Group (2014). "Supply Chain Management" ("Administração de Cadeia de Suprimentos"), Fung Group Research, acessado em 18 de setembro, www.funggroup.com/eng/knowledge/research.php?report=supply; Fung Group (2014). "Who We Are" ("Quem Somos"), website da Fung Group, 3 de setembro, www.funggroup.com/eng/about/.

27. "The World's Greatest Bazaar: Alibaba, a Trailblazing Chinese Internet Giant, Will Soon Go Public" ("O Maior Bazar do Mundo: Alibaba, Gigante Pioneira da Internet Chinesa, Irá a Público em Breve"), *Economist*, 23 de maio de 2013, www.economist.com/news/briefing/21573980-alibaba-trailblazing-chinese-internet-giant-will-soon-go-public-worlds-greatest-bazaar. A discussão a respeito da Alibaba ao longo desse livro é oriunda de entrevista dos autores a Ming Zeng (CSO da Alibaba), em março/2014 e é suplementada com outras fontes conforme indicado.

28. Alexa Internet (2014). "The Top 500 Sites on the Web" ("Os Top 500 Sites da Internet"), website da Alexa, acessado em 18 de setembro, www.alexa.com/topsites.

29. Gandel, S. (2014) "What Time Is the Alibaba IPO?" ("A Que Horas Dar-se-á a Oferta Pública Inicial da Alibaba?"), *Fortune*, 17 de setembro, http://fortune.com/2014/09/17/what-time-is-the-alibaba-ipo/.

30. "The World's Greatest Bazaar" ("O Maior Bazar do Mundo").

31. Bonnington, C. (2013)"Apple's Developer Conference, WWDC, Has Grown into a Disaster" ("Conferência de Desenvolvedores da Appl, WWDC, Evoluiu para um Desastre"), *Wired*, 29 de abril, www.wired.co.uk/news/archive/2013-04/29/wwdc-is-too-big.

32. Google (2014). "Google I/O 2013", página para desenvolvedores, acessado em 5 de maio, https://developers.google.com/events/io/.

33. Bryant, A. (2012) "The Memo List: Where Everyone Has an Opinion" ("A Lista de Memorandos: Onde Todos Têm Opinião"), *New York Times*, 10 de março, www.nytimes.com/2012/03/11/business/jim-whitehurst-of-redhat-on-merits-of-an-open-culture.html?pagewanted=all.

Capítulo 6

1. HSN Consultants, Inc. (2008) "Global Cards" ("Cartas Globais"), *Nilson Report*, www.nilsonreport.com/publication_chart_and_graphs_archive.php. A discussão a respeito da American Express ao longo desse livro é oriunda de entrevista dos autores a Ken Chenault (CEO da American Express CEO), abril/2014 e é suplementada com outras fontes conforme indicado.

2. Barbaro, M. e Uchitelle, L. (2008) "Americans Cut Back Sharply on Spending" ("Norte-americanos Cortam Gastos Rigorosamente"), *New York Times*, 14 de janeiro, www.nytimes.com/2008/01/14/business/14spend.html?pagewanted=all&_r=0.

3. Lepro, S. (2011) "American Express to Cut 7,000 Jobs" ("American Express Deve Cortar 7 mil Cargos"), *Huffington Post Business*, 25 de novembro, www.huffingtonpost.com/2008/10/30/american-express-to-cut7_n_139476.html.

4. Eichenbaum, P. (2009) "American Express Marketing Cuts May 'Cheat' Brand (Update2)" ("Cortes de Marketing da American Express Podem 'Trair' a Marca [2ª Atualização]"), *Bloomberg*, 6 de agosto, www.bloomberg.com/apps/news?pid=newsarchive&sid=a2Y3p_tL_J1A.

5. Yahoo! (2014). "Historical Prices: American Express Company" ("Preços Históricos: American Express"), *Yahoo! Finance*, 21 de maio, http://finance.yahoo.com/q/hp?s=AXP&a=11&b=1&c=2009&d=00&e=2&f=2010&g=d.

6. Ibid.

7. Chenault, K. I. (2009) "American Express Chairman & CEO Key Remarks" ("Observações-chave do CEO e Presidente da American Express"), *Conferência dos Serviços Bancários e Financeiros 2009 Bank of America Merrill Lynch*, Nova York, 10 de novembro.

8. Ibid.

9. Eavis, P. (2012) "Kenneth Chenault's Crisis Years" ("Anos de Crise de Kenneth Chenault"), *New York Times*, 18 de dezembro, http://dealbook.nytimes.com/2012/12/18/kenneth-chenaults-crisis-years/?_php=true&_type=blogs&_r=0.

10. American Express Company (2008). "American Express Announces 2008 Membership Rewards(R) Program Partner Lineup" ("American Express Anuncia Relação de Parceiros do Programa de Recompensas ao Associado 2008"), *Investor Relations*, 22 de maio, http:// ir.americanexpress.com/Mobile/file.aspx?IID=102700&FID=6134500.

11. Chenault, "Key Remarks" ("Observações-chave").

12. Kaplan, R. S. e Bruns, W. J. (1987) *Accounting and Management: A Field Study Perspective. (Contabilidade e Administração: Perspectiva de Estudo de Campo)*, (Boston: Harvard Business Review Press); Hammer, M. e Champy, J. A. (1995) *Reengenharia: revolucionando a empresa em função dos clientes, da concorrência e das grandes mudanças da gerência.* (Rio de Janeiro: Campus); Hout T. M. e Stalk, G. (1995) *Competindo Contra o Tempo: Como as Empresas que Agem com Maior Rapidez Maximizam Qualidade, Inovação e Satisfação do Cliente* (Rio de Janeiro: Campus).

13. Nicol, R. (2004) "Shaping Up: The Delayered Look" ("Moldando: A Observação Protelada"), *BCG Perspectives*, outubro, www.bcgperspectives.com/content/articles/strategy_shaping_up_the_delayered_ look/.

14. Kotter, J. P. (2001) *Liderando Mudança* (Rio de Janeiro: Campus); Duck, J. D. (2001) *O monstro da mudança nas empresas: as forças ocultas que interferem nas transformações organizacionais* (Rio de Janeiro: Campus).

15. Krauss, C. e Schwartz, J. (2012) "BP Will Plead Guilty and Pay Over $4 Billion" ("BP Admite Culpa e Desembolsa Mais de 4 Bilhões de Dólares"), *New York Times*, 15 de novembro, www.nytimes.com/2012/11/16/business/global/16iht-bp16.html.

16. Reeves, M.; Moose, S. e Venema, T. (2014) "BCG Classics Revisited: The Growth Share Matrix" ("Clássicos da BCG Revisitados: A Matrix de Compartilhamento de Crescimento"), *BCG Perspectives*, junho, www.bcgperspectives.com/content/articles/corporate_strategy_portfolio_management_strategic_planning_growth_share_matrix_bcg_classics_revisited/.

17. A discussão a respeito da Bausch & Lomb e da Forest Laboratories ao longo desse livro é oriunda de entrevista dos autores a Brent Saunders (Bausch & Lomb CEO) em março/2014 e é suplementada com outras fontes conforme indicado.

272 Notas

18. Herper, M. (2013) "$9 Billion Bausch & Lomb Sale Mints New Turnaround Artist" ("A Venda da Bausch & Lomb por 9 Bilhões de Dólares Revela Novo Estrategista"), *Forbes*, 27 de maio, www.forbes.com/sites/matthewherper/2013/05/27/9billion-bausch-lomb-sale-mints-new-turnaround-artist/; Comissão de Valores Mobiliários dos Estados Unidos, Formulário S-1, Declaração de Registro (Washington, DC: 2013).

19. Bausch & Lomb (2013). "Investor Relations" ("Relação com Investidores"), Our Company, 5 de agosto, www.bausch.com/our-company/investor-relations#.VByPDstOW70.

20. Reeves et al., M. (2013) "Lean, but Not Yet Mean: Why Transformation Needs a Second Chapter" ("Enxuta, Mas Ainda Não Eficaz: Por Que a Transformação Precisa de um Segundo Capítulo"), *BCG Perspectives*, outubro, www.bcgperspectives.com/content/articles/transformation_growth_why_transformation_needs_second_chapter_lean_not_yet_mean/. Nota: Para nosso estudo analisamos os programas de transformação usando um método de comparação histórica de pares, uma abordagem que elimina dados interessantes, porém irrelevantes, e se concentra nos fatores-chave que separam o sucesso do fracasso. Estudamos doze pares de empresas, sendo cada par do mesmo setor e com desafios e em períodos similares.

21. Ibid.

22. Reeves, M.; Haanæs, K. e Goulet, K. (2013) "Turning Around a Successful Company" ("Transformando uma Empresa de Sucesso"), *BCG Perspectives*, dezembro, www.bcgperspectives.com/content/articles/transformation_large_scale_change_growth_turning_around_successful_company/.

23. Essa discussão sobre a Kodak é oriunda de uma séria de entrevistas e e-mails entre os autores e os líderes do departamento de comunicação corporativa da Kodak em maio-junho/2014 e é suplementada com outras fontes, como os estudos de caso n.705448 de Gavetti, G., Henderson, R. e Giorgi, S. (2005) "Kodak and the Digital Revolution (A)" ("Kodak e a Revolução Digital [A]") (Boston: Harvard Business School) e n.599106 de Dolan, R. J. (1999) "Eastman Kodak Co." (Boston: Har-

vard Business School); e dos artigos de Cheerla, A. (2010) "Kodak – A Case of Triumph & Failure" ("Kodak – Um Caso de Triunfo e Fracasso"), disponível em www.managedecisions.com/blog/?p=444 e de Hamm, S., Lee, L. e Ante, S. E. (2007) "Kodak's Moment of Truth" ("O Momento da Verdade da Kodak"), *Business Week*, 18 de fevereiro, disponível em www.businessweek.com/stories/2007-02-18/kodaks-moment-of-truth.

24. "Marc Faber: We Could Have a Crash Like in 1987 This Fall! Here's Why" ("Marc Faber: Podemos Ter uma Quebra como a de 1987 Neste Outono! Aqui Está o Motivo"), *Before It's News*, 12 de maio de 2012, http://beforeitsnews.com/gold-and-precious-metals/2012/05/marc-faber-we-could-have-a-crash-like-in-1987-this-fall-heres-why-2129176.html.

25. Lista "Fortune 500: 2008", *Fortune*, 18 de setembro de 2014, http://fortune.com/fortune500/2008/wal-mart-stores-inc-1/. A discussão sobre a AIG ao longo desse livro foi baseada na entrevista dos autores a Peter Hancock (CEO da AIG), em abril/2014 e é suplementada com outras fontes conforme indicado.

26. Karnitschnig, M. (2008) "U.S. to Take Over AIG in $85 Billion Bailout; Central Banks Inject Cash as Credit Dries Up" ("E.U.A. Deve Assumir AIG com Resgate de 85 Bilhões de Dólares; Bancos Centrais Injetam Dinheiro à Medida que o Crédito Desaparece"), *Wall Street Journal*, 16 de setembro, http://online.wsj.com/news/articles/SB122156561931242905; Norton, L. P. (2012) "The Man Who Saved AIG" ("O Homem que Salvou a AIG"), *Barrons*, 11 de agosto, http://online.barrons.com/news/articles/SB50001424053111904239304577575214205090528#articleTabs_article%3D1.

27. Shenn, J. e Tracer, Z. (2012) "Federal Reserve Says AIG, Bear Stearns Rescue Loans Paid" ("Federal Reserve Diz que Empréstimos à AIG e ao Bear Stearns Foram Pagos"), *Bloomberg*, 14 de junho, www.bloomberg.com/news/2012-06-14/new-york-fed-says-aig-bear-stearns-rescue-loans-fully-repaid.html.

28. American International Group (2013), "Relatório Anual", 5.

29. Read et al., S. (2011) *Effectual Entrepreneurship* (*Empreendimento Eficiente*) (Nova York: Routledge).

Notas

30. BCG (2014). "DICE: How to Beat the Odds in Program Execution" ("DADO: Como Superar a Diferença na Execução do Programa"), agosto.

31. Keenan et al., P. (2013) "Strategic Initiative Management: The PMO Imperative" ("Administração de Iniciativa Estratégica: O Imperativo PMO"), *BCG Perspectives*, novembro, www.bcgperspectives.com/content/articles/program_ management_change_management_strategic_ initiative_management_pmo_ imperative/.

32. Sager, M. (2000) "What I've Learned: Andy Grove" ("O Que Aprendi: Andy Grove"), *Esquire*, 1 de maio, www.esquire.com/features/what-ive-learned/learned-andy-grove-0500.

33. Para a identidade One da AIG veja em Bloomberg, "AIG's Bob Benmosche Memo to Employees" (Memorando de Bob Benmosche, da AIG, aos Funcionários"), *Newsarchive*, 17 de setembro de 2014, www.bloomberg.com/bb/newsarchive/aWbEUgKiZLNM.html. Para o retorno do nome da marca veja "AIG Returns Core Insurance Operations to AIG Brand, Reveals New Brand Promise" ("AIG Devolve Principais Operações de Segurança à Marca AIG, Revela a Nova Promessa da Marca"), *Business Wire*, 11 de novembro de 2012, www.businesswire.com/news/home/20121111005039/en/AIG-Returns-Core-Insurance-Operations-AIG-Brand#.VBypRMtOW71.

Capítulo 7

1. Johnston, H. (2013) "Geared for Growth" ("Ajustado para o Crescimento"), website da PepsiCo, 21 de fevereiro, www.pepsico.com/Download/CAGNY_Webdeck.pdf. A discussão a respeito da PepsiCo ao longo desse livro é oriunda de entrevista dos autores a Indra Nooyi (CEO PepsiCo) em abril/2014 e é suplementada com outras fontes conforme indicado.

2. Cooper, T. (2014) "PepsiCo Shows Why Frito-Lay and Pepsi Are Better Together" ("PepsiCo Mostra Porque a Frito-Lay e a Pepsi São Melhores Juntas"), Comentário de Investimento, *Motley Fool*, 15 de janeiro, www.fool.com/investing/general/2014/01/15/heres-why-pepsico-is-positioned-better-for-2014-th.aspx; PepsiCo (2013). "Quick Facts" ("Fatos

Rápidos"), website da PepsiCo, 22 de agosto, www.pepsico.com/Download/PepsiCo_Quick_Facts.pdf.

3. PepsiCo (2012). "Relatório Anual 2012", 24.

4. March, J. G. (1991) "Exploration and Exploitation in Organizational Learning" ("Aproveitamento e Exploração na Aprendizagem da Organização"), *Organization Science* 2, n.1, 71–87; Tushman, M. L. e O'Reilly III, C. A. (1996) "Ambidextrous Organizations: Managing Evolutionary and Revolutionary Change" ("Organizações Ambidestras: Administrado Mudanças Evolucionárias e Revolucionárias"), *California Management Review* 38, n.4, 8-30.

5. Birkinshaw, J. e Gibson, C. (2004) "Building Ambidexterity into an Organization" ("Contruindo a Ambidestria dentro de uma Organização"), *MIT Sloan Management Review*, verão.

6. Reeves, M. et al. (2014) "The Evolvable Enterprise: Lessons from the New Technology Giants" ("A Empresa que Evolui: Lições dos Novos Gigantes da Tecnologia"), *BCG Perspectives*, fevereiro, www.bcgperspectives.com/content/articles/future_strategy_business_unit_strategy_evolvable_enterprise_lessons_new_technology_giants/; Reeves, M. e Lehtinen, J. (2013) "The Ingenious Enterprise: Competing Amid Rising Complexity" ("A Empresa Engenhosa: Competindo em Meio ao Aumento da Complexidade"), *BCG Perspectives*, maio, www.bcgperspectives.com/content/articles/growth_business_unit_strategy_ingenious_enterprise_competing_amid_rising_complexity/.

7. Reeves, M.; Love, C. e Mathur, N. (2012) "The Most Adaptive Companies 2012: Winning in an Age of Turbulence" ("As Empresas que Mais se Adaptaram 2012: Vencendo numa Era de Turbulência"), *BCG Perspectives*, agosto. Definem-se empresas que se adaptam aquelas que superaram 75% dos períodos de turbulência e estabilidade ou 30% de cada um dos quatro trimestres turbulentos. O cálculo dessa superação se baseia no aumento da capitalização de mercado relativa ao crescimento médio do setor. A análise contemplou companhias públicas dos EUA entre os anos de 1960 e 2011 e se apoia em dados da Compustat.

8. Reeves, M. et al. (2013) "Ambidexterity: The Art of Thriving in Complex Environments" ("Ambidestria: A Arte de Prosperar em Ambientes Complexos"), *BCG Perspectives*, fevereiro, www.bcgperspectives.com/content/articles/business_unit_strategy_growth_ambidexterity_art_of_thriving_in_complex_environments/.

9. Martin, L. (2014) "Skunk Works® Origin Story" ("A História Original do Skunk Work®"), *Aeronautics*, 7 de maio, www.lockheedmartin.com/us/aeronautics/skunkworks/origin.html.

10. Clifford, J. (2014) "Toyota's Skunkworks Plug-in Hybrid Sports Car" ("Toyota Cria Divisão de Carro Elétrico Esportivo Híbrido"), *Toyota* (blog), 28 de janeiro, http://blog.toyota.co.uk/toyotas-skunkworks-plug-in-hybridsports-car#.VCBnsst OW70.

11. Essa discussão a respeito da Towers Watson é oriunda de entrevista dos autores a John Haley (CEO da Towers Watson, realizada em fevereiro/2014 e é suplementada com outras fontes conforme indicado.

12. Cooper, J. (2014) "Towers Watson, Mercer Lead Largest Benefits Consulting Firms" ("Towers Watson e Mercer Lideram entre as Empresas de Consultoria que Oferecem os Maiores Benefícios"), *San Francisco Business Times*, 11 de julho, www.bizjournals.com/sanfrancisco/subscriberonly/2014/07/11/benefits-consulting-firms-2014.html.

13. Towers Watson (2012). "Relatório Anual 2012", 15.

14. Lawton, C. (2007) "TV Sellers Are Thinking Big" ("Vendedores de Televisores Estão Pensando Grande"), *Wall Street Journal*, 20 de novembro, http://online.wsj.com/news/articles/SB119551914597698572.

15. Corning (2014). "CEO: 'Corning Is Built for Longevity'" ("CEO: 'A Corning foi Construída para Ter Vida Longa"), comunicado de imprensa, 29 de abril, www.corning.com/news_center/news_releases/2014/2014042901.aspx.

16. Dobbin, B. (2010) "Gorilla Glass, 1962 Invention, Poised to Be Big Seller for Corning" ("Gorilla Glass, Invenção de 1962, é Aguardado para Ser a Grande Aposta de Vendas para a Corning"), *Huffington Post*, 10 de fevereiro, www.huffingtonpost.com/2010/08/02/gorilla-glass-1962-invent_n_667416.html.

17. Weintraub, S. (2012) "Apple Acknowledges Use of Corning Gorilla Glass on iPhone, Means Gorilla Glass 2 Likely for iPhone 5" ("Apple Confirma a Utilização de Gorilla Glass no iPhone, Significa que o Gorilla Glass 2 Provavelmente Estará no iPhone 5"), *9to5Mac*, 2 de março, http://9to5mac.com/2012/03/02/apple-acknowledges-use-of-corning-gorilla-glass-on-iphone-meansgorilla-glass-2-likely-for-iphone-5/; Gardiner, B. (2012) "Glass Works: How Corning Created the Ultrathin, Ultrastrong Material of the Future" ("Trabalhos em Vidro: Como a Corning Criou o Material Ultrafino e Ultraforte do Futuro"), *Wired*, 24 de setembro, www.wired.com/2012/09/ff-corning-gorilla-glass/all/.

18. Corning (2014). Departamento de comunicação, mensagem de *e-mail* aos autores, 29 de julho.

19. Corning (2012). "Corning Launches Ultra-Slim Flexible Glass" ("Corning Lança Vidro Flexível Ultrafino"), comunicado de imprensa, 4 de junho, www.corning.com/news_center/news_releases/2012/2012060401.aspx.

20. Grupo Haier (2012). "Haier Ranked the #1 Global Major Appliances Brand for 4th Consecutive Year—Euromonitor" ("Pelo 4º Ano Consecutivo Haier é Classificada em Primeiro Lugar como Principal Marca de Aparelhos Eletrodomésticos"), *Reuters*, 24 de dezembro, www.reuters.com/article/2012/12/24/haier-ranked-first-idUSnPnC-N34281+160+PRN20121224. Essa discussão sobre a Haier é oriunda de correspondências por escrito entre os autores e a administração senior da Haier em junho/2014 e é suplementada com outras fontes conforme indicado.

21. Grupo Haier (2014). "Haier: The Evolution of You" (Haier: A Sua Evolução"), website da Haier, acessado em 8 de maio, www.haier.com/us/about-haier/201305/P020130512352743920958.pdf.

22. Lao-Tzu (2014). "The Tao-te Ching" ("O Tao-te Ching"), 11 de maio, http://classics.mit.edu/Lao/taote.1.1.html.

23. Zhang, R. (2007) "Raising Haier" ("Desenvolvendo a Haier"), *Harvard Business Review*, fevereiro.

24. Ibid.

278 Notas

25. Departamento de comunicação corporativa da Haier, *e-mail* aos autores, 13 de junho de 2014.

26. Whitney, L. (2014) "iPhone 6 Images Reportedly from Foxconn Reveal Larger Body" ("De Acordo com Imagens Divulgadas pela Foxconn, iPhone 6 Revela Estrutura Maior"), *CNET*, 12 de maio, www.cnet. com/news/iphone-6-renders-reportedly-from-foxconn-reveal-larger-body/; Yogasingam, A. (2012) "Teardown: Inside the Apple iPhone 5" ("Destruição: Por Dentro do iPhone 5 da Apple"), *EDN Network*, 21 de setembro, www.edn.com/design/consumer/4396870/Teardown--Inside-the-Apple-iPhone-5.

Capítulo 8

1. Pfizer (2014). "To Our Shareholders" ("Aos Nossos Acionistas"), carta do CEO, 28 de fevereiro, www.pfizer.com/files/investors/financial_reports/annual_reports/2013/letter.htm; Pfizer (2011). "Relatório Anual 2011" e Pfizer (2013). "Relatório Anual 2013"; King, S. (2010) "The Best Selling Drugs Since 1996: Why AbbVie's Humira Is Set to Eclipse Pfizer's Lipitor" ("As Drogas Mais Vendidas Desde 1996: Por que Humira, da AbbVie, Deve Eclipsar Lipitor, da Pfizer"), *Forbes*, 15 de julho, www.forbes.com/sites/simonking/2013/07/15/the-best-selling-drugssince-1996-why-abbvies-humira-is-set-to-eclipse-pfizers-lipitor/; Yahoo! (2014). "Historical Prices: Pfizer Inc. (PFE)" ("Preços Históricos: Pfizer Inc. (PFE)", *Yahoo! Finance*, 17 de setembro, https://uk.finance.yahoo.com/q/hp?s=PFE&a=00&b=1&c=2000&d=11&e=30&-f=2000&g=d&z=66&y=66.

2. Pfizer, "Relatório Anual 2013", 2, 8.

3. Pfizer (2014). "R&D Collaborations" ("Colaborações de P&D"), Revisão Anual 2013, 13 de maio, www.pfizer.com/files/investors/financial_reports/annual_reports/2013/assets/pdfs/pfizer_13ar_i_collaborate.pdf.

4. Pfizer (2013). "To Our Shareholders" ("Aos Nossos Acionistas"); Pfizer, "To Our Stakeholders" ("Às Partes Interessadas"), carta do CEO, 28 de fevereiro, www.pfizer.com/files/investors/financial_reports/an-

nual_reports/2012/letter.html; Ward, A. (2014) "Pfizer Break-up May Follow AstraZeneca Deal" ("Fragmentação da Pfizer Deve Ocorrer Após Fusão com AstraZeneca"), *Financial Times*, 4 de maio, www.ft.com/intl/cms/s/0/ba383d00-d399-11e3-b0be-00144feabdc0.html?siteedition=intl#axzz31X8zJqbT.

5. Henderson, B. (1968) "Why Change Is So Difficult" ("Porque É Tão Difícil Mudar"), *BCG Perspectives*, www.bcgperspectives.com/content/Classics/why_change_is_so_difficult/.

6. Dow Jones Newswires (2011). "AIG's Benmosche Pushes on Bid to Buy Bonds" ("Benmosche da AIG Força Aumento de Lance para a Compra de Ações"), *The Wall Street Journal*, 23 de março, http://online.wsj.com/news/articles/SB10001424052748704050204576218401104973260.

7. US Department of the Treasury (2011). "Treasury Sells Final Shares of AIG Common Stock, Positive Return on Overall AIG Commitment Reaches \$22.7 Billion"("Departamento do Tesouro [Norte-americano] Vende Últimas Ações Ordinárias da AIG, Retorno Positivo sobre o Compromisso da AIG Alcança 22.7 Bilhões de Dólares"), *Press Center*, 12 de novembro, www.treasury.gov/press-center/press-releases/Pages/tg1796.aspx.

8. Holm, E. (2012) "Hoping to Strike Profit Gold, AIG Ramps Up in Data Mining" ("Esperando Alcançar Lucro Ouro, AIG Expande na Área de Prospecção de Dados"), *The Wall Street Journal*, 15 de outubro, http://online.wsj.com/news/articles/SB1000087239639044479990457 8052591860897244.

AGRADECIMENTOS

Este livro foi um verdadeiro esforço colaborativo de muitas pessoas, tanto de dentro quanto de fora da nossa empresa, The Boston Consulting Group (BCG). Agradecemos sinceramente a todos os que contribuíram das mais diversas maneiras.

Um agradecimento especial a Kaelin Goulet e Thijs Venema, embaixadores do BCG Strategy Institute, que durante um ano trabalharam de modo incansável e abnegado no sentido de nos ajudar a desenvolver as ideias, os exemplos, as entrevistas e as análises que constituem a base desse livro. Não fosse por sua grande dedicação e parceria, esse projeto não teria se concretizado.

Queremos agradecer também a outros embaixadores do Instituto de Estratégia (IE) que contribuíram de modo significativo para as ideias expostas neste livro. Claire Love foi coautora do artigo original da *HBR*, "Sua estratégia precisa de uma estratégia", que desencadeou o desenvolvimento desse livro e constitui sua fundamentação conceitual. Georg Wittenburg desenvolveu o modelo de simulação para testar a eficácia de diferentes estratégias em ambientes diversos e projetou e concebeu em caráter concomitante o aplicativo (*app*) que, de modo experimental, simula diferentes abordagens para a estratégia. Amin Venjara conduziu o processo de desenvolvimento do *app*. Tomasz Mrozowski, Lisanne Pueschel, e Caroline Guan desenvolveram as ilustrações e as análises para o livro, e Bastian Bergmann administrou o demorado processo de obtenção das permissões, a edição e o processo de acabamento. Outros embaixadores do IE ajudaram a lançar as bases conceituais para o livro, entre eles: Jussi Lehtinen (estratégia algorítmica); Nishant Mathur, Charles Hendren, Matt Stack, Peter Goss, Eugene Goh, e Sofia Elizondo (estratégia adaptativa); Akira Shibata (pesquisa de estilos de estratégia e análise); Alex Bernhardt (desenvolvimento de estratégias); Filippo Scognamiglio (revisão da curva de experiência); Judith Wallenstein (dimensões sociais das estratégias); Maya e Said (capacidades da estratégia adaptativa).

Agradecemos também nossos colaboradores acadêmicos, que nortearam nossos pensamentos ao longo do processo. O professor Simon Levin, da Universidade de Princeton, nos ajudou a entender e aprender com as estra-

282 Agradecimentos

tégias biológicas e os processos evolutivos e nos apoiou no desenvolvimento de um índice de vantagem adaptativa pra as empresas norte-americanas. Mihnea Moldoveanu da Rotman School, Universidade de Toronto, nos inspirou com seu raciocínio no campo da meta-heurística; e uma concepção algorítmica da estratégia foi o gatilho para o modelo de simulação. Philip Tillmans, da Universidade de Aachen, também foi coautor do artigo original da *HBR*. Thomas Fink, do Instituto de Ciências Matemáticas de Londres; Luciano Pietronero, da Universidade de Roma; e Can Uslay, da Universidade Rutgers, também contribuíram de forma significativa para o nosso raciocínio.

Estamos especialmente em débito para com os CEOs e outros líderes empresariais que aceitaram ser entrevistados para este livro e compartilharam suas experiências e reflexões sobre as diferentes abordagens para a estratégia em circunstâncias distintas: Tom Pike (CEO, Quintiles), Dennis Gillings (presidente e fundador, Quintiles), Anne Wojcicki (CEO, 23andMe), Jim Whitehurst (CEO, Red Hat), Scott Snyder (CEO, Mobiquity), Ian Read (presidente e CEO, Pfizer), Kenneth Chenault (CEO, Amex), Ming Zeng (CSO, Alibaba), Heather Bresch (CEO, Mylan), John Haley (CEO, Towers Watson), Indra Nooyi (CEO, PepsiCo), Natarajan Chandrashekaran (CEO, Tata Consulting Services), Peter Hancock (CEO, AIG), Brent Saunders (CEO, Forest Labs), Guo Ping (CEO, Huawei), Paul Michaels (CEO, Mars), Anand Mahindra (CEO, Mahindra), e Jon Fredrik Baksaas (CEO, Telenor).

Somos gratos aos nossos parceiros e ex-parceiros do BCG que contribuíram com várias publicações que abriram o caminho para este livro. Essa lista inclui: Mike Deimler, Ron Nicol, Rachel Lee, Yves Morieux, Ted Chan, Roselinde Torres, Mike Shanahan, Philip Evans, George Stalk, Gideon Walter, Marcus Bokkerink, Rob Trollinger, Sandy Moose, e Wolfgang Thiel. Agradecemos também àqueles que nos disponibilizaram acesso aos seus clientes para que estes nos apoiassem em nossas pesquisas: Andrew Toma, Tom Reichert, Francois Candelon, Dag Bjornland, Craig Lawton, Achim Schwetlick, Grant Freeland, Sharon Marcil, Vikram Bhalla, e Roselinde Torres. Agradecemos aos nossos antigos CEOs – e também aos atuais – pelo encorajamento e pela ajuda na remoção de obstáculos ao longo do processo: Carl Stern, Hans Paul Buerkner e Rich Lesser.

Somos gratos ainda aos nossos amigos na Harvard Business Review Press, tanto pelo seu estimulo quanto pela gestão do projeto, que ocorreu de modo profissional e tranquilo. Gostaríamos de demonstrar gratidão especial por Melinda Merino, nossa editora.

Somos gratos ainda a Bernadette Hertz, pelo incansável apoio administrativo.

Por fim, dedicamos este livro ao fundador do BCG, Bruce Henderson, que foi um dos pioneiros nas áreas de estratégia de negócios e consultoria de estratégia, e moldou os fundamentos intelectuais da estratégia do BCG, entre outras coisas. Nós celebramos o centenário do seu nascimento em 30 de abril de 2015, data que quase coincide com a publicação deste livro. Esperamos que nosso esforço se prove digno desta coincidência, e que, humildemente, renove e acrescente algo mais ao seu legado inestimável.

SOBRE OS AUTORES

MARTIN REEVES é sócio-sênior e diretor-executivo do escritório do BCG em Nova York e lidera o Instituto Bruce Henderson, uma ferramenta do BCG voltada para a pesquisa e aplicação de ideias que vão além do mundo dos negócios, por meio do uso de estruturas e instrumentos úteis e práticos.

Martin dedicou parte significativa de sua carreira ao desenvolvimento e à aplicação de novas ideias para estratégias de negócio. Foi nomeado Membro do BCG em 2008, e tem publicado e comentado amplamente sobre questões relativas a estratégia. Ele divide seu tempo igualmente entre as áreas de pesquisa e atendimento ao cliente. Entre seus interesses estão organizações autoajustáveis, longevidade corporativa, comoditização, estratégia e sustentabilidade, novas bases de vantagem competitiva, economia de confiança, estratégia adaptativa e heurísticas gerenciais.

Martin se juntou ao BCG em Londres em 1989 e, mais tarde, mudouse para Tóquio, onde comandou durante oito anos o escritório da Japan Health Care, empresa do grupo BCG e foi responsável por negócios da organização com clientes globais. Ele conduziu numerosas estratégias e missões organizacionais, tanto para empresas individuais quanto para associações industriais em todo o mundo.

Martin vive em Nova York com sua esposa Zhenya. Ele é pai orgulhoso de cinco filhos: Thomas, Morris, Alexandra, Anastasia e Ekaterina.

KNUT HAANÆS é sócio sênior e líder global do escritório de Estratégia do BCG. Ele também lidera o escritório do BCG de Genebra e foi anteriormente administrador do escritório do BCG de Oslo, na Noruega.

Knut presta ampla consultoria em estratégia para clientes de vários setores industriais, com foco na criação de valor e no crescimento. Ele também demonstra profunda paixão pela sustentabilidade, e tem trabalhado para organizações internacionais, tais como o Fórum Econômico Mundial (FEM) e o World Wide Fund for Nature (WWF). De modo mais específico, ele se interessa em como a sustentabilidade é capaz de impulsionar a inovação e diferentes modelos de negócios. Knut também é um dos responsáveis pela

286 Sobre os autores

colaboração entre o BCG e a *MIT Sloan Management Review* na área de estratégia voltada para a sustentabilidade.

Knut já publicou mais de vinte artigos sobre estratégia e sustentabilidade em revistas como a *Harvard Business Review, MIT Sloan Management Review, Business Strategy Review, Journal of Applied Corporate Finance, European Management Review, Scandinavian Management Review* e foi o autor de uma série de artigos do BCG.

Anteriormente, Knut foi diretor-executivo do Conselho de Pesquisa da Noruega. Ele também é professor adjunto da BI Norwegian Business School e pesquisador adjunto da IMD, na Suíça. Seu primeiro emprego foi como estagiário no conselho de comércio na Embaixada da Noruega em Paris. Knut tem mestrado em economia pela Escola Norueguesa de Economia e doutorado em estratégia pela Copenhagen Business School. Ele foi, posteriormente, professor visitante na Universidade de Stanford, patrocinado pelo Consórcio Escandinavo para Pesquisa Organizacional (SCANCOR).

Knut é casado com Sabine e tem dois filhos, Nora e Maxim.

JANMEJAYA SINHA é presidente do escritório Ásia-Pacífico do BCG. Ele também é membro do Comitê Executivo global do BCG.

Janmejaya trabalha extensivamente com clientes nos EUA, Reino Unido, Ásia, Austrália e Índia sobre uma série de questões que abrangem transformação organizacional em larga escala, estratégia, governança e questões relacionadas a empresas familiares. Ele tem sido membro de vários comitês criados pelo governo da Índia, do Banco de Reserva da Índia (RBI), e da Associação dos Bancos indianos (IBA). Atualmente é presidente do Comité sobre Inclusão Financeira da Confederação da Industria Indiana (CII).

Janmejaya escreve extensivamente para a imprensa e é orador regular no Fórum Econômico Mundial, na Confederação da Indústria Indiana (CII), na Associação dos Bancos Indianos (IBA), na Federação das Câmaras Indianas de Comércio e Indústria (FICCI), no Banco Central da Índia (RBI) e em outros eventos da mídia. Ele é coautor do livro *Own the Future: 50 Ways to Win from The Boston Consulting Group (Seja o dono do Futuro: cinquenta maneiras de vencer pelo BCG)*. Janmejaya apresentou uma palestra no TED sobre "O que está realmente acontecendo nos mercados emergentes", como parte de uma série de palestras com curadoria da TED e do BCG. Em 2010, foi nomeado pela revista *Consulting* um dos 25 consultores mais influentes do mundo.

Antes de ingressar no BCG, Janmejaya trabalhou para o Banco Central da Índia durante vários anos e em vários departamentos. Também trabalhou brevemente para o Banco Mundial.

Ele tem doutorado pela Woodrow Wilson School of Public and International Affairs, Universidade de Princeton, é bacharel e tem mestrado em economia pela Clare College, Universidade de Cambridge e também é bacharel e tem mestrado em história pela St. Stephen's College, Universidade de Delhi.

Janmejaya vive com sua esposa Malvika em Mumbai e tem dois filhos, Amartya e Advait.

www.dvseditora.com.br